復讐としての
ウクライナ戦争

戦争の政治哲学：それぞれの正義と復讐・報復・制裁

SHIOBARA Toshihiko 　塩原俊彦 著

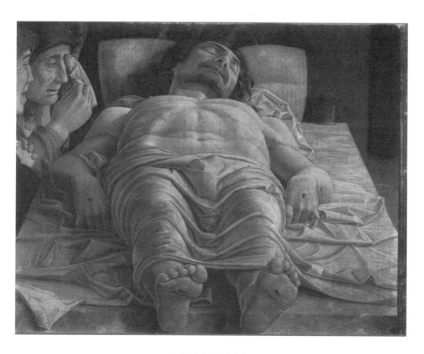

まえがき

　ウクライナ戦争をめぐって、『プーチン3.0　殺戮と破壊への衝動：ウクライナ戦争はなぜ勃発したか』と『ウクライナ3.0　米国・NATOの代理戦争の裏側』（いずれも社会評論社刊）という2冊の本を上梓した。前者は、戦争をはじめたロシアに焦点を当てたものであり、後者はウクライナについて分析したものである。

　この合計で400字換算1200枚を超す量の考察を通じて、ウクライナ戦争の本質について気づいたことがある。それは、「復讐」によって繰り返される「歴史の反復」という事態であった。

　本書では、ウクライナ戦争が米国の「ネオコン」（新保守主義者）と呼ばれる勢力によるロシアへの復讐、ロシアのウラジーミル・プーチン大統領のウクライナへの復讐、さらに、ウクライナのウォロディミル・ゼレンスキー大統領のロシアへの復讐という、三つの復讐の交錯のもとに展開していると論じたい。この復讐という感情がウクライナ戦争の終結を難しくしていることを示すことにもつながる。

　ウクライナ戦争の本質を深く洞察した本書は、『プーチン3.0』、『ウクライナ3.0』と合わせて「ウクライナ戦争3部作」として読まれるべきものであると自負している。

米国の事情

　ウクライナ問題を理解するためには、米国政府が長年にわたってウクライナの政治・経済に干渉しつづけてきた歴史を知らなければならない。ソヴィエト連邦（ソ連）が存在した時代から、米国政府は外交戦略の一環として、ソ連を構成する共和国に関心を払い、各国のナショナリズムを煽ることで、ソ連内部の秩序に揺さぶりをかけつづけてきた。この戦略が具体的な成果をあげたのが2014年に表面化した「ウクライナ危機」であった。

　この危機の背後で、暗躍したのが当時、米国務省次官補だったヴィクトリア・ヌーランドというユダヤ系の女性である。彼女こそ、米国の「ネオコン」（新保守主義者）の代表格だ。彼らは、拙著『プーチン3.0』で説明したように、①世界を善悪二元論的な対立構図でとらえ、外交政策に道義的な明快さを求める、②中東をはじめとする世界の自由化、民主

化など、米国の考える「道義的な善」を実現するため、米国は己の力を積極的に使うべきだと考える、③必要なら単独で専制的に軍事力を行使することもいとわない、④国際的な条約や協定、国連などの国際機関は、米国の行動の自由を束縛する存在として否定的にみなし、国際協調主義には極めて懐疑的――という特徴をもち、ユダヤ系の知識人が多く、現実にイスラエル政府とのつながりを持つ者も多いという面もある。

　このネオコンのなかには、ロシア革命によって財産を失い、悲惨な目にあったり、スターリンの大虐殺によって親族を殺害されたりして、ソヴィエト連邦やその後継国ロシア連邦に深い遺恨をもつ者がいる。ゆえに、彼らはその復讐のために、ロシアを徹底して痛めつけることをはばからない。

　こうしたネオコンが裏で主導したのが 2014 年 2 月 21 日のクーデターであったのだ（詳しくは拙著『ウクライナ・ゲート』や『ウクライナ2.0』を参照）。民主的な選挙で大統領に選ばれていたヴィクトル・ヤヌコヴィッチを武力で追い落としたのである。ネオコンが勝手に親ロシア派とみなしていたヤヌコヴィッチをロシアに亡命させたところまでは、ネオコンの勝利であった。しかし、ネオコンがけしかけた超過激なナショナリストグループ（ライトセクター）らは、彼らを虐げてきたロシア系住民への暴力を繰り返す。それが、ロシア系住民の保護を名目とするプーチンの介入につながり、クリミア半島は住民投票を経てロシアに併合されてしまう。これは、ネオコンにとって大失態であり、それがプーチンへの恨みをもたらし、新たな復讐を誓わせることになる。

　ヌーランドはいま、バイデン政権下で国務省次官の要職にあり、復讐を果たしうる最前線にいる。「ネオコンの復讐」については、第 1 章で紹介する。

「非ナチ化」とは復讐

　唐突に思えるかもしれないが、プーチンはいわば公式に復讐を「特別軍事作戦」開始の目的の一つにあげているようにみえる。彼はウクライナ侵略を開始した 2022 年 2 月 24 日朝、演説を行い、そのなかで「特別軍事作戦」をはじめる目的として、ウクライナの「非軍事化」と「非ナチ化」をあげた。欧米や日本のマスメディアのなかには、「非ナチ化」について無視する（ネグる）ところが多い。ウクライナの北大西洋条約

機構（NATO）加盟を阻むためにその非軍事化をはかるというねらいばかりが注目されやすい。だが、本当は非ナチ化という不可思議な目的こそ、ウクライナ戦争を引き起こしたプーチンの心情を示している。

　ここで非ナチ化と訳しているのは、Entnazifizierung というドイツ語をロシア語化したものである。戦後のドイツとオーストリアの社会、文化、報道、経済、教育、法学、政治からナチス（国民社会主義ドイツ労働者党）の影響を排除することを目的とした一連の措置を指す。

　プーチンの認識では、ウクライナにはナチズムにかられたナショナリストが存在し、彼らがロシア系住民を排斥するだけでなく、ロシア語さえ廃絶しようとしているということになる。にもかかわらず、「NATO の主要国は、自分たちの目的を達成するために、ウクライナの極端なナショナリストやネオナチを支援している」と、プーチンは指摘する。こうしたロシア系住民への抑圧を行っているナショナリストや「ネオナチ」をつかまえて裁くことが「非軍事化」と並ぶ重要な目的とされている。

　ここには、プーチンのネオナチへの復讐心が明確に示されている。2022 年 6 月 19 日、プーチンはサンクトペテルブルク国際経済フォーラムで興味深い発言をした。2 月 24 日からはじめた「特別軍事作戦」の決断は、「西側の全面的な支援を受けているキエフ政権とネオナチによって 8 年間も大量虐殺にさらされているドンバス人民共和国の住民である我々の国民を守るための決定である」と説明したのだ。どうやら、プーチンはウクライナのネオナチがロシア系住民を殺戮してきたことへの復讐心に燃えているようにみえる。

　とくに、2014 年 5 月 2 日にオデーサで起きた、公式発表で 42 人もの人々が労組会館で殺害された事件への復讐という想いがプーチンの心にあるはずだ（ほかに、路上で 6 人が射殺された）。この事件は未解決であり、だからこそプーチンの復讐心が駆り立てられているのだ（もちろん、この復讐心はポーズにすぎず、「まがいもの」にすぎない）。この「プーチンの復讐」については、第 2 章で論じる。

ウクライナの復讐

　攻め込まれたウクライナのゼレンスキーがロシア侵攻に復讐心を燃やしているという構図は理解しやすいかもしれない。しかし、ゼレンスキーのロシアへの復讐心はもっとずっと以前から煮えたぎっていたに違いな

い。というのは、2014年春のウクライナ危機に際して、クリミア半島がロシアによって併合され、その後、東部のドンバス地域も戦闘状態に陥っていたからだ。

2020年9月、ゼレンスキーは2015年5月の国家安全保障戦略に代わる「新ウクライナ国家安全保障戦略」(NSS) を承認する。新戦略は三つの柱に基づくウクライナの安全保障政策の更新を提起している。第一の柱は国防能力の向上であり、第二の柱は社会と国家が安全保障環境の変化に迅速に適応する能力の強化である。三つ目の柱は欧州連合（EU）とNATOへの加盟を戦略的目標とする海外パートナーとの協力だ。

NSSを具体化する一歩として、2021年3月25日、ゼレンスキーは「軍事安全保障戦略」を承認する大統領令を出す。優先順位の高い項目として、「ウクライナのNATOへの完全加盟」がうたわれている戦略が認められたことで、ロシアとの対立が決定的になるのである。

さらに、同年8月23日、クリミアを奪還するための協議体である「クリミア・プラットフォーム」の第一回サミットがキーウで開催される。ゼレンスキーは46の代表団を前に、「クリミアを奪還し、ウクライナとともに欧州の一部とするために、私自身は可能な限りのことをする。そのためには、政治的、法的、そして何よりも外交的に可能なあらゆる手段を用いる」とのべる。まさに、クリミアを併合したロシアへの復讐心に燃えていたことになる。この「ゼレンスキーの復讐」については、第3章で考察したい。

第1、2、3章は、「燃え上がる復讐心」として第一部を構成する。ここまではあくまでウクライナ戦争の表層分析にすぎない。「第2部　制裁という復讐」において、より掘り下げた議論を展開する。戦争の政治哲学を探究したい。

復讐を考察する

ウクライナ戦争が復讐戦であるならば、その復讐という事態をどう理解すればいいのだろうか。本書では、第4章以下で、復讐そのものについて徹底的に分析する。

第4章では、フリードリヒ・ニーチェのルサンチマン（復讐精神ないし復讐感情）を取り上げる。古代の人々の生け贄という原初段階から身代わりから贖罪までの歴史的な変容について考える。

　第5章は、キリスト教世界における復讐から刑罰への転化について考察する。キリスト教神学による罪と罰の位置づけの問題、主権国家による刑罰の制度化までの諸問題について検討することで、復讐のたどってきた歴史的変化を明確にする。

　第6章では、国際法について分析する。復讐に起因する戦争がある以上、国際法上、戦争そのものやそこでの犯罪がどう位置づけられてきたのかを知らなければならない。そのため、①「ヨーロッパ公法」の誕生まで、②ヨーロッパ公法の誕生後、③「グローバルな国際法」がヨーロッパ公法を駆逐した現段階――にスポットを当てることで、国際法と戦争犯罪の関係を明らかにする。

　「復讐・報復・制裁」について丁寧に論じているのが第7章である。とくに、正義の戦争理論（正戦論）における、復讐や報復、さらに制裁の関係を知ることで、復讐とは無縁の報復や制裁がいま現在、行われているわけではないことをわかってもらいたいと思う。つまり、いま欧米主導で行われているのは、制裁という言葉を使った復讐であり、それは西欧キリスト教文明なるものが隠蔽してきた支配権力による暴力であると思えてくる。

　最後に、「第3部　21世紀の課題」として、第8章で「西洋・キリスト教世界への疑問」を提示する。復讐心を報復や制裁のなかに閉じ込めて、文明化したようにみえるキリスト教世界だが、それは復讐そのものを未来永劫、排除したことを意味しない。むしろ、この復讐心の隠蔽がときとして戦争や武力行使というかたちで歴史的に繰り返されることになっているのではないか。キリスト教神学を土台にしている西洋文明は復讐というかたちの暴力の反復を迫られているのではないか。そんな議論を展開したいと思う。

　本書は、ウクライナ戦争への洞察を自分なりに展開させて、拙著『プーチン3.0』や『ウクライナ3.0』においては部分的にしか指摘していない問題を復讐という視角から再検討したものである。その意味で、本書の内容を深いところで理解してもらうには、本書を読むと同時に、この2冊についても目を通してもらうことを希望する。

復讐としてのウクライナ戦争
戦争の政治哲学：それぞれの正義と復讐・報復・制裁
＊目次＊

第1部　燃え上がる復讐心

第1章　ネオコンの復讐

（1）ウクライナは「最新のネオコン災害」

　ウクライナ戦争はたしかにプーチンによって引き起こされたロシアによる侵略戦争であるようにみえる。戦争勃発という「結果」（帰結）だけを重視する立場にたつと、ロシアのプーチンは「絶対悪」であり、プーチン政権を崩壊させなければならないといった見方が正しく思えてくる。だが、この帰結主義（consequentialism）は人間の行動を律するための規範倫理学のアプローチの一つにすぎず、絶対的に正しい主張というわけではない。

　戦争勃発に至る過程をつぶさに検証することで、ウクライナ戦争を引き起こすに至った諸要因を考慮してはじめてその戦争責任について明確化できると考える非帰結主義（non- consequentialism）の立場もある。

　私のように、非帰結主義の立場に立つ論者のなかで、とくに注目されるのは、シカゴ大学のジョン・ミアシャイマーと、開発経済学で著名なジェフリー・サックスの二人である。ミアシャイマーの主張については、拙著『プーチン3.0』のなかで詳しく解説したので、ここでは、サックスの意見についてだけ紹介してみたい。彼は 2022 年 6 月 27 日、「ウクライナは最新のネオコン災害である」というタイトルの小論（https://www.jeffsachs.org/newspaper-articles/m6rb2a5tskpcxzesjk8hhzf96zh7w7）　を

公表した。その内容はきわめて興味深い。それを紹介することで、ウクライナ戦争の現実に対する正しい理解を深めてほしいと思う。

　その出だしは、「ウクライナ戦争は、アメリカ新保守主義運動（American neoconservative movement）の 30 年にわたるプロジェクトの集大成である」というものだ。この新保守主義こそ、「ネオコン」と呼ばれる主張を指している(2)。サックス自身はその主要メッセージとして、「米国は世界のあらゆる地域で軍事的に優位に立たなければならず、いつの日か米国の世界または地域の支配に挑戦する可能性のある地域の新興勢力、とくにロシアと中国に立ち向かわなければならない、というものである」と説明している。

　このネオコンの源流については、1970 年代にシカゴ大学の政治学者レオ・シュトラウスとイェール大学の古典学者ドナルド・ケーガンの影響を受けた数人の知識人のグループを中心に発生したとしている。前者は 1937 年に米国に移住したドイツ生まれのユダヤ人であり、後者はリトアニア生まれのユダヤ系で、幼少期に米国に移住した。ネオコンの指導者には、ノーマン・ポドレツ、アーヴィング・クリストル、ポール・ウォルフォウィッツ、ロバート・ケーガン（ドナルドの息子）、フレデリック・ケーガン（ドナルドの息子）、ヴィクトリア・ヌーランド（ロバートの妻）、エリオット・アブラムズ、キンバリー・アレン・ケーガン（フレデリックの妻）などがいる。

　注意喚起しておきたいのは、キンバリー・ケーガンこそ、いま話題の戦争研究所の創設者で、代表を務めているという点だ。ウクライナ戦争の分析をネオコンそのものが行っているのである。これでは、中立的な分析はできないのではないかと疑わなければならない。にもかかわらず、戦争研究所の情報に頼り切った正確とは思えない情報がマスメディアによって世界中に拡散していることに注意しなければならない。

　サックスは、「バイデン政権は、セルビア（1999 年）、アフガニスタン（2001 年）、イラク（2003 年）、シリア（2011 年）、リビア（2011 年）でアメリカが選択した戦争を支持し、ロシアのウクライナ侵攻を誘発するために多くのことを行ったのと同じネオコンで占められている」と指摘したうえで、「ネオコンの実績は容赦なき失敗のひとつだが、バイデンは自分のチームをネオコンで固めている」という。さらに、「その結果、バイデンはウクライナ、米国、そして欧州連合を、またもや地政学的大失

敗へと向かわせようとしている。もしヨーロッパに洞察力があれば、このような米国の外交政策の大失敗から自らを切り離すだろう」とまでのべている。

　つまり、サックスはウクライナ戦争をプーチンがはじめた戦争という帰結からだけではなく、その戦争にまで至った経緯について、その関心を寄せていることになる。

ウクライナを戦場にしたネオコン

　ウォルフォウィッツは1992年の段階で、1990年にドイツのハンス・ディートリヒ・ゲンシャー外相が、ドイツの統一に続いてNATOの東方拡大を行わないことを明確に約束したにもかかわらず、米国主導の安全保障ネットワークを中・東欧に拡大することを求めていたことがわかっている(3)。

　さらに、『プーチン3.0』や『ウクライナ3.0』で紹介したように、1993 〜 94年当時、米国家安全保障会議のスタッフだったサンディー（アレクサンダー）・ヴェルシュボフ、ニック（ニコラス）・バーンズ、ダン（ダニエル）・フリードは「NATO 拡大へ向けて」というロードマップを描いていた。三人は1994年10月4日付の「NATO 拡大へ向けて」(https://www.archives.gov/files/declassification/iscap/pdf/2016- 140-doc05.pdf) をもとに、10 月12日付の 「NATO 拡大へ向けて」(https://www.archives.gov/files/declassification/iscap/pdf/2016-140-doc07.pdf) を完成させる。最初の草稿にはなかった「ウクライナ、バルト諸国、ルーマニア、ブルガリアに加盟の門戸を開き、すべての候補者が同じ原則を満たす必要があることを強調する」という項目が加えられているのが特徴だ。

　それだけではない。ネオコンは2008年にジョージ・W・ブッシュの下で米国の公式政策となる以前から、ウクライナへの NATO 拡大を唱えていた。2006年4月30日付の「ワシントン・ポスト」(https://www.washingtonpost.com/archive/opinions/2006/04/30/league-of-dictators-span-classbankheadwhy-china-and-russia-will-continue-to-support-autocraciesspan/5948eda4-ccde-46d7-8655-9ae991d0bf6f/）で当時、定期的に寄稿していたロバート・ケーガンは、「西側民主主義諸国が推進し、支援したウクライナの自由化の成功は、同国を NATO や EU に編入するための前段階、つまり西側の自由主義覇権の拡大ではないだろうか？」と

書いた。これは、2005年にウクライナに誕生した親米のヴィクトル・ユシチェンコ大統領について、NATOやEUにウクライナを加盟させようとしていたネオコンの野望を示している。

　ネオコンは、ロシアが自国の防衛のために、また、自国の帝国主義を誇示するために、ウクライナのNATO加盟を阻止しようとしてきたことを熟知していた。しかし、ネオコンは米国の「覇権」を求め、ウクライナの中立化ではなく、あくまでNATO側に引き入れようとしたのである。そのための工作を担ったのがロバートの妻、ヌーランドだ。

現在のボス、ヌーランドとバイデン

　ブッシュ時代にNATO大使（2005～08年までNATO常駐代表）、2013年から17年までバラク・オバマ政権下で欧州・ユーラシア担当国務次官補を務めたヌーランドは、現在、バイデン政権で国務省次官の要職にある。前述したフリードは2005年5月5日から2009年5月15日まで、欧州・ユーラシア問題担当国務次官補を務めており、フリードからヌーランドへの連携がある。ヌーランドは国務省次官補当時、ウクライナ危機を背後で操り、2014年2月、当時のウクライナ大統領、ヴィクトル・ヤヌコヴィッチをクーデターで追い落とすことに成功する。

　このクーデターについては、拙著『ウクライナ・ゲート』や『ウクライナ2.0』で詳しく説明したので、ここでは繰り返さない。ネオコンである彼女は、ウクライナ西部でくすぶっていたウクライナ語を母語とする貧しい住民をナショナリストに仕立て上げ、武力闘争まで教え込む。なかには、ロシア系住民への暴力を厭わない超過激なナショナリスト集団、ライトセクターまで登場する。こうした過激なナショナリストがロシア系住民に暴力をふるったことがプーチンの介入を引き起こし、結局、クリミア半島はロシアによって併合されてしまう。

　こうして、ヌーランドはロシアに対してますます大きな恨みや憎悪をいだくようになったと想像できる。それだけではない。ネオコンはその憎悪を復讐によって、つまり、戦争という暴力で晴らすことを計画した。虎視眈々と、ウクライナ戦争を準備したのである。この点については、『ウクライナ3.0』のなかで詳しく分析した。要するに、米国政府は2014年以降、ウクライナへの軍事支援を継続し、2021年1月のバイデン政権誕生後に急速に軍事支援を積極化するのである。

その過程で、ドナルド・トランプ大統領のデタント政策を潰しにかかる。猛烈なディスインフォメーション（意図的で不正確な情報）によるマニピュレーション（情報操作）によって、トランプを追い込み、米国によるウクライナへの殺傷性の高い兵器供与さえ認めさせたのだ。

そればかりではない。2017年にウクライナ東部での国連による平和維持活動の導入のチャンスがあったにもかかわらず、これを潰したのもネオコンだ。ネオコンはウクライナにおける過激なナショナリストを温存させた。なぜそんなことができたかというと、2014年以降、ウクライナは米国の「顧客」、すなわち、「顧客国家」（client state）の状態にあり、政治・経済的に米国の植民地に近い状況だったからである。

2019年にウクライナ東部のドンバス地域における和平、すなわち、いわゆる「ミンスク合意」の履行をめざすとしたゼレンスキーが大統領に選出された。だが、過激なナショナリストにとってミンスク合意の履行はウクライナ国家の分裂、ロシアへの割譲を意味していた。ゆえに、彼らは暴力によって再びクーデターを起こすとゼレンスキーを脅し、それがウクライナの将来を決定づけることになる。2021年3月25日、ゼレンスキー大統領は「軍事安全保障戦略」を承認する大統領令を出す。優先順位の高い項目として、「ウクライナのNATOへの完全加盟」がうたわれている戦略が認められたことで、ロシアとの対立は決定的になる。

ゼレンスキーにとって、戦争は自らの権力基盤の強化につながる。事実、2022年2月24日からはじまった戒厳令や総動員令のもとで、彼はいわばきわめて独裁的にふるまうことが可能になった。18歳から60歳の男性の国外渡航禁止や一部政党の活動停止、マスメディアの報道統一化など、やりたい放題の状況になっているのだ。しかし、なぜかこうした独裁者ゼレンスキーの素顔について、西側のマスメディアは積極的に報道しようとしない。それは、2014年2月のヌーランドが主導したと目されるクーデター後に、そうした米国の傍若無人を報道してこなかった報道姿勢と軌を一にしている。

ゼレンスキーの背後には、ロシア憎しで固まった米国のネオコンによる支援があった。ヌーランドが国務省次官として復帰するのは2021年5月だ。その後、ウクライナのゼレンスキー大統領は公然とクリミア奪還などを叫ぶようになる。ネオコンで固められたバイデン政権はロシア

の怒りを促すかのような政策を公然と行う。すなわち、ロシアを戦争に向かわせるように煽動・挑発したのである。これを黙認ないし支援したのがアントニー・ブリンケン国務長官だ。拙著『プーチン3.0』に書いておいたように、彼の実父はウクライナ系ユダヤ人の銀行家ドナルド・M・ブリンケン、母は裕福なハンガリー系ユダヤ人の娘で、継父サミュエル・ピサールは、ナチスの死の収容所の生き残りで、戦争末期近くにアメリカ軍によって解放された人物である。つまり、ヌーランド、ブリンケンというユダヤ系米国人がウクライナ戦争を挑発した人物なのではないかという疑いが生まれる。

そして、忘れてならないのは、2014年2月のクーデターのときのヌーランドにとってのボスがバイデンであり、2022年2月のウクライナ戦争勃発のときも、ヌーランドにとってのボスがバイデンであったことである。バイデンはウクライナ戦争に「責任なし」とは決して言えない。

こうした「ヌーランド-バイデン」ラインによる煽動をよく知りながら、プーチンは堪忍袋の緒を自ら断ち切る。それほどまでに、プーチンを追い詰めたのはまさにネオコンなのではないか。そんな疑問をもたなければならない。

ネオコンは「ロシアとの軍事衝突を誘発」

サックスは、「「ウクライナのための戦い」では、ネオコンはロシアの猛反対を押し切ってNATOを拡大し、ロシアとの軍事衝突を引き起こす用意があった」と指摘している。その理由として、「ネオコンはロシアが米国の金融制裁とNATOの兵器によって敗北すると熱狂的に信じているからだ」としている。たしかに、ユダヤ系が強い影響力をもつ金融分野における制裁がウクライナ戦争勃発後に行われるようになっている。復讐心に煽られて、バイデン政権を主導するネオコンは厳しい対ロ制裁を科している。それだけでなく、欧州諸国や日本などにも同調を求め、制裁と軍事支援によるロシアの弱体化をはかろうとしている。

ネオコンはユダヤ系マスメディアを利用しためちゃくちゃとも言えそうなディスインフォメーション工作により、世界中の人々を騙しつづけてもいる。プーチン一人を極悪人に仕立て上げ、自分たちが仕組んできた「ロシアとの軍事衝突を引き起こす用意」については隠蔽しつづけているのだ。帰結主義ではなく、非帰結主義の立場に立った規範倫理学か

らみれば、この「用意」は少なくとも重大な「悪」である。

　サックスはこの「用意」が何を意味するのかについて書いていない。憶測すれば、ドンバスでのウクライナ軍による挑発にはじまり、軍事支援の強化や相次ぐ演習の実施など、戦争に向けた「用意」が2021年以降、着々と進んでいたことになる。たとえば、2021年8月27日、バイデンは米国の在庫から6000万ドルの防衛用武器を引き出して、ウクライナに送ることを許可したし、12月、米国の在庫から2億ドルの武器を追加で調達することを承認した。

　こんなネオコンに対して、サックスの評価は手厳しい。「ネオコンの見解は、米国の軍事的、財政的、技術的、経済的優位性によって、世界のすべての地域で条件を決定することができるという、極めて誤った前提に基づいている」と一刀両断にしている。「これは、驚くべき傲慢さと、驚くべき証拠の軽視の両方の立場である」として、ネオコンを非難している。

　私は、サックスの見解を全面的に支持したいと考えている。問題は、サックスや私のような主張があまりにも知られていないという現状にある。民主国家を標榜する国にあっても、各国権力者と結託したマスメディアによって、こうしたごく真っ当な見方はほとんど無視されてしまっている。いわゆる「ネグる」という行為によって、情報を操作し、結果として多くの人々を騙すのである。「帰結」だけを重視する彼らにとっては、それはミスインフォメーション（事実に反する誤った情報）を流すことにはあたらない。ただし、そうしたマスメディアの流す情報は前述したディスインフォメーションであるとことに注意喚起しておきたい。あえてネグることで「不正確な情報」を流してお茶を濁すのだ。

　前述した帰結主義はこれまで米国において優勢だった。その内容は複雑だが、功利を最大化する行為のみが正しいと考える最大化功利主義がこの帰結主義のなかに含まれている。いわば、計算高い人々にとって、帰結がすべてであり、どんなに汚い手口で挑発したところで、その結果として行われたことにすべての責任を負わせるのである。しかし、サックスや私はそうした帰結だけを重視する見方に組みそうとは思わない。気がかりなのは、こうした一面的な見方にヨーロッパ諸国が同調している点である。

帰結主義重視からみた「戦争への道」

　帰結主義重視の立場からみたとき、ウクライナ戦争がともかくもはじまってしまったことに対する直前の米国の動きは正しかったのであろうか。「ワシントン・ポスト」（WP）は 2022 年 8 月 16 日、米国、ウクライナ、ヨーロッパ、NATO の高官 30 人以上への幅広いインタビューに基づいてまとめた「戦争への道」（https://www.washingtonpost.com/national-security/interactive/2022/ukraine-road-to-war/?itid=hp-top-table-main）という大分の記事を公表した。それによると、2021 年 10 月の段階で、バイデン政権を構成する国家情報、軍事、外交のトップらはプーチンによるウクライナ侵攻のリスクが高まっていることを共通認識とした。その後の対応が詳細に語られている。すでに、この段階で、プーチンの侵攻決意は固まっているかにみえたが、その決意を翻すための努力を本当にバイデン政権はとったのか。

　米国政府はロシア政府に対して、侵攻すれば厳しい制裁が待ち受けているという警告を通じてプーチンの決意を翻そうとした。ただし、これは第 7 章で詳述するように、制裁を科すための事前の手続きにすぎない。本当に戦争をやめさせたければ、別の方法があったのではないか。ロシアに譲歩するやり方もあったはずなのだ。なぜなら 2014 年のクーデターは米国主導で起こしたものである以上、米国は自らの非を認めても何らおかしくないからだ。

　戦争勃発という結果を重視する帰結主義者はこの点について、よく分析する必要があるだろう。米国政府当事者にとって都合のいい情報に基づいてつくられた WP の記事の信憑性には疑問があるものの、読者も一読してみる価値はある。

（2）ネオコンの源流と「ポグロム」

　馬渕睦夫著『日本を蝕む新・共産主義』によれば、ネオコンの元祖はレフ・トロツキーであるという。彼は、社会主義による世界統一政府の樹立という世界同時革命を唱えていた。この思想がどうネオコンに結びつくかというと、一国社会主義を主張したスターリンとの路線闘争に敗れ、ソ連を追放されメキシコに亡命後、暗殺されたトロツキーの思想を

受け継いだ「ソ連のユダヤ系トロツキストたちが、移民先のアメリカで社会党を乗っ取って民主党と統合し、民主党左派の中核に立場を得た」のだ。彼らは「社会主義革命の輸出」というトロツキズムの思想を表に出すのをやめ、新たに「自由と民主主義の輸出」によって世界統一をめざすグローバル戦略をとるのである。

　こうした動きの背後には、グルジア人であるスターリンによるユダヤ系革命家の排除がある。ロシア革命を成功させた人々のなかには、レーニン、トロツキー、カーメネフ、ブハーリン、ラデック、スヴェルドロフ、カガノヴィッチといったユダヤ系の人々がいた。スターリンはロシア革命を主導したユダヤ系革命家からロシアを非ユダヤ系革命家の手に取り戻したことになる。

　こうした視角に立つと、ロシア革命はロシア国内の少数民族であったユダヤ人を帝政の迫害から解放することをねらいとしており、亡命ユダヤ人革命家らがユダヤ系国際金融資本家（ヤコブ・シフ、ポール・ウォーバーグ、バーナード・バルークなど）の援助を得て成し遂げた革命であったと言えなくもない。

　しかし、こうした革命を主導したユダヤ系の人々は排除・粛清されると、それを行ったスターリンやその統治国ソヴィエト連邦（ソ連）への憎しみや恨みが生まれても不思議ではないだろう。

ネオコンの復讐劇

　考えてみると、ユダヤ系の人々は欧州のさまざまな地域で迫害を受け、それに対する復讐心を燃えたぎらせてきたに違いない。

　「ポグロム」（погром）というロシア語がある。この言葉はもともと、19世紀から20世紀にかけてロシア帝国内（主に入植地圏）で起こったユダヤ人に対する攻撃を説明する言葉として英語などの欧州言語のなかにも浸透するようになる。有名なポグロムには、1821年のオデッサ（オデーサ）におけるユダヤ人に対する暴動のほか、ワルシャワのポグロム（1881）、現モルドバの首都キシナウのポグロム（1903）、キエフ（キーウ）のポグロム（1905）などがある。ナチス・ドイツで発生した最も大きなポグロムは1938年の「水晶の夜」（ドイツ中のシナゴーグを焼き払い、数万のユダヤ人を逮捕し、数百人を殺害した）である。

　ロシア帝国におけるポグロムは、1821年から1871年までの散発的な

ポグロム、1881 年から 1884 年の波、1905 年から 1907 年の革命時の激化、内戦時の 4 期に分けるのが一般的だ。こう考えると、後述するようにロシア革命がポグロムに何度もあってきたユダヤ人による復讐劇であった面を否定することは難しい[6]。何しろ、革命を主導した者の多くはレーニンをはじめとしてユダヤ系の人々であったのだから。

逆に、ドイツにおけるユダヤ人迫害の裏には、第一次世界大戦の屈辱の後にドイツ国民の集団的誇りを取り戻したという、国民社会主義ドイツ労働者党（Nationalsozialistische Deutsche Arbeiterpartei, ナチス）の戦略に対して、「1930 年代に多くのドイツ人が抵抗できないほど復讐心に満ちていた」ことが関係している[7]。

特質すべきは、第二次世界大戦前後に起きた復讐をめぐる惨劇である。戦争末期の 10 カ月間に、それ以前の 5 年間の全期間と同じ数のドイツ兵が殺されるという悲劇が起きる。これを分析して、カリフォルニア大学サンディエゴ校の歴史学教授フランク・ビースは、「復讐への恐怖とそれに伴う最後まで戦うという決意は、第二次世界大戦の勝者が、ドイツ人が以前にナチズムの何百万人もの犠牲者にしたことをドイツ人にするのではないかという恐るべき予期から生じたものであった」と分析している（「戦後ドイツにおける報復の恐怖」[https://www.nationalww2museum.org/war/articles/fears-of-retribution-in-post-war-germany] を参照）。

さらに、ビースによれば、報復への恐怖は、「戦後ドイツにおけるユダヤ人生存者の数が 1945 年のわずか 2 万人から 1947 年には 25 万人に急増したことにも起因している」という。これは、ソ連での戦争を生き抜き、戦後のポーランドで起こった一連の反ユダヤ的ポグロムを逃れたポーランド系ユダヤ人の流入が主因であるとされる。ドイツ人は、アメリカの占領当局がユダヤ人生存者に与えた、高い食料比率や優先的な住居などの待遇に憤慨していたという。そう、米国政府の要人のなかに、「ドイツに復讐せん」としていた人物がいたためである。その名はヘンリー・モーゲンソー・ジュニア財務省次官であり、彼が重用したハリー・デキスター・ホワイトである。二人ともユダヤ系米国人だ。

渡辺惣樹著『第二次世界大戦 アメリカの敗北：米国を操ったソビエトスパイ』によれば、ホワイトが具体案を練り、モーゲンソーが承認し、フランクリン・デラノ・ルーズベルト（FDR）が連合国全体の合意にまで仕立て上げるというのが米国政府のやり口だった。その際、ホワイト

は、ドイツ精神を破壊するには工業を根こそぎにしなくてはならない、そのためには心臓部であるルール地方をドイツから切り離すことが有効だと考えた。その結果、同地方を国際管理下に置き、そこから上がる収入を連合国への財賞金支払い（20 年間）に充てるという案をホワイトは提案する。実際には、ホワイトの提案の一部が修正されたが、「二度とナチスを再興させない」というロジックそのものは第二回ケベック会談（1944 年 9 月）において FDR とウィンストン・チャーチルとの間で合意される。結局、チャーチルには、対英 65 億ドルの借款という「お土産」が用意され、ドイツの農業国化構想は容認されたのだった。

　この「モーゲンソープラン」はドイツに災厄をもたらす。具体的には、「ケベック合意を受けて陸軍省は新しく、JCS1067 号（統合参謀本部令）をドワイト・アイゼンハワー将軍に示した（1944 年 10 月 17 日）。この指令は 1945 年 4 月 12 日に死去した FDR の後に続いたハリー・トルーマン新大統領によって追認された（1945 年 5 月）。ドイツの徹底的な非武装化と農業国化の意図は JCS1067 号第 30 項から 33 項に明確に示されていた」と渡辺は書いている。JCS1067 号に基づくドイツ占領政策は 1945 年秋から本格化し、1947 年 7 月までつづく。だが、あまりに過酷な政策への反発から、あの有名な「マーシャルプラン」に代替されたのだ。

　こうした復讐劇の歴史を知れば、ネオコンを構成する多くのユダヤ系米国人がロシア人ないしロシアを対象に過去のポグロムへの復讐を企てたとしても不思議ではない。

（3）起爆剤としてのナショナリズム

　興味深いのはネオコンがナショナリズムに目をつけた点である。そもそも、ソ連を弱体化させるための効果的な手段として、その構成共和国におけるナショナリズムを煽り、ソ連全体に揺さぶりをかけるという政策が米国の外交政策の柱として採用されてきた。この方法をネオコンも踏襲する。目的がロシアの弱体化であるとすれば、ネオコンにとって手段は何でもかまわないのだ。

　ナショナリズムを利用してソ連を揺さぶるという方法については、拙著『ウクライナ 2.0』で詳述したことがある。1966 年から 1968 年まで、

リンドン・ジョンソン大統領の大統領顧問、1977年から1981年までジミー・カーター政権時の国家安全保障問題担当大統領補佐官を務めたズビグネフ・ブレジンスキーは、ユーラシアでの米国の覇権確立こそ米国の一国覇権の堅持につながるとの説を展開し、そのための手段として、ソ連構成共和国におけるナショナリズム支援を提唱したのである（ただし、以前からウクライナ独立をめざす「ウクライナ・ナショナリスト組織」[OUN]が存在し、第二次世界大戦後、米国はOUNの残党をずっと保護してきた）。

　ブレジンスキー自身はネオコンではない。ただ、彼の覇権主義的外交政策は米国政府の外交政策に多大な影響をおよぼしつづけている。とくに、彼の弟子、マデレーン・オルブライト米国務長官（1997～2001年）の存在は大きな意味をもつ。彼女こそ、NATOによるコソヴォ空爆を主導した人物だ。両親は第二次世界大戦中にローマ・カトリックに改宗し、ユダヤ人の血を引くことを告げずにカトリック教徒として彼女を育てた。そんな彼女は、チェコから二度ロンドンに脱出した経験をもつ。一度目は1939年にナチスがチェコスロバキアに侵攻したとき、二度目は戦後一家が帰国した後、1948年にソ連の支援を受けたチェコ共産党がチェコスロバキア政府を転覆させたときである。二度目は米国への移民というかたちをとることになる。

　国務長官時代、オルブライトは1998年12月、イラクの大量破壊兵器製造能力を低下させるため、イラクの軍事目標や研究施設への空爆を主導する。さらに、1999年には、NATOによるコソヴォ空爆を支持し、ユーゴスラビア軍によるアルバニア人への攻撃を食い止めた。後者に関連して、「エスニック・クレンジング」（民族浄化）という造語によって、セルビアのスロボダン・ミロシェヴィッチ大統領による異民族虐殺が「ジェノサイド」（大量虐殺）と位置づけられるようになり、オルブライトは人権保護から米国による干渉の正当性を強く主張する。人道上も理由があれば、武力行使も正当化できると、彼女は固く信じていたのである。「彼女は、ミロシェヴィッチは校庭のいじめっ子と同じで、鼻に一発パンチを食らわせれば退くだろうと主張した」というBBCの報道（http://news.bbc.co.uk/2/hi/special_report/1999/03/99/kosovo_strikes/315053.stm）をみると、彼女の不見識に開いた口が塞がらない。

　オルブライトに対して、国連の旧ユーゴ問題担当・事務総長特別代表であった明石康は「1995年8月31日から始まったボスニア・セルビア

人に対する NATO 空爆にも自分でゴーサインを出さなかった」ことで知られている（岩田昌征著「ユーゴスラヴィア内戦の真相」を参照）。

オルブライトはいわば、国家ではなく個人が世界の主要なアクターであると考え、とくに介入するための国際的コンセンサスが形成された場合には、自国政府から危険にさらされている人々を保護する責任があると考える「自由主義的介入主義者」に分類できるかもしれない。ネオコンが国際機関を軽蔑している（彼らは米国の力を制約するものとみなす）のに対して、介入主義者は国際機関を米国の支配を正当化する有用な方法とみなしている。コソヴォ空爆に際しては、米国は欧州でナチス・ドイツが行ったような過ちを再び起こしてはならないとするトニー・ブレア英首相やゲルハルト・シュレーダー独首相らを巻き込んで NATO による空爆というかたちで武力攻撃に踏み切ったことになる（第7章で指摘するように、この戦争は「あからさまにアルバニア人寄り」であり、米国に都合のいいことが正しいかのような介入主義が公然と実施されるようになる）。他方で、「1999 年、ロシアの反対を押し切って NATO が空爆を行い、セルビア人によるコソヴォでの民族浄化を阻止したことは、プーチンにとってはソ連崩壊後のロシアの弱さと屈辱の極みであった」[https://www.economist.com/europe/2022/10/06/the-war-in-ukraine-has-awakened-memories-in-the-balkans] から、この点でもプーチンの復讐心は燃え上がったに違いない）。

ナショナリズムが生んだ「アラブの春」

ブレジンスキーが以前から主張していたナショナリズムの利用によって、ソ連に揺さぶりをかけるという手法をネオコンも利用するようになる（ブレジンスキーの見解については、拙著『ウクライナ3.0』を参照）。ヌーランドはウクライナでもっとも貧しい地域であった西部の住民に対して、ナショナリズムを煽り立てる。彼らはウクライナ語を母語としながら、ソ連の統治下では迫害されてきた。ソ連崩壊に伴って生まれたウクライナになっても、ロシア語が幅を利かせている状況に不満をもつ彼らにすると、ウクライナはロシアの影響から離れ、NATO や EU に加盟するのが最善であるということになる。

ナショナリズムの拡散には、2010 年末以降、チュニジアから始まった、欧米ジャーナリズムが勝手に「アラブの春」と名づけた変革で利用され

たソーシャル・ネットワーキング・サービス（SNS）が大きな役割を果たした。だが、それはアラブの春がもたらした中東やアフリカの諸国の大混乱に対する反省が皆無であることを意味している。要するに、既存の独裁者や権威主義的指導者を打倒すれば、それで民主主義国家が誕生できるといった程度のまったくバカげた信念をそのままウクライナにも適用しようとしたのである。

その結果、ナショナリストのなかには、ロシア系住民に危害を加えることを厭わない連中も生まれる。米国政府は、米国民主主義基金のような非政府組織（NGO）を使って、さまざまな過激派に武力を供給したり、闘争方法を訓練したりもした。

こうしたナショナリストの煽動が実は、その後のウクライナ戦争の遠因となっている。なぜなら超過激なナショナリストはクーデター後もその勢力を温存させて、新政権を武力揺さぶるだけの暴力的破壊力をもちつづけたからである。たとえば、2019年に新大統領に選出されたゼレンスキーにとって、同年10月6日に起きた1万人規模のデモはナショナリストの影響力を誇示するものと映り、ミンスク合意の履行が困難であることを思い知らせた。同月1日、3国間コンタクトグループ（ウクライナ、未承認のドネツク人民共和国［DNR］とルガンスク人民共和国［LNR］、ロシア、仲介役のOSCE［欧州安全保障協力機構］の代表者）は、ミンスクにおいて、ウクライナによるドンバスの特別地位の承認と欧州監視下のドンバスでの完全選挙を前提とした、すべての当事者に適した「シュタインマイヤー方式」に合意した。しかし、超過激なナショナリストはミンスク合意をロシアへの譲歩とみなした。ゆえに、あくまでクリミア奪還をめざす彼らは、その気になれば、再びクーデターを起こし、現政権を崩壊させるだけの力をもっていることを示したのだ。

ナショナリズムの裏側

この節の最後に、ネオコンが目をつけたナショナリズムについて、簡単に説明しておきたい。大澤真幸著『〈世界史〉の哲学　近代篇2』によれば、ナショナリズムを成り立たせているのは「二重のコミットメント」である。まず、潜在的には人間の普遍的な市民社会（ゲゼルシャフト）へのコミットメントがある。しかし、これだけでは空虚な理念にすぎない。家族や地域共同体といった人間が古くからなじんできたゲマイ

ンシャフトの見せかけをもつ具体的な「ネーション」へのコミットメントと一体化したとき、最初のコミットメントが実質をもつようになる。わかりやすく言えば、「人間の権利」といっても空疎な理念にすぎないが、「フランス人の権利」、「日本人の権利」などの形態をとることで、権利の実質が立ち現れるようになる。

　この見方をウクライナにあてはめてみると、ウクライナのナショナリズムを煽るとは、ゲゼルシャフトへの移行を進めるために、「ネーション」（国民）としてまとまることを要請し、ウクライナ語の普及を通じたウクライナ国家の創設へと導くことになる。

　ここで忘れてはならないのは、ゲゼルシャフトが「自己利益優先」という前提のもとにあることである。ゲマインシャフトの段階では、家族のことや共同体のことが人間の行動を律しているが、ゲゼルシャフトは違う。そうであるならば、このゲマインシャフトからゲゼルシャフトへの移行は人間を大きく変化させたに違いない。

　アダム・スミスは『諸国民の富』の第1編第2章の冒頭部分で、「分業」（division of labour）は「人間の本性にある一定の性向」、つまり、「ある物を別の物と取引したり、バーターしたり、交換したりする性向」の帰結であると指摘している。そのうえで、各人は各自の仲間の助けをほぼいつでも必要としているのだが、助けをその仁愛にだけ期待しても無駄になるから、むしろ、仲間の自愛心（self-love）を自分の有利になるように刺激できれば、そして、各自が仲間に求めていることを各自のためにすることが仲間自身のためにもなることを仲間に示せば、それが各自の利益に基づきながらも分業を導くことになるとみなしたのだ。ここで強調されているのが「シンパシー」であり、これはスミスの師、フランシス・ハチソンのいう「道徳感情」（利己心の反対）とは異なり利己心と両立するものとして想定されている。相手の利己心を認める立場にたつのである。ここに想像力の重要性が増すのだが、大切なことは、このとき道徳が超越的な宇宙的秩序に従わなければならないという西洋的伝統が崩れた点である。神の摂理といった超越的視点から善悪を判断するのではなく、シンパシーに基づく人間の経験が道徳をつくり出すのだ。

　実は、人間がここでいう「利益」（interests）に関心を寄せるようになったのは大昔のことではない。近代化の前に起きた「徳」から「作法」への移行は、「情念」（passions）から「利益」（interests）への移行に対応し

ている。

この利己心のもととなる自己の利益を手掛かりに人間同士が想像的に結びつくところに「国家」がつくられると、近代国家の秘密を解き明かしたのがベネディクト・アンダーソンなのだ。このとき、それまであった農業を中心とする共同体が崩れ、農業共同体の永続性が失われていく。別言すれば、都市化が進み、相互利益に根差した農業共同体に住むことで祖先から子孫へと受け継いできた共同体から隔絶されてしまう人々が急増するのである。ここに、農業共同体の崩壊が起き、それが宗教の思想的減退や血縁選択の退歩へとつながるのである。その代わり、両立する利己心に根差した相互利益は互酬的利他主義を促し、分業を通じた資本経済の発展を引き起こし、同時に、ネーションという別の想像の産物が生まれるのである。ゆえに、ナショナリズムは宗教の代替物ということになるとアンダーソンは指摘したのである。ゲマインシャフトからゲゼルシャフトへの移行はこうした構造転換とともに進行する。

このとき、宗教の代替物としてのナショナリズムに火をつければ、その煽動によって宗教対立にも似た厳しい武力闘争さえ引き起こす可能性が高まる。それを十分知りながら、ネオコンは火に油を注ぎつづけてきたのである。

（4）マスメディアによる煽動

「ネオコンはロシアが米国の金融制裁とNATOの兵器によって敗北すると熱狂的に信じている」というサックスの記述を紹介した。ここでは、彼がふれていない、ネオコンがマスメディアを使って復讐を煽っている現実について紹介したい。

私が悪辣だと強く感じているのは、プーチンをファシストと断罪し、ファシズムを殲滅するまで戦わなければならないという論調を煽る動きである。

2022年5月19日付の「ニューヨーク・タイムズ」（NYT）に、『ブラッドランド：ヒトラーとスターリン　大虐殺の真実』と『ブラックアース：ホロコーストの歴史と警告』で知られる、エール大学歴史学部教授のティモシー・スナイダーは、「私たちはそれを言うべきだ。ロシアは

ファシストだ」という意見（https://www.nytimes.com/2022/05/19/opinion/russia-fascism-ukraine-putin.html）を掲載する。タイトル通り、ロシアないしプーチンにファシストというレッテルを貼り、その撲滅を主張する内容になっている。

　スナイダーの説明では、ファシズムはイタリア起源で、ルーマニアで人気を集めた。ルーマニアでは、ファシストは暴力による浄化を夢見る正統派キリスト教徒であった。ファシストは欧州中に信奉者をもっていたが、米国にもいた。ただし、スナイダーは満足のいくかたちでファシズムを定義することはできないとしている。彼はもっともらしく、「今日のロシアは学者が適用する傾向のあるほとんどの基準に適合している」と書いている。だが、「ロシアには一人の指導者を中心とした「カルト」がある」とする挑発的な記述をみて、私はスナイダーが冷静な学問的記述ではなく、まったくの感情論を展開しているように思った。「カルト」という定義もないままに、プーチンがカルトの親玉であり、そのカルトはファシスト集団であるというのだが、その根拠は書かれていない。

　まったくの間違いもある。我慢して読み進めると、「結局のところ、ナチスの思想家カール・シュミットが言ったように、ファシズム政治（fascist politics）は敵の定義からはじまるのである」と書いている。この記述は間違いだ。シュミットは、「政治的な現象は、敵／友の集団が常に存在する可能性という文脈でのみ理解することができ、この可能性が道徳、美学、経済学を意味する側面に関係なく、そう理解することができる」と『政治的なものの概念』（The Concept of the Political, Expanded Edition, The University of Chicago Press, 2007, p. 35 [https://www.docdroid.net/cNhoLIH/the-concept-of-the-political-carl-schmitt-pdf#page=5]）で指摘したにすぎない。ファシズム政治が敵／友を区別するのではなく、政治が敵／友を区別するのである。

　嘘を書いてまでして、スナイダーはロシアをファシストに見せかけたいらしい。ファシスト・プーチンを死に追いやるまで、あるいはロシアという国家を殲滅するまで、徹底抗戦すべきであると主張するためだ。「ウクライナが勝たなければ、何十年も暗闇が続くだろう」という最後の文章は、ウクライナの国民だけでなく、欧米の民主主義国家に属する人々への復讐心を煽るための脅しの響きをもっている。

The Economist による煽動

　7月になると、今度は The Economist が「ロシア・ファシズム」なるものを喧伝するようになる。2022 年 7 月末、「ウラジーミル・プーチンは、ロシア・ファシズムという特有のブランドの虜になっている」という長文の記事（https://www.economist.com/briefing/2022/07/28/vladimir-putin-is-in-thrall-to-a-distinctive-brand-of-russian-fascism）が登場した。タイトルに現れているように、プーチンのファシズムのもとで、ロシアは後戻りのできない道を歩んでいるという主張を展開している。

　この記事でも、ファシズムは定義されていない。「ロシア・ファシズムとは何か」という問いを掲げて、「その定義は定かではないが、例外主義とルサンチマン（復讐感情）を糧とし、屈辱から生まれる嫉妬とフラストレーションが混在しているのである」とのべている。そのうえで、「ロシアの場合、この屈辱の源泉は外国勢力による敗北ではなく、国民が自国の支配者の手によって受けた虐待にある」とし、「代理権を奪われ、当局を恐れる彼らは、国家に指名された敵に想像上の復讐をすることで補償を求める」という。スナイダーと同じく、敵をつくって、それに復讐するというところにファシズムの特徴があるとみなしているらしい。加えて、「ファシズムにはパフォーマンス（集会や制服のことを考える）があり、本物の暴力のスリルが混じっている」という。あの「Z」のマークはナチスの「卐」（ハーケンクロイツ）を思い起こさせる。

　ついで、ロシアのファシズムの歴史が語られる。「ロシアのファシズムの根は深く、20 世紀初頭にまでさかのぼる」というのがこの記事の見方である。これは、1905 年 8 月に立法に関する諮問機関として「ドゥーマ」と呼ばれる機関が設立され、同年 10 月に立法権が与えられた後、12 月の新しい選挙法制定などを意識したものだろう。ただし、その後の選挙は有権者が選挙人を選び、選挙人が議員を選ぶという間接選挙であり、選挙権は財産をもつ男性にしか与えられなかった。その意味で、代表制議会の存在を前提とするファシズムの特徴を有していたとは言い難い。

　記事では、スターリンは、米英とともに勝ち取ったファシズムに対する勝利が自国民に力を与え解放してしまうことを恐れ、ソ連の成功を、「全体主義とロシア帝国ナショナリズムの勝利にすり替え」、戦争の同盟国に、「ソ連を破壊し、その栄光を奪おうとする敵」、すなわちファシス

トであるとの烙印を押したとしている。これは、欧米諸国がファシスト
であることを意味し、冷戦下の米ソ対立の背景をなす思想となるという。

ファシズムとスターリニズムの違い

　この記事は、ロシアをファシズム国家と印象づけるためにめちゃく
ちゃなことを書いている(9)。そこで、ちょうど７月に刊行されたばかりの
大澤真幸著『〈世界史〉の哲学　現代篇　フロイトからファシズムへ』
を参考にしながら、ファシズムについて整理しておきたい。

　ファシズムというとき、この言葉の由来となったファシスト党のイタ
リアよりも、ナチスの支配したドイツのほうがより典型的に思われる。
ファシズムの特徴は、①カリスマ的指導者の出現（個人崇拝）、②党と政
府の二重権力（ナチスの場合）、③「敵」へのおぞましい態度・行動――
にある。ドイツではアドルフ・ヒトラー、イタリアではベニート・ムッ
ソリーニ、ソ連ではヨシフ・スターリンへの個人崇拝があった。ドイツ
やソ連では、ナチスやソ連共産党が政府を支配するという二重権力体制
を構築していた。その意味で、ファシズムとスターリニズムはよく似て
いる。だが、「敵」へのおぞましい態度・行動という点で、二つは大き
な違いがある。

　ファシズム（ナチズム）はユダヤ人を敵とした。スターリニズムにとっ
ての敵はだれか。それはソ連共産党員やソ連人民であった。少なくとも
500万のユダヤ人を虐殺したファシズムに対して、スターリニズムは控
え目にみて134万人余りの党員や民衆が犠牲になった。両者を比較しな
がら、大澤はつぎのようにまとめている（196頁）。

　「ファシズムにあっては、敵は、特定のカテゴリーの人間、特定の人
種だった。敵は、ユダヤ人に集約された。他の人種や精神障害者、同性
愛者等も差別され、迫害されたが、最も悪い敵は、ユダヤ人であった。
では、敵をこのように特定のカテゴリーの集団に絞り込んでいた限定を
はずしてしまったらどうなるだろうか。つまり敵をどこまでも一般化し
たらどうなるか。敵と友との区別があいまいになり、最終的には「友＝
敵」という等式にまで至るのではないか。これが、スターリニズムの下
で生じたことではないだろうか。」

ナチスはユダヤ人の虐殺のためにユダヤ人をでっち上げることはなかった。逆に、スターリンのもとでは、粛清のために「告白」という裁判手続きが重視され、そこにでっち上げが横行した。裏切者とみなされた者に罪を捏造し、冤罪を乱発する。つまり、ファシストは、敵を排除しようとした事実そのものを排除・隠蔽しようとしたのに対して、スターリニストは、敵に公開の場で告白させることに執着した。

　もう一つ、ファシズムがロシア革命後の共産主義の「成功」ないし「脅威」に対する反応として台頭してきた点を確認する必要がある。

　ゆえに、ファシズムとスターリニズムとは区別されなければならない。同じく、プーチンによるロシア支配の現状を安易にファシズムと同じだなどと軽々に断じるべきではない。もしそんなことをすれば、それだけでその軽挙妄動にきな臭さを感じることになる。そう、ディスインフォメーション（意図的で不正確な情報）工作によって、プーチンをヒトラー並みの極悪人に仕立て上げ、ユダヤ人のヒトラーへの復讐と同じく、プーチンへの復讐を行うよう煽動しようとしているようにみえてくるのだ。

［第1章　注］

(1) ミアシャイマーの主張のなかで、一つだけ興味深い指摘を紹介したい。ミアシャイマーは、2014年2月のウクライナの親ロシア派指導者を倒した出来事をはっきりと「クーデター」と記している。それだけ重大な事件を引き起こしておきながら、「しかし、いったん危機が始まると、米国や欧州の政策立案者は、ウクライナを西側諸国に統合しようとして危機を誘発したことを認めるわけにはいかなかった」と、ミアシャイマーは指摘している。そのうえで、「彼らは、問題の真の原因はロシアの報復主義と、ウクライナを征服しないまでも支配しようとする欲望にあると断じたのだ」としている。ここで、「報復主義」と訳したのは revanchism のことで、失われた領土に対する復讐ないし再獲得をねらった外交政策を意味している。西側の外交にかかわる者がロシア側を revanchism として非難しているわけだが、逆に、クーデターによってウクライナの政権を転覆させた行為こそネオコンによる revanchism ではないかと思

えてくる。

(2)「ネオコン」については、拙著『ウクライナ・ゲート』（10〜11ページ）や『プーチン3.0』（41〜42頁）、『ウクライナ3.0』（12頁）のなかで何度も解説している。

(3)「国防政策指針」(https://urldefense.proofpoint.com/v2/url?u=https-3A__twitter.us19.list-2Dmanage.com_track_click-3Fu-3D50ec04f7fdd8f247aecfa0ddf-26id-3D7bc71b49d9-26e-3Dff0adffdb1&d=DwMFaQ&c=009klHSCxuh5AI1vNQzSO0KGjl4nbi2Q0M1QLJX9BeE&r=54-7v4qCb6WmtrgGS5QIjONkCgb6ZyQCWjfYJFU6khc&m=2N4n-eITVVsW5f1cjlgk1kvOSjCh_MnhstABNCmj-DCmFCIts27M5yBht_QkdkWG&s=Pni_voTn1Hdu4yI-ZLyMbPkRtF8veHgyf9Btzd-sImM&e=) を参照。

(4) ユダヤ人による金融支配については、広瀬隆著『赤い楯　ロスチャイルドの謎（上・下）』（集英社, 1991年）を参照。最近、注目されるのは、2022年9月19日、ゼレンスキーと世界最大の資産運用会社ブラックロックのローレンス・D・フィンクCEOがビデオ会談し、戦禍に苦しむ同国経済への投資誘致について協議したことである。フィンクはユダヤ系米国人であり、「ウクライナ経済の復興を支援する復興ファンドの設立についてウクライナ政府に無償でアドバイスを提供する方法について話し合った」とウクライナ大統領府は発表（https://president.gov.ua/en/news/volodimir-zelenskij-i-golova-blackrock-obgovorili-zaluchenny-77861）している。そのねらいがユダヤ系資本を優遇し、巨額の利益をあげることにあることは一目瞭然だろう。なお、ユダヤ人やユダヤ民族の問題を考えるときに大切なのは、「民族が国家を創ったのではなく、国家が民族を創った」という見方である（柄谷行人著『力と交換様式』128頁）。ゆえに、古代から、のちにユダヤ教となった宗教を信じる集団は、一つの民族ではなかったとみなすべきことになる。以後も、基本的には同じ神を信じる集団であり、そうであるがゆえに、各地に広がったと考えるべきなのだ。ユダヤ民族という視角が現れたのは、「近代のネーション＝国家によって迫害されるようになってからであり、厳密には、19世紀末、迫害に対抗するシオニズムが生まれた時期からである」、と柄谷は指摘している。

(5) ユダヤ系マスメディアについては、広瀬隆著『赤い楯　ロスチャイルドの謎（下）』の「第12章　悪魔の詩」を読んでほしい。とくに、836〜841頁にある「欧米マスコミ界に高らかに響きわたる『悪魔の詩』」は、「イギリス・フランス・アメリカの凄絶なジャーナリズム支配を明らかにしてくれる」（834頁）と、広瀬は書いている。

(6) 世代を超えて復讐心が受け継がれるのかについては議論の余地がある。宗教原理に沿って考えると、キリスト教の基本原理である、エデンの園のアダムとエバ（イブ）による「原罪」をユダヤ教では受け入れていない。よく知られている問題として、世代間処罰の教義（出エジプト記 20:5）の解釈をめぐる問題がある。関心のある者は、ドヴ・ワイス著「ラビと初期キリスト教の文献における両親の罪」（Dov Weiss, Sins of the Parents in Rabbinic and Early Christian Literature, The Journal of Religion, Vol. 97, No. 1, 2017, https://www.journals.uchicago.edu/doi/pdf/10.1086/688993）を参照。政治的に復讐心を利用する動きは広範囲にみられる現象だ。その典型が第 3 章第 2 節に登場するヴィクトル・ユシチェンコ元ウクライナ大統領である。米国主導で大統領の座についた親米派の人物だ。

　阿部謹也はヨーロッパにおける個人の成立の契機を、1215 年の第 4 ラテラノ公会議で、年 1 回、司祭にすべての罪を告白する告解がすべての信徒に責務とされたことにみている（阿部謹也著『物語ドイツの歴史―ドイツ的とはなにか』1998, 48 頁）。これは、「告白」に重きを置くフーコーと同じ意見だ（Michel Foucault, L' Histoire de la sexualité, I, La volonté de savoir, Gallimard, 1976＝渡辺守章訳『性の歴史 I　知への意志』1986, 76 頁）。この慣習はカトリックのものだが、ユダヤ教徒がどうしてきたかについては今後の課題としたい。この自らの罪と向き合う告解において、他者の罪をどう反復的に心にとめたかについても復讐心の継承を考えるうえで重要な視角となるだろう。

(7) Kit R. Christensen, Revenge and Social Conflict, Cambridge University Press, 2016, p. 217 を参照。

(8) これを教えてくれるのがアルバート・ハーシュマンである（Albert O. Hirschman, The Passions and Interests: Political Arguments for Capitalism before Its Triumph, Princeton University Press, 1977 ＝佐々木毅・旦祐介訳 ,『情念の政治経済学』法政大学出版局 , 2014）。

(9) 紹介した The Economist の記事において、1920 年代にボルシェビキによって亡命させられ、イタリアとドイツでファシズムを受容したという、思想家イワン・イリインが紹介されている。彼の著書『我々の任務』が 2013 年にクレムリンから国家公務員の必読書として推奨されたことが紹介されている。イリインは 1954 年に亡命先のスイスからその年のうちにロシアに連れ戻され、モスクワで死亡した。記事では、墓石の費用をプーチンが自分の貯蓄から出したと言われていることや、2009 年にはイリインの墓に花を供えたことを根拠に、

プーチンがファシストであることを印象づけようとしている。「プーチンがファシストの手法とファシスト的思考を受け入れたという事実は、世界の他の国々に対する憂慮すべきメッセージである」と書いているのだが、たとえプーチンがファシストの思想を容認しているとしても、彼自身の思想がファシスト思想なのか、それとも、スターリニスト思想であるかは厳密な検討が必要だと強調しておきたい。

(10) 笠井潔著『煉獄の時』では、ファシズムとボリシェヴィズムの類似点や相違点が分析されている。たとえば、「ボリシェヴィズムとナチズムはいずれも政治化されたニヒリズムの産物にすぎない」とある（326頁）。スペイン戦争で強いられたボリシェヴィズムかナチズムかという選択肢をめぐるフィクションが小気味よく描かれている。「二つの悪のどちらかを選ばなければならない場合には、より小さい悪を選ぶしかない」という記述は私の心をいまでも離さない。この探偵小説は一読の価値がある。

第２章　プーチンの復讐

（1）「非ナチ化」を隠すマスメディアの不見識

　ウクライナ戦争を分析する際、多くの国で無視されていることがある。プーチンが戦争目的とした「非軍事化」と「非ナチ化」のうち、後者が意図的に取り上げられていないのである。そこで、私は、「ウクライナ侵攻、西側の報道に異論：「非ナチ化」の意味をもっと掘り下げよ」（https://webronza.asahi.com/politics/articles/2022030100008.html）という論考を「論座」に公開したことがある。ところが、この論考は公開直前、「論座」編集部が公開を停止する決定をしたものだ。あまりに直前の決定であったために、そのまま公開された奇妙な運命にある記事と言える。

　なぜ論座の幹部が言論封殺までしようとしたのかは私にはよくわからない。ただ、その行為は、不愉快な現実を見ようとしない、あるいは見せようとしない、最低最悪の言論機関の姿を彷彿とさせる。この重要な情報を握りつぶすというやり方こそ、民主主義を標榜しながら、ディスインフォメーション（意図的で不正確な情報）を流してマニピュレーション（情報操作）をしつづけているマスメディアの実態であることを読者は知らなければならない。[1]

プーチンの復讐心と「非ナチ化」

　そのうえで、この「非ナチ化」という目的のなかに、プーチンの復讐心が如実に現れていることを理解してほしい。

　この言葉が実践されたドイツでは、バイエルン州、バーデン＝ヴュルテンベルク州、ヘッセン州の司法省が起草して、1946 年 3 月 5 日、「国民社会主義および軍国主義の解放に関する法律第 104 号」が制定された（ここでは、国家社会主義という訳語をあえて使わない）。同法は、国民社会主義への関与の程度を、主犯、有罪（活動家）、関与者、共犯者、釈放者の 5 段階に分けて規定していた。それぞれの程度に応じて、禁固刑から罰金、30 日以下の強制労働まで、さまざまな罰則が設けられていた。この法律では、18 歳以上のすべてのドイツ人がナチズムへの罪

の意識や関わりを判断するために、133項目の特別な質問項目に答えることが義務づけられていた。ロシア語の資料（https://nuremberg.media/hronotop/20210305/121441/Vstupil-v-silu-Zakon-o-denatsifikatsii.html）によると、米国の占領地では、1300万人が尋問を受け、程度の差こそあれ、61万3000人が有罪となった。おそらく、プーチンのいう「非ナチ化」は、ウクライナにおいてこれと同じような徹底した尋問と刑罰を加えることをイメージしていると思われる（この尋問の過程は「濾過」［filtration］と呼ばれている。この問題については第2章の最後の節で取り上げる）。それだけ、プーチンの復讐心は根深いのだ（といっても第3章第1節で紹介するように、その本気度合いには大きな疑問符がつく）。

　実は、ウクライナへの「特別軍事作戦」を宣言した2022年2月24日のテレビ演説の直前の2月21日、プーチンはウクライナとの関係をめぐって長いメッセージ（http://kremlin.ru/events/president/news/67828）を国民に披露した。そのなかで、興味深いことを言っている。

　「（2014年のクーデターで）権力を掌握した過激派は、反憲法的な行動に反対する人々に対して、まさに恐怖の弾圧を組織したのである。政治家、ジャーナリスト、有名人が嘲笑され、公然と恥をかかされた。ウクライナの都市は、ポグロムと暴力の波に飲み込まれ、注目されながら罰せられない殺人事件が続発している。オデッサでは、平和的なデモ参加者が労働組合会館で残忍に殺害され、生きたまま焼き殺されるという恐ろしい悲劇が起きた。しかし、我々は彼らの名前を知っており、彼らを罰し、見つけ、裁判にかけるためにできる限りのことをするつもりだ。」

　ここにあるのは、オデッサ（オデーサ）で起きた事件に対する断固たる復讐の決意である。

オデーサ事件
　まず、2019年5月に公表された「国連ウクライナ人権監視団ブリーフィングノート：2014年5月2日オデーサでの殺害と暴力的な死に対する説明責任」をもとに、2014年5月2日、オデーサ（オデッサ）において何が起きたかを説明しよう[(2)]。
　2014年5月2日の出来事は、二つの事件に分けることができる。①6

人の男性が射殺された市街地での騒動、②クリコヴェ・ポール広場での騒動とそれに続く「労組会館」での火災で 42 人の命が奪われた——というものだ。衝突は市街地ではじまり、「ウクライナ統一のための行進」に集まった約 2000 人の人々（いわゆる「統一支持派」）が、ウクライナ連邦化の考えを支持する約 300 人のグループ（いわゆる「連邦主義支持派」）に襲われた。前者は、いわば親欧米のウクライナ派であり、後者は親ロシアの分離独立派を意味している。

　クリコヴェ・ポール広場では、約 300 人の「連邦制支持者」が労組会館に立てこもり、「統一支持者」が彼らを攻撃し、彼らが広場に建てたテントを焼いたため、騒乱が続いて 42 人（男性 34 人、女性 7 人、少年 1 人）が死亡した。両グループが互いに投げつけた火炎瓶によって建物に火がつき、連邦制支持者 32 人がそのなかで死亡した。さらに 10 人が、火災から逃れるために窓から飛び降りたり落ちたりして、致命傷を負い死亡した。

　報告書には、「5 年経った今でも、6 人の殺害と 42 人の暴力的な死に対する説明責任は果たされていない。悲惨な事件の後に開始された刑事訴訟のなかには、公判前の捜査段階で行き詰まったものもあれば、公判段階で行き詰まったものもある。このことは、被害者のための正義と加害者のための説明責任を確保するための当局の真の関心の欠如を示唆している」と指摘されている。

　プーチンからみると、ウクライナ政権は親ロシア派の 32 人を殺害した犯人を逮捕・起訴し、裁判を通じて極刑に処するという当たり前のことをしないまま、いわば犯人を野放しにしているということになる。だからこそ、犯人を自ら逮捕し、復讐するとプーチンは息巻いているのだ。

　ここでは、2015 年 4 月 30 日付の「オデーサの悲劇の 1 年：誰が責任を取るのか？」（https://www.bbc.com/russian/international/2015/04/150430_odessa_2may_anno_kulikovo）と、2019 年 5 月 19 日付の「2014 年にオデーサで起きた 48 人の死は、捜査が沈黙する一方で、いかに神話化されていくのか」（https://www.bbc.com/russian/features-48256888）という、比較的中立的だと思われる BBC の二つの報道をもとに事件をもう少し詳しくみてみたい。

　「反政府の活動家たちが、燃えている労働組合会館の内外で激しい暴行を受けたことは明白な事実である。殴打の様子は、その様子を録画し

たビデオでも見ることができる」という記述の意味は重い。親ロシア派がウクライナの過激なナショナリスト（『ライトセクター』）によって暴行を受けていたことは事実だ。有力都市オデーサにおいて、反マイダン（反クーデター新政権）の親ロシア勢力が支配的になるのを恐れて、5月2日開催予定のサッカー試合のファンを装ってキーウからオデーサに集まり、意図的に親ロシア派を暴力で鎮圧しようと計画していたのである。

　ただ、労組会館の出火原因は特定できていない。立てこもった親ロシア派が襲撃者との間に防火壁を作ろうと、入り口に急造したバリケードに火をつけたという説がある一方、数多くのビデオには、労組会館の扉に向かって火炎瓶が飛んでくる様子がはっきりと映っているという。

　なお、この事件については、火災の原因やその犯人はまったく不明のまま放置されている。警察の高官4人は2014年5月2日に死亡した48人を救助する義務を怠ったとして、国家緊急事態局の地域部門の元副部長2人と中堅職員2人は、火災で死亡した42人を救助する義務を怠ったとして2019年5月現在、起訴されているが、その後については判然としない。

　プーチンがいう「非ナチ化」は、親ロシア派を殺害したウクライナの超過激なナショナリストを「ネオナチ」と称して、彼らに復讐することをねらいとしている。彼があえて過激なナショナリストをネオナチと呼ぶのは、すでに紹介したOUNというウクライナ・ナショナリスト組織という、ウクライナの独立をめざして、ナチスと協力し、ウクライナ南西部のガレツィア（ハリチナ）地方やポーランドで数万人ものユダヤ人を殺戮したとされるナショナリズムの流れに、いまの過激なナショナリストが属している、と勝手に信じているからだろう。そうしたナショナリストはユダヤ人だけでなく、ロシア人や親ロシアのウクライナ住民を標的にしているというわけである。

　重要なことは、こうしたプーチンの身勝手な見方からみると、ウクライナ戦争が復讐という面を色濃く有していることだ。端的に言えば、親ロシア派殺害に対するネオナチへの復讐なのである。にもかかわらず、「非ナチ化」についてきちんと報道せよという私の論考を「論座」幹部は抹殺しようとした。これでは、ウクライナ戦争の実情が隠蔽されてしまう。こんなことさえわからずに、言論封殺をしかけたのが「論座」の正体なのである。

復讐としての惨殺？

　ウクライナの超過激なナショナリストら（プーチンの言う「ネオナチ」）が糾合して2014年5月にウクライナ南東部のドネツィク（ドネック）州にあるマリウポリにいわば自発的に設立されたのが軍事組織「アゾフ」である。当初は「アゾフ大隊」と呼ばれていたが、いまでは「アゾフ連隊」として知られる準軍事組織だ。⁽³⁾2014年11月、ウクライナのアルセン・アヴァコフ内相（当時）が、大隊を特別目的連隊として国家警備隊に移管する法令に署名したのである。

　ウクライナ戦争勃発時から、港湾都市マリウポリで激戦が展開されることが予想されていた。アゾフはドンバスでの戦闘が激化すれば、必ず要衝マリウポリの争奪戦になることを見込んで、同市の要塞化をはかっていた。他方、こうした事情を熟知するロシア側はマリウポリでの戦闘こそ、ウクライナのネオナチを退治する絶好の機会であるとみていた。

　結局、マリウポリはロシア側に陥落するが、最後の攻防戦のあったアゾフスタリ製鉄所においてロシア側に投降した者の多くはドネツィク州にあるロシア占領下の町オレニフカ（イエレノフカ）にある収容所に集められていた（ロシア国防省の発表では、2439人の兵士が降伏したとされる）。ところが、その120号矯正コロニーのバラックが7月28日夜、爆発した。収容所には少なくとも2000人の囚人がいるとされ、5月にマリウポリでロシア軍に降伏した数百人のウクライナ戦士が含まれていた。これは「ニューヨーク・タイムズ」（NYT）（https://www.nytimes.com/live/2022/08/01/world/ukraine-russia-news-war#ukraine-prisoner-camp-explosion）の報道に基づいているが、ロシア国防省は7月30日午前の時点で、50人のウクライナ人が死亡したとしている。ほかに、73人が負傷した。だが、その理由は、米国がウクライナに供与した多連装ロケットランチャー（HIMARS）によるミサイル攻撃だとしている。その時期を29日としている。

　8月6日になって、「ワシントン・ポスト」（WP）は興味深い記事（https://www.washingtonpost.com/world/2022/08/06/olenivka-prison-explosion-ukraine-russia/）を報じている。それによると、衛星画像などをもとに6人の専門家が調査したところ、収容所の破壊された建物の画像はHIMARSによる攻撃とは矛盾しているように見えるという。榴散弾の跡やクレーターがなく、内部の壁には最小限の損傷しかないのだ。ウクライナの国

防情報局は8月3日、ロシアの支援を受けた部隊が「非常に燃えやすい物質」を撒き、それが爆発すると「敷地内の火災を急速に拡大させた」と主張したとの記述もある。さらに、7月29日の朝、ロシアのメディア各社が投稿した刑務所の映像から確認できる遺体の数は、ロシア国防省が発表した50人のウクライナ人兵士の殺害数よりはるかに少ない。

ロシア最高裁判所は8月2日、ロシア検察庁の提訴に基づいて、アゾフ連隊をテロ組織と認定し、ロシア領内での活動を禁止した。法廷審理は非公開で行われたが、アゾフの活動を長年研究してきた人権活動家、ジャーナリスト、公人が法廷で発言し、その戦闘員による幼児を含む民間人の拷問や殺害、民間施設への意図的な攻撃、民間地域への爆発物の設置などについて、目撃証言を含むビデオやオーディオ資料が提示された、とイーゴリ・クラスノフ検事総長は説明している。

おそらく、ロシア側は憎しみの対象である「ネオナチ」を爆殺し、その理由を HIMARS に着せようとしているに違いない。ロシア側の報道（https://dan-news.info/obschestvo/v-rezultate-udara-boevikov-kieva-po-kolonii-v-elenovke-pogibli-50-ukrainskih）のなかには、「これは意図的な砲撃であり、とくに証言を始めたアゾフの代表者らを葬ろうとするものだ」というドネツク人民共和国の前トップの発言を紹介するものもあるが、どうみても、これはロシア側が仕組んだ殺戮としか思えない。それほどに「血の復讐」をロシア側は欲していたのではないかと思われるのである。

この節の最後に、興味深い指摘を紹介しておきたい。2022年5月、ロシアの駐ジュネーヴ外交官を辞任したボリス・ボンダレフは The Economist に寄稿した記事（https://www.economist.com/by-invitation/2022/07/02/boris-bondarev-on-vladimir-putins-craven-diplomats）のなかで、「ロシアの最近の侵略は、1990年代から残る鬱積した憤慨から生じている」と指摘している。「戦争ではなく平和に奉仕する」という外交官の大原則が崩れ去った背後には、西側代表団の侮辱、低品質の決まり文句しか含まれていない外電の積み重ねがロシア人外交官の憤慨（resentment）を生み、そうした外交官の報告書に依存するロシアの指導者、すなわちプーチンが行う外交がより危険なものとなっていたという構図があるという。こうした人間の感情にもっとしっかりした分析を加えなければ、ウクライナ戦争の本質は見えてこないはずなのだ。

　2022年7月になって、ロシア研究者として有名なウィリアム・タウブマンの論文「プーチンはいかにして致命的な恨みを持つようになったのか？　ロシアの大統領は、何十年にもわたる恨みと復讐によって形成されてきた」(https://foreignpolicy.com/2022/07/17/putin-revenge-nato-west-ukraine/)が公表されたことも紹介しておきたい。そのなかで、彼は、プーチンの心のうちについて、「彼はあまりにも長い間、我慢してきた。彼を侮辱し、辱め、何度も何度も裏切った野郎ども（bastards）は、いまこそ自業自得なのである」と書いている。

（2）2014年へのクーデターへの復讐

　プーチンは2022年6月17日、サンクトペテルブルクで開催中の国際経済フォーラムの全体会議に参加した。そのなかの質疑応答部分で、きわめて興味深い発言をした。

　「2014年のウクライナで、なぜクーデター（госпереворот）を行う必要があったのか。そこがすべてのはじまりだった。ドイツ、フランス、ポーランドの欧州3カ国の外務大臣が来て、当時のヤヌコヴィッチ大統領と野党の合意の保証人として同席していた。オバマ大統領から「向こうの状況を落ち着かせよう」と電話があった。その1日後、クーデターが起きた。なぜかというと、野党はどうせ民主的な方法で政権を取り、投票に行き、勝つだろうから … いや、クーデターを起こす必要があった、それも血みどろのクーデターを。それがすべてのはじまりだった。」

　ウクライナ戦争をはじめたきっかけが2014年2月に起きた「クーデター」であったと、プーチンは2回にわたって明確にのべたのである（さらに2022年9月1日、プーチンは「実際に戦争を始めたのは彼らだ。彼らは8年間、それを繰り広げてきたのだ」と、2014年のクーデターを戦争勃発とする見方をロシアの若者らの前で話した）。なお、正確に言うと、欧州3カ国が保証人として同席した会議は2014年2月21日に開催されたもので、そこで重要な協定が締結された。拙著『ウクライナ2.0』では、つぎのように書いておいた（28頁）。

「2月21日、ヤヌコヴィッチ、ヴィタリー・クリチコ（「改革をめざすウクライナ民主主義連合」、UDAR）、アルセニー・ヤツェニューク（「祖国」）、オレグ・チャグニボク（「自由」）は、ドイツのフランク・シュタインマイエル外相、ポーランドのラドスラフ・シコルスキー外相、エリック・フルニエ・フランス外務省ヨーロッパ大陸部長、ウラジミル・ルキーンロシア特別使節の出席のもとで和解協定に署名したとされる」

　その内容は重大であった。第1項で、協定署名後、48時間以内に、これまでの修正付の2004年憲法に復帰する特別法を採択・署名・公布することが規定されていた。第3項では、大統領選が新憲法採択後、2014年12月に遅れることなく速やかに実施されるとされた。にもかかわらず、この協定は結果的に反故にされ、ヤヌコヴィッチは国外脱出を余儀なくされるに至るのだ。
　プーチンが語ったオバマからの電話の話は有名で、拙著『プーチン2.0』にも紹介しておいた。オバマはプーチンを安心させるような電話をかけてきながら、その実、過激なナショナリストがヤヌコヴィッチを追い出したのだ。この事実上のクーデターまで、「オバマーヌーランド」が仕組んだという証拠はないが、少なくともこのクーデターは21日の協定の趣旨を蹂躙するものであった。そうであれば、米国政府も独仏ポーランド政府もこのクーデターを鎮圧すべきであったのだ。にもかかわらず、これらの国々は沈黙を守り、クーデターによって誕生した暫定政権を新しい政権と認め、民主的な手続きで選出されたヤヌコヴィッチを暴力によって追い出した側を正当な政権としたのであった。

「嘘の帝国」
　当時、プーチンが地団太踏んで怒ったのは当然だろう。この怒りは、その後の欧米のマスメディアの報道によって憎悪や遺恨に変わっていく。どういうことか。
　欧米のマスメディアはなぜか、この2月21日から22日に起きたクーデターについてほとんど報道しなかったからである。米国政府が事実上、クーデターに間接的に関与していた事実を、「マスメディアが隠蔽している」とプーチンは考えるようになった。だからこそ、彼は2月24日に公表された、ウクライナへの「特別軍事作戦」を開始するというビデ

オ演説のなかで、つぎのように語ったのである。

　「ちなみに、米国の政治家、政治アナリスト、ジャーナリストらは自ら、近年、米国内に本当の意味での「嘘の帝国」が出来上がっていることを書き、語っている。これに同意しないわけにはいかない―そうなのだ。しかし、謙遜する必要はない。何しろ米国は依然として偉大な国であり、システム大国であるからだ。そのため、すべてのその衛星は、おとなしく従順に米国に従うだけでなく、米国の行動を真似して、自分たちに与えられたルールを熱心に受け入れている。したがって、米国が自らの姿に似せて形成された、いわゆる西側ブロック全体がまさに「嘘の帝国」であると、正当な根拠をもって言ってもよいだろう。」

　なお、先に紹介した、「論座」編集幹部が公表を停止しようとした私の原稿のなかで、私はプーチンのこの発言を紹介したうえで、つぎのように記述している。少し長いが、そのまま引用してみよう。

　「プーチンが話題にしたのは、2008年に刊行されたアンドリュー・クラヴァン著 Empire of lies である。残念ながら、筆者はこの本を読んでいない。そこで、ウィキペディアに頼らざるをえない。そこでの説明には、つぎのように書かれている。

　「本書は、主人公であり語り手であるジェイソン・ハローが、精神を病んだ母親の死と、自分の前世の結末の両方に向き合うスリラーである。その過程で、彼はニューヨークでイスラーム教徒のテロ計画の証拠に遭遇したと信じるようになるが、その計画が本当なのか、自分が母親のように狂っているのか、しばしば疑念を抱くようになる。ハローは自分の道徳的弱さに何度も悩むが、政治的には保守的なキリスト教徒であり、陰謀の疑いを晴らすために、警察、芸能界、学界、報道機関、つまり本書のタイトルにある「嘘の帝国」と対立することになる。」

　つまり、「嘘の帝国」とは、米国政府を指しているわけではなく、「警察、芸能界、学界、報道機関」による既存権力を堅持するシステム全体を指しているのだ。そう、プーチンの指摘は実は、少なくとも部分的には的

を確実に射ていないか。その証拠に、2014年2月21日の協定を無視し、2022年2月24日のプーチン演説をまっとうに議論することさえないように思える。」

　こうして、プーチンは欧米諸国の政権だけでなくマスメディアに対しても、強い敵愾心をいだくようになるのである。そして、「いつか復讐してやる」との想いを強くするようになるのだ。

憤怒から憎悪・遺恨そして復讐へ

　ウクライナとの関係で言えば、2014年に米国政府が主導して引き起こされたクーデターによって、プーチンは大きな挫折を味わった。それもまた、プーチンの「アメリカ憎し」という感情を高めたに違いない。

　それは、「ユーラシア連合」という統合国家を通じたロシアの復権というシナリオがウクライナの離脱で崩れ去ってしまったという屈辱感に基づいている。プーチンは早くから、欧州連合（EU）のような連合体をユーラシアに設立し、ロシアがそのユーラシア連合の中心となることで、地政学や地経学の観点から、ロシアの大国としての地位を引き上げるという野望をいだいてきた。

　プーチンは、はじめて大統領に就任した2000年の10月10日に調印されたユーラシア経済共同体創設条約に基づいて、ロシア、カザフスタン、ベラルーシ、キルギス、タジキスタンの加盟するユーラシア経済共同体創設を主導した。同共同体は2001年に実際に設立され、2015年1月のユーラシア経済連合設立に伴って2014年末に発展的に解消される。他方で、2007年10月の関税同盟創設条約に署名したロシア、カザフスタン、ベラルーシが母体となって、実際に関税同盟をスタートさせた2010年7月1日以降に、ユーラシア経済連合の実現に向けた動きが加速する。といっても、ユーラシア経済連合に加盟している中央アジアの国はカザフスタンとキルギスにすぎない。

　こんな調子だったから、プーチンとしてはウクライナもこうした機関に加盟させて、将来のユーラシア連合をめざそうとしていた。だが、2014年のクーデターで、この計画は頓挫してしまう。こうした事情について、ヴィンフリート・シュナイダー－デタース（フリードリヒ・エーベルト財団の2国間・地域協力プロジェクトのディレクターとし

て長く活躍）は 2014 年公表の論文「プーチンのドクトリンは欧州の安全保障の終焉をもたらす」（https://www1.ku.de/ZIMOS/forum/docs/forumruss21/09SchneiderDeters.pdf）のなかで、つぎのように指摘している。

　「プーチンは民衆蜂起「マイダン」を「ファシスト集団」が組織し、「西側が資金を提供した」としかみず、新政府の樹立を「権力の不法占拠」としか考えていない。マイダンの勝利以来、プーチンがウクライナに対して行った反直観的な冷酷さは、個人的な復讐として説得力を持って説明することができる。」

　なお、この「マイダン」とは、キーウ中心にある独立広場を意味し、そこにヤヌコヴィッチ政権打倒をめざす反政府勢力が集結し、クーデターを行ったのである。

ネオ・ユーラシア主義と陰謀論

　ユーラシア連合を潰されたプーチンはいま、自らの権威の拠り所の一つとなっているロシアにおける陰謀論の理論的支柱を失いかけているとも指摘できる。この支柱とは、アレクサンドル・ドゥーギンのことだ。彼が注目されたのは、1997 年に出版した『地政学の基礎：ロシアの地政学的未来』による。その後、「ネオ・ユーラシア主義」の地政学を論じた「空間をもって思考する」と題する第二集を加えた増補第三版として『地政学の基礎：ロシアの地政学的未来／空間をもって思考する』が1999 年に刊行される。928 ページにおよぶ同書を紹介するのは困難だが、黒岩幸子の書いた書評（https://iwate-pu.repo.nii.ac.jp/?action=repository_uri&item_id=1137&file_id=21&file_no=1）を読めば、その概要は理解できるだろう。

　彼は、地政学の父、ハルフォード・マッキンダーの地政学に基づいて、米ソ冷戦を、大陸を代表するソ連と海洋を代表する米国との対立とみなした。前者は冷戦に敗退したが、継承国ロシアが新たなユーラシア・ブロックをまとめ、海洋勢力であるアメリカおよび北大西洋条約機構（NATO）の一極支配に抵抗し、かつての米ソの拮抗のような新たな二極構造を形成することを「ネオ・ユーラシア主義」の目標にするよう、ドゥーギンは主張するのである。なお、ユーラシア大陸東端には、中

国や日本などが位置しているが、彼は、NATO加盟のトルコと並んで、中国をロシアにとってもっとも危険な隣国とみなしている（この点が中国を重視するプーチン外交と決定的に異なっている）。

ソ連崩壊後の世界は、「新世界秩序」のもとで米国の価値観による一極支配へと傾き、それがロシアの安全保障上の脅威となっているというのがドゥーギンの基本認識だ。ここにあるのは、米国を「悪」に見立てて自らを「正義」と位置づけて、自らの権益拡張を正当化する陰謀論であると言えるだろう。ドゥーギンの陰謀論は、ソ連を「悪の帝国」とみなしソ連の仕組む「陰謀」に備えることを基本としている。

ここで留意すべきは、拙著『ウクライナ2.0』に書いておいたように、ジミー・カーター大統領のもとで国家安全保障問題担当大統領補佐官だったズビグネフ・ブレジンスキー自身が「前々からソ連のアキレス腱は多民族性にあるという確信を抱いており、非ロシア系共和国の独立運動を隠密裡に支援して、ソ連を内部から切り崩す計画を提案した」と認めている点である。[5] 彼や彼の弟子で国務長官にもなったマデレーン・オルブライトがユーラシアにおけるロシアの影響力低下を意図的にはかったことは事実だ。だからこそ、ドゥーギンの主張を単純に陰謀論と位置づけることはできない。

ドゥーギンの地政学的理解は、ソ連崩壊の原因をどうみるかに深く関係している。ソ連崩壊を米国による圧力に関連づけるほど、海外の「敵」による陰謀説に近づくことになる。70年ほどつづいた鉄壁な社会主義体制が崩壊する事態に対して、当時のソ連国民が受けた「集団的心理状態」がどうであったかという問題こそ、国民に比較的容易に陰謀論が広がりやすいロシア国民の現状を理解するうえで重要なのだ。

ロシア側が米国にみている陰謀論には、ユーラシア大陸に豊富にある資源を米国が盗もうとしているという「被害妄想」がある。その典型は、1997〜2001年まで米国務長官だったオルブライトが「資源豊富なシベリアをロシアが独り占めしているのは不公平」といった発言をしていたとロシアで信じられてきたことに現れている（NYTの記事［https://www.nytimes.com/2014/12/19/world/europe/putin-cites-claim-about-us-designs-on-siberia-traced-to-russian-mind-readers.html?auth=linked-google1tap］によれば、彼女がその種の発言をした記録はないという）。

いずれにしても、ウクライナの離脱はドゥーギンのいう新たなユーラ

46

シア・ブロックをまとめることを不可能にする。それは、ネオ・ユーラシア主義に傾倒したプーチンの沽券にかかわる事態となる。そこにもまた、怒りや憎しみの感情が生まれても不思議ではない。

　ここまでの記述に、追加しなければならない出来事が起きた。8月20日にドゥーギンの娘ダリアの運転するトヨタ・ランドクルーザーが爆発し、死亡したというニュースが流れたのである。父親をねらった殺人事件との見方もある。父ドゥーギンは友人のSNS（https://t.me/kvmalofeev/921）経由で、「私たちの心は、単なる復讐や報復以上のものを求めている」と語った。8月22日までの情報（https://www.kommersant.ru/doc/5524691）では、ロシア当局はウクライナ女性ナターリヤ・ヴォフク（旧姓シャバン）を容疑者と特定、この女が娘ダリアの住む建物内に住居を借り、彼女の動向を監視していたとしている。女は前述したアゾフ連隊に属し、過激派組織「ライトセクター」（第1章で言及）とも関係があったとロシア側はみている。女はすでにエストニアに出国した。当局の見方では、あくまで殺害は娘をねらったものというものだが、この事件を機に、ロシアの超過激なナショナリストがウクライナへの復讐心を一層たぎらせることになるのは間違いない[6]。娘も父と同じく、ウクライナに厳しい姿勢をとってきたからである[7]。

（3）プーチンによるナショナリズム高揚

　プーチンの復讐心の背後に、「ロシア系住民」を殺害したウクライナのナショナリストへの強い憎悪や遺恨があることは間違いない。ここで、プーチンのとってきたナショナリズム高揚策について説明してみたい。そこで重要になるのは、言語政策である（この問題については、拙著『ウクライナ3.0』でも論じたことがある）。

　プーチンが「ネオ・ユーラシア主義」に関心をもった背景には、いわゆる「ロシア語話者」の問題があった。このロシア語話者は、ソ連崩壊後の1990年代になって、民族・文化的アイデンティティ（ethno-cultural identity）をもたず、ただロシア語を使ってコミュニケーションする人たちを指す概念として知られるようになる。ソ連崩壊後、その構成共和国の独立後に、ロシア文化の担い手をどう守るべきかという問題を、ロシ

ア語話者がソ連の後継国、ロシア連邦の大統領に突きつけたのである。ロシア語はいわば、ロシア人としてのアイデンティティを感じるための重要な要素であり、だからこそ、ロシアのナショナリズムと結びついてその普及・拡大策がとられるようになる。逆に、独立したばかりの旧構成共和国では、そのナショナリズムによって自国言語の普及が大きな課題となるのだ。

　ソ連時代の「ロシア化」政策によって連邦構成共和国内での各言語の軽視、ロシア語重視の言語政策がとられていた結果、ロシア語を母語とし、地元の言語をただ知らないか、よく学んでいないという人々が増えていた。ロシアからロシア以外の構成共和国に移住し、そこで暮らすようになったロシア人も増加する。ソ連崩壊後、そうした人々のなかに、ロシア語しか話せないが、ロシア的アイデンティティを拒否するという人々がウクライナだけでなく、多くの元ソ連の構成共和国に出現する。その数については、「ウクライナだけでなく、旧ソ連邦や主な移民先の国々に、何百万人もいた」とみられている。

　新生ロシア連邦は、ロシア語を話す人々を「ロシア世界」につなぎとめるため、1999年5月、連邦法「在外同胞に関するロシア連邦の国家政策について」(https://www.consultant.ru/document/cons_doc_LAW_23178/) を制定する。こうした問題意識は継続し、2007年には、海外のロシア正教会がモスクワ総主教座のロシア正教会と統合され、プーチンは2007年を「ロシア語年」と宣言するのである。[8] 2007年6月23日、プーチンは、「ロシアの文化財であり、ロシアと世界の文化の重要な要素であるロシア語を普及させるため、また、海外でロシア語を教えるプログラムを支援するため」に「ロシア世界基金」の設立を命じる。

言語政策の確執

　他方で、独立した旧ソ連構成共和国はそれぞれ、言語政策を行い、ロシア語の維持・普及をはかろうとするロシアの政策と対立することになる。ウクライナの場合、こうした言語政策に関する対立がウクライナとロシアとの関係に悪影響をあたえた。

　2021年7月12日に公表した「ロシア人とウクライナ人の歴史的一体性について」という自らの意見を示した記事 (http://kremlin.ru/events/president/news/66181) のなかで、プーチンは、ウクライナから受けてい

る攻撃の第一として、ロシア語をあげている。そのなかで、クーデター勃発直後の 2014 年 2 月 23 日、議会が「国家言語政策基本法」の廃止を決議し、同法を廃止しようとしたことを思い出してほしいとした。同法は 2012 年に制定されたもので、「その言語が話されている地域に住んでいる地域言語の話者が、その人口の 10% 以上を占めていること」という条件を満たす地域言語または少数言語について、同法第 5 条の規定から、公用語たるウクライナ語と「並行して使用する可能性」が与えられたのである。具体的には、第 7 条に定められたロシア語、ベラルーシ語、ブルガリア語、ルーマニア語、ハンガリー語、ポーランド語、クリミア・タタール語などのウクライナ語との並行使用が見込まれていた。

　ウクライナの過激なナショナリストはこの法律を廃止し、ウクライナ語の国家語としての独占的な地位を高めようとしたことになる。その後も、ウクライナ語とその他のロシア語をはじめとする少数言語との確執はつづく（詳しくは拙著『ウクライナ 3.0』第 4 章を参照）。

　プーチンは、前述した「ロシア人とウクライナ人の歴史的一体性について」において、ウクライナが「民族構成も文化も近く、実際、言語も一つでありながら、主権国家として独自の利益を持ち、独自の外交政策をもっている」と書いている。もちろん、この認識自体が誤っているのだが、こう信じるプーチンにとって、ウクライナ政府によるロシア語への規制がとにかく許せないらしい。そこにも、ウクライナの政権に対する憎悪や遺恨が生まれ、復讐の実行へとつながったと考えられる。

　さらに、プーチンの論文には、以下のような記述もみられる。

　「私は、ウクライナの真の主権は、ロシアとのパートナーシップによってのみ可能であると確信している。私たちの精神的、人間的、文明的な結びつきは、何世紀にもわたって形成され、同じルーツにさかのぼり、共通の試練や成果、勝利によって強化されてきた。私たちの親族関係は、世代から世代へと伝わっている。それは、現代のロシアとウクライナに住む人々の心のなかにあり、記憶のなかにあり、何百万もの家族を結びつける血のつながりのなかにある。これまでも、そしてこれからも、一緒にいれば何倍も強くなり、成功するだろう。私たちは一つの民族だからだ。」

この論文をそのまま真に受けると、プーチンがウクライナ全体への侵攻と、その「奪還」をめざしているように解釈できる。この論文が公表された2021年7月以降、プーチンの復讐心はますます高まり、ウクライナ侵攻へと向かうことになる。

　WPが米国、ウクライナ、欧州、NATOの高官30人以上への幅広いインタビューに基づいてまとめた「戦争への道」（https://www.washingtonpost.com/national-security/interactive/2022/ukraine-road-to-war/?itid=hp-top-table-main）によると、2021年10月、バイデン大統領執務室で行われた、国家情報、軍事、外交のトップらの緊急会談で、モスクワの米国大使を務め、バイデン政権の誰よりもプーチンと直接交流があったウィリアム・J・バーンズ中央情報局（CIA）長官は、プーチンが「ウクライナに固執している」と説明した。バーンズは、戦争計画の緻密さと、ウクライナは祖国に再吸収されるべきだというプーチンの信念が相まって、プーチンが侵略の準備をしていることに疑いをもたなかったという。

　そう考えると、プーチンが掲げた「非軍事化」と「非ナチ化」というウクライナ戦争の目的のうち、後者について検討しなければ、プーチンの復讐心の「どす黒さ」を理解することはできないとわかるはずだ。

イスラエルとの関係悪化

　もちろん、プーチンはネオコンが今回のウクライナ戦争の裏に控えていることを知っている。「ウクライナは最新のネオコン災害である」というサックスの意見に異論はないはずだ。だが、ネオコンのなかにいる多くのユダヤ系米国人がウクライナ戦争でどのように暗躍し、石油や天然ガスなどの天然資源の価格高騰や、武器・弾薬などの生産増強によって利益をあげているかについての具体的な実態についてはよくわかっていないのではないか。

　ただ、事実としてユダヤ系のエネルギー資本が大儲けしているのはたしかだ。米国の二大エネルギー企業、エクソンモービルとシェブロンは2022年7月29日、高騰する石油・ガス価格の恩恵を受け続け、第2四半期に利益が過去最高レベルに上昇したと発表した。エクソンは、6月までの3カ月間で179億ドルの利益を計上し、前年同期の3倍以上の利益をあげた。シェブロンも利益が3倍以上の116億ドルに達した。

こうした事情を知れば知るほど、プーチンの対イスラエル政策が気にかかる。事実、今回のウクライナ戦争を契機に、プーチンの対イスラエル政策は確実に変化していることがわかる。

イスラエルとロシアの間には、シリア、イラン、パレスチナ問題での意見の相違から、エルサレムのアレクサンダー宮殿の所有権をめぐる法的紛争（モスクワは 2015 年からロシアへの譲渡を主張している）まで、多くの未解決の問題がある。それでも、2019 年 2 月 27 日付「コメルサント」（https://www.kommersant.ru/doc/3896332）が報じたところでは、同日、プーチン大統領とイスラエルのベンジャミン・ネタニヤフ首相が 2015 年のロシアによるシリア作戦開始以来 11 回目の会談を行ったという。このように、米ネオコンが主導した 2014 年春のウクライナ危機以降も、ロシアとイスラエルとの関係はおおむね順調であった。とくに、ウクライナ危機後、欧米諸国がロシアによるクリミア併合を理由に対ロ制裁を強化するなかで、ネタニヤフは 2018 年 5 月 9 日、モスクワでの対独戦勝記念パレードに列席し、ファシズムに対する勝利に果たしたモスクワの役割に賛辞を送ることを忘れなかった。

その後、ネタニヤフ政権からナフタリ・ベネット政権に代わっても、2021 年 10 月 22 日、プーチンはソチでベネットと会談した。会談後、プーチンは、ベネット政権が「継続性のある政策を追求する」ことに期待を示し、「前政権（ネタニヤフ首相）とはかなりビジネスライクで信頼できる関係だった」とのべた。しかし、10 月 21 日夜、ウクライナ大統領のウェブサイト（https://www.president.gov.ua/en/news/volodimir-zelenskij-proviv-telefonnu-rozmovu-z-premyer-minis-71193）に、ゼレンスキー大統領がベネット首相と電話会談したとの報道が公開された点に注意しなければならない。その発表文書の最後には、「ウクライナ大統領は、イスラエルが特に国連においてウクライナの主権と領土の一体性を一貫して支持していることについて、ナフタリ・ベネットに謝意を表明した」と記されている。

イスラエルの対ロシア、対ウクライナをめぐる立ち位置がはっきりしないまま（一応は中立を保ちながら）、ベネット首相とヤイル・ラピド外相は 2022 年 6 月、クネセト（国会に相当）を解散すると発表、10 月 25 日に総選挙を実施することにした。クネセトが解散された場合は、総選挙を経て新たに組閣されるまでの間、ラピド外相が首相に就任するとの合意があったため、ラピドは 7 月 1 日に新首相に就任した。

外相だった4月、ラピッドはキエフ近郊でのロシアの戦争犯罪を全面的に非難した過去がある。首相就任後、彼はプーチンとの会談や電話会談を設定しようとはしていない。

　ロシアによるウクライナ侵攻が開始された2022年2月24日以降、ロシアのセルゲイ・ラヴロフ外相がドイツの独裁者ヒトラーに「ユダヤ人の血が流れている」と発言した問題で、5月、プーチンが当時のベネット首相との電話会談のなかで謝罪するといった一幕もあった。このような背景から、イスラエルでテロリストとされているパレスチナの運動団体「ハマス」の代表団がモスクワに飛来するようになる。

　そればかりではない。シリアの制空権を事実上もつロシアは、イスラエルがイランと連携しているグループの支配下にある場所を標的に空爆することを認めてきた。だが、5月、ロシアの対空砲がイスラエルの航空機に発砲した。イスラエルのベニー・ガンツ国防相は、これを「一過性の出来事」として処理した。それにもかかわらず、イスラエルはロシアの支援するシリアのバッシャール・ハーフィズ・アル＝アサド政権の首都ダマスカスに6月も7月も空爆を加えた。

　7月になって、ロシア法務省モスクワ事務所が、モスクワの裁判所に、エルサレムに本部を置く非政府機関で、世界シオニスト機構の執行機関のJewish Agency（Sochnut）の清算の申し立てを行ったことが明らかにされる。イスラエルと世界中のユダヤ人ディアスポラ（離散者）との関係を維持するために、イスラエルの代理人として活動している機関だ。とくに、イスラエルへのユダヤ人の移住を促進するなどの活動に従事している。この訴訟は、同機関が「活動を遂行する上で」ロシアの法律に違反したことに関連している、と裁判所に説明している。だが、本当の理由はロシア側のイスラエルへの不満にあるとみられている。ウクライナ支援に傾こうとしているようにみえるイスラエルに対する牽制と考えられる。Sochnutはイスラエルにとって重要な機関であるだけに、8月9日、首相に就任したばかりのラピッド首相の要請でアイザック・ヘルツォーク大統領とプーチン大統領が電話会談を行い、Sochnutの取り扱いについて協議された模様だ。8月19日には、モスクワの裁判所は、Sochnutの清算について9月19日まで延期した。10月19日になって、裁判所は審問を12月20日まで延期する裁定をくだした。

　プーチンは反ユダヤ政策には与していない。だが、ユダヤ系の人々が

もつ影響力の大きさをよく知っている。その意味で、イスラエルとサウジアラビア、アラブ首長国連邦（UAE）、バーレーンの湾岸諸国が米国抜きの「中東版NATO」創設を模索しはじめた2021年以降、中東地域でのイスラエルの動きは台風の目となっている。こうした動きはイスラエルの最大の敵国イランとロシアとの関係にも影響をおよぼしている。[9]

（4）プーチン・シナリオの蹉跌

　プーチンがウクライナ戦争の目的としてあげたウクライナの「非軍事化」と「非ナチ化」の二つをともに重視する立場からみると、プーチンがウクライナに復讐しようと決めたのは、2021年夏ころかもしれないと思えてくる。そのシナリオについては、2022年8月にWPが長文の記事（https://www.washingtonpost.com/world/interactive/2022/russia-fsb-intelligence-ukraine-war/?itid=hp-top-table-main）を公表している。諜報機関の情報を収集した結果が記事になったもので、信憑性に疑問をもちつつ読んでみても興味深い話が登場する。

　そのいくつかを紹介しよう。カギを握っているのは、ロシア保安局（FSB）とウクライナ保安局（SBU）である。ともに、ソ連国家保安委員会（KGB）の「遺伝子」をもつ諜報機関である。現在のFSBは、ロシア国内の安全保障や旧ソ連諸国でのスパイ活動を行う機関であり、プーチンもこの機関の出身であることは有名だ（ソ連共産党が国内の治安維持のために創設した「チェーカー」と呼ばれる秘密機関こそ、ソ連という国の秩序維持に大きな役割を果たしたのであり、KGBは変遷するチェーカーの継承機関だった［詳しい考察は拙著『プーチン3.0』の「第2章　プーチンを解剖する」を参照］）。

FSBの駐ウクライナ職員の増強

　記事によると、ウクライナを担当するFSBの部隊は、戦争に先立つ数カ月の間に規模を拡大し、ウクライナの治安組織にいる有償エージェントの広大なネットワークからの支援を当てにしていたという。ある者はそれに従い、ウクライナの防衛を妨害し、他の者はFSBからの支払いをポケットに入れながらも、戦闘が始まるとクレムリンの言いなりに

なることを嫌がったようだとされる。通信傍受などの情報を引用したウクライナ当局者によれば、「2019年、FSBはウクライナ部隊の大幅な拡張を開始し、30人の将校から昨夏（2021年）には160人もの集団に拡大した」との見方も報じられている。

　この情報が事実だとすれば、2021年夏には、すでにプーチンは何らかの決定をくだし、ウクライナ侵攻計画を実現に向けて動き出していたことになる。FSBはウクライナの組織に入り込み、親ロシア派の政治家を買収し、同国がモスクワの軌道から離れるのを阻止するための秘密作戦を長年にわたって行ってきた。そのために、SBU内部にも多くの協力者をかかえていたのである。

　FSBのウクライナにおける活動の元締めとして、イゴール・コヴァレンコという実名が記事のなかで明らかにされている。彼は、クレムリンから密かに給与を受けている著名なウクライナの政治家や政府高官の主要な担当者として長年ウクライナによって特定されていたロシアのスパイとされる。コヴァレンコはFSBの部隊である作戦情報部第九局の幹部で、その主な目的は長年にわたってウクライナのモスクワへの服従を確保することであったという。この部門を監督していたのはFSB幹部のセルゲイ・ベセダである。

　2月18日にコヴァレンコがFSBの部下と交わしたやりとりは、彼がドニエプル川を見下ろすキエフの緑豊かなオボロン地区にあるアパートに目をつけていたことを示唆している。傍受された通信によると、コヴァレンコはそのアパートの住所とそこに住んでいるFSBの情報提供者の連絡先を尋ねている。ロシア軍のキーウ到達をそこから祝おうとでも思っていたのだろうか。

SBUの実態

　他方、ウクライナのSBUは、ロシアのFSBと同様、KGBの直系である。旧KGB本部を使用し、ソ連の前身と同じ官僚組織を持ち、モスクワのKGBアカデミーやソ連崩壊後の後継組織FSBで訓練を受けた非公開の職員が働いている。SBUの職員は推定2万7000人で、英国のMI5の少なくとも5倍の規模である。SBUは全国に支部をもち、ウクライナ中の治安維持にあたっている。ゆえに、ウクライナ戦争は地方職員にとっても試練の場となった。

　ここで、7月17日付のウクライナ大統領令（https://www.president.
gov.ua/documents/5002022-43325 お　よ　び https://www.president.gov.ua/
documents/4992022-43321）によって、検事総長のイリーナ・ヴェネディ
クトワと、ウクライナ保安局（SBU）長官のイワン・バカノフがそれぞ
れ解任されたことを思い出そう。どうにも不可思議な人事だが、SBU
長官人事の真相については、紹介したWPが長文の記事が教えてくれ
ている。

　それによると、ゼレンスキーの幼馴染であるバカノフをあえて解任し
た背景には、バカノフがSBUの上層部に据えたSBU職員、オレグ・ク
リニッチの逮捕がある。クリニッチは、2010年3月から副首相を務め、
同年10月、国家安全保障・国防評議会（NSDC）副書記に任命後、2014
年2月のクーデター後に解任された、親ロシアのウラジーミル・シヴコ
ヴィッチが運営するスパイ組織に属しているとみられている。シヴコ
ヴィッチはクリニッチに、「ロシア連邦の特殊部隊」にとって「作戦上
の利益」となるSBU内部の秘密ファイルを盗みはじめるよう仕事を課
したとされる。「クリニッチ逮捕後、ゼレンスキーがバカノフをSBU長
官として更迭したのは、ロシアシンパを一掃できなかったことへの苛立
ちからだ」という、ウクライナ大統領府のアンドリー・スミルノフ副長
官のコメントが記事に紹介されている。

　検察庁でも諜報機関の保安局でも、部下がロシアに協力した事実が多
数あったことが解任の理由とみられている。ゼレンスキーによると、7
月17日時点で、こうした刑事事件案件が651件あり、容疑にかけられ
ているものが198件ある。さらに、検察庁とウクライナ保安庁の60人
以上の職員が、ロシアに占領された領域で仕事を続けているとした。つ
まり、検事や保安局職員のなかにロシア側と協力関係にある者が複数存
在し、そうした事態に対処してこなかった責任者の首をすげかえるとい
うわけだ。

　ゼレンスキーは保安局の地方のトップも相次いで解任している。7月
には、ドニプロペトロフスク、ザカルパチアなど五つの州、8月には、キー
ウ州、キーウ市、リヴィウ州など四つの地域のトップを解任した。その
なかには、後任人事を伴わないものもある。こうしたあわただしい人事
を通じて、ゼレンスキーがこれまでウクライナ内部に深く浸透していた
親ロシア派的な人物を排除しようとしていることがわかる。先に紹介し

た WP の 8 月 19 日の公表された記事には、「ウクライナ内務省によると、偵察や破壊工作を通じてロシアに協力した疑いのある人物を全体で 800 人以上拘束している」との情報が記されている。

直前の計画とその挫折

ロシアのウクライナ侵攻計画では、キーウへの電光石火の攻撃によって数日のうちに政府を崩壊させるというシナリオが前提となっていたらしい。その計画の一環として、FSB は少なくとも二つの親ロシア派政権を待機させていた、と記事では紹介されている。その一つは、2014 年 2 月のクーデターまで大統領だったヤヌコヴィッチの復権をめざすものだ。事実として、3 月 7 日、ヤヌコヴィッチの大統領専用機がベラルーシの首都ミンスクに飛来した。そもそも、ヤヌコヴィッチの弾劾手続きに瑕疵があるとの見方もあるから、彼の政権復帰の道を探る動きが出てもさほどおかしな話ではない。

もう一つの動きは、ヤヌコヴィッチ政権の元メンバーを含むグループがウクライナ南東部の領土に集結するものだった。そこはロシア軍によって陥落したため、実際にヤヌコヴィッチが主導していた地域党の元主要メンバー、オレグ・ツァリョフらが集まったようだ。

しかし、ロシア軍はキーウを陥れることに失敗する。FSB の将校は、キーウの権力の座を奪うと確信していたので、戦争前の最後の数日間、首都での宿泊の手配に費やしていたという情報が WP の別の記事（https://www.washingtonpost.com/national-security/2022/08/19/intelligence-war-fsb-ukraine/）にある。ロシア軍がウクライナに侵攻する数日前、FSB の情報提供者は首都を離れるように言われたが、到着したロシアの工作員のために自宅の鍵は残していったという。だが、こうした目論見はすべて雲散霧消する。

ネオナチ排除・粛清への強いこだわり

プーチンが FSB を使って描いた、侵攻後数日でウクライナ政権を崩壊させるというシナリオは頓挫した。戦争勃発後、半年を経過しても戦争終結の道筋さえみえない。この間、ウクライナ領内に侵攻したロシア軍統治下に入った地域でみられるのは、「非ナチ化」、すなわち、プーチンのいう「ネオナチ」排除・粛清への強いこだわりである。それだけ、

ロシア側に強烈な復讐心が宿っているように映る。

　2022年9月、米国を基盤とする人権団体、ヒューマン・ライツ・ウォッチは報告書「「濾過」とウクライナ市民をロシアに強制移送する罪」（https://www.hrw.org/report/2022/09/01/we-had-no-choice/filtration-and-crime-forcibly-transferring-ukrainian-civilians）を公表した。2022年3月22日から6月6日の間に110人以上（多くはマリウポリ地域のウクライナ人）にインタビューし、自称「ドネック人民共和国」（DNR）で進行中のウクライナ人の「濾過」過程と、その後の一部のウクライナ人のロシアへの移送に関する調査の結果をまとめたものだ。

　ここでいう「濾過」（filtration）とは、ロシア軍が占領したDNR地域の住民がウクライナ軍や民族主義団体と関係があるかどうかをチェックすることを意味している。そのために、インフォームド・コンセントなしに指紋や正面・側面写真などの生体情報が収集される。身体、持ち物、携帯電話が検査され、政治的見解や所属について質問される。そのための「濾過ポイント」なる場所に連れていかれ、多くの人が3日から14日間、この濾過ポイントに留まり、手続きを待たなければならない。濾過に成功しても、意に反してロシアに移送される人もいる。濾過に失敗すると、その後の足取りは不明となる。

　人権団体はこうした行為が人権侵害に当たるとして、ロシア側を批判している。この報告を受けて開催された安保理の会合で、米国の国連大使は9月7日、ロシアが最大160万人のウクライナ人をロシアまたはロシア支配地域に強制送還し、尋問、家族分離、拘留を含む「濾過」プロセスを適用していると非難した。アントニー・ブリンケン米国務長官は9月15日、ウクライナの子ども数万人のロシアへの強制送還を指揮したとして、ロシア政府高官に制裁を科したと発表した。悲惨なのは、「養子縁組を利用し、ロシアはウクライナの子どもたちを戦争の戦利品にする」（https://www.nytimes.com/2022/10/22/world/europe/ukraine-children-russia-adoptions.html）という事態が起きていることだ。

　こうして、プーチンによるウクライナの「ネオナチ」への復讐が逆に、ウクライナ人によるロシアへの復讐心に火をつけているようにみえてくるのである。

制裁への復讐の連鎖

　欧米諸国を中心とする対ロ制裁に強化に対して、プーチンはそれらの国々への制裁で報復している。それはまるで復讐感情を含んでなされる制裁に、ロシアが復讐精神で応酬しているように映る。最近では、8月31日、EU外相がロシアとのビザ取得円滑化協定を停止し、ロシア人観光客のビザ取得をより困難かつ高価にすることで政治的合意に達したことを受けて、プーチンは9月7日、東方経済フォーラムで、「私たちは唾を吐きかけられたが、私たちも唾を吐き返さなければならない。私たちはビザを閉鎖されたが、私たちも皆のビザを閉鎖させるべきだろう」とのべた。

　これは、文字通り、「目には目」という復讐の発想を示している。こんなことをいつまでつづけるというか。制裁によっても、復讐の連鎖は広がっているのである。⁽¹⁰⁾

［第2章　注］

(1)「ディスインフォメーション」については、私が書いた『現代地政学事典』（丸善出版）にある説明を参考にしてほしい。

(2) https://reliefweb.int/attachments/0bde13e5-6216-34f1-ba1e-792441f78bd4/Accountability%20for%20Killings%20and%20Violent%20Deaths%20in%20Odesa%20on%202%20May%202014.%20UN%20briefing%20note.pdf.

(3) 詳しくは拙著『ウクライナ 2.0』65 〜 66 頁を参照。

(4) プーチンは 2022 年 9 月 7 日、東方経済フォーラムの席上、「軍事行動は、正常な平和的発展を望まず、自国民を弾圧しようとする者たちが、ウクライナのクーデター後の 2014 年に開始し、次々と軍事作戦を行い、ドンバスに住む人々を 8 年間も大量虐殺したものである」との認識を示した。ロシアは、この問題を平和的に解決しようと何度も試みたが、挫折し、「同じように軍事的に対応することを決めた」というのである。

(5) Zbigniew Brzezinski, Second Chance: Three Presidents and the Crisis of American Superpower, Tantor Media, 2007 ＝ 峯村利哉訳『ブッシュが壊したアメリカ』徳間書店 , 2007。

(6) 2022年8月23日付のNYTは、「ダリア・ドゥーギナの追悼式のテレビ中継では、多くの人が復讐を呼びかけた」という記事（https://www.nytimes.com/live/2022/08/23/world/ukraine-russia-war-news#daria-dugina-funeral）を報じている。

(7) うがった見方をすると、こんな父娘だからこそ、ロシア当局、すなわちFSBが娘の暗殺を仕組んだとも考えられる。暗殺をウクライナ側の責任に帰すことで、ウクライナへの復讐心をかりたてるというもくろみだ。拙著『プーチン2.0』で詳しく論じたように、1999年にモスクワで相次いだアパート爆破事件がFSBによる仕業であった可能性が高いことを考慮すると、FSBがダリア・ドゥーギナの暗殺を企てたとしても不思議ではない。だが実際には、ウクライナ当局がダリアを殺害したことはほぼ確実だ。NYT（https://www.nytimes.com/2022/10/05/us/politics/ukraine-russia-dugina-assassination.html）によれば、事件後、ウクライナ側から事件の真相を聞いた米国政府高官は「この暗殺についてウクライナ政府関係者を諭した」という。ゼレンスキーが殺害に関与していたかは不明だが、ウクライナ当局の無鉄砲な残虐行為がロシアをより復讐にかりたて、核戦争に至ることを米国政府は恐れている。その例となるのが10月下旬の「ダーティボム」（放射性拡散装置，RDD）騒ぎだ。RDDは放射性同位元素と爆薬を入れた兵器で、爆薬が爆発すると容器が破壊され、衝撃波によって放射性物質が飛散し、数千平方キロメートルにおよぶ地域が汚染される。ロシア側のいうウクライナ側の計画は、このようなミサイルの爆発を、高濃縮ウランを装荷に使ったロシアの低収量核弾頭の異常誘爆に見せかけ、その後、ヨーロッパに設置された国際監視システムのセンサーによって大気中の放射性同位元素の存在が検出され、ロシアによる戦術核兵器の使用が非難されることになるというものだった。米英仏は10月23日に、ロシアが戦争をさらにエスカレートさせるためにつくり出した口実だとし、この主張を否定した。だがThe Economistは、「驚くべきことに、ワシントンでは、ロシアはウクライナのだれかがダーティボムを計画しているという本物の情報をつかんでいるのではないかとさえ推測している」と伝えている。「このような説がまことしやかに語られるのは、ウクライナの行動に対するある種の不信感を示している」との記述どおり、ウクライナ側の発表を米国政府は信じていない面がある。

(8) ロシア正教会はソ連時代から国家と深く結びついてきた。最近では、2022年10月になって、ノルウェーで異例のスパイ事件が発生する。ロシア正教会はノルウェー領内のNATO軍施設周辺の不動産の買い取りを開始し、ロシア人

数名がプロ用の写真機材やドローンを持って、これらの施設を撮影し、ノルウェーで拘束されるという事件が起きたのだ。拘束された一人は、プーチンの友人であるロシア鉄道の元トップ、ウラジーミル・ヤクーニンの息子、アンドレイ・ヤクーニンであった。なお、ウクライナでは長く Ukrainian Orthodox Church（UOC）が唯一のウクライナの正式に認められた正教会だったが、いまでは、UOC と Orthodox Church of Ukraine（OCU）との二つに分裂している。ソ連時代にはロシア教会の一派であり、1991 年のウクライナ独立後もその管轄下にあった。また、ソ連時代に亡命した教会と、1992 年に設立されたウクライナの独立教会を宣言した二つの未公認教会も出現した。これらが 2018 年に合併して OCU となり、翌年には正教会の最高指導者であるコンスタンティノープルのバルトロメオ 1 世から正式に独立を承認されることになった。だが、ロシア正教会はすぐに OCU を分裂主義者と断じた。ロシア側は、罪によって滅びゆく世界における真の信仰の最後の砦として、反キリストの力からウクライナの住民を力によって救うとの立場にある。ロシア正教のキリル総主教は、国家を救うためにロシア人が神聖な犠牲者になることを望むというのである。他方で、ウクライナ国内には、1990 年代以降、宗教の宗派が増え、2014 年春のクーデターはその強力な推進力となった。たとえば、神をスラブ神話の様々な神々を通して現れる多様な本質としてとらえていたヴォロディミル・シャイアンや、その弟子とされるレフ・シレンコなどによる宗教活動が知られている。

(9) 米国当局者は 8 月、イランが合計数百に及ぶ注文の一部として、ロシアに軍事用無人機の第一陣を納入したと明らかにした。監視用の Mohajer-6 と、攻撃用無人機 Shahed シリーズの 2 種類である。ウクライナのゼレンスキー大統領は 9 月 23 日遅く、ロシア軍がドニプロペトロフスク地方と南部の港町オデーサの攻撃にイランの無人機を使用したとのべた（https://www.nytimes.com/live/2022/09/24/world/russia-ukraine-putin-news#ukraine-strips-irans-ambassador-of-accreditation-over-drone-sales-to-russia）。彼によると、8 機のイラン製ドローンがウクライナ軍によって撃墜されたとのことである。にもかかわらず、イランのホセイン・アミール・アブドラヒアン外相はウクライナで使用するためにロシアに武器を送ったことを否定した（https://www.nytimes.com/live/2022/09/27/world/russia-ukraine-war-news#iran-foreign-minister-russia-ukraine）。だが、10 月 17 日、ウクライナ空軍によると、ロシアはイラン製 Shahed-136 ドローン（ロシアは Geran-2 と呼んでいる）をウクライナ全土に少なくとも 43 機発射した。これは、いわゆる「自爆ドローン」攻撃を意味

している。Shahed-136 は、ゆっくりと飛行し、弾頭は通常の弾道ミサイルや巡航ミサイルの 450kg 以上ではなく、50kg 程度の小さなものを搭載する。対空ミサイルや航空機、時にはライフルで撃墜することも可能だ。航法信号は妨害されやすい。ただ、小型で低空飛行であるため、レーダーによって発見されにくい。イランはほかにも、ロシアへのミサイル供与が疑われている。イランの短距離弾道ミサイルとして知られるファテフ 110（射程距離約 300km）とゾルファーガル（同 700km）の出荷を準備しているらしい。こうしたイランとロシアの軍事協力に対して、イスラエルはウクライナへの軍事支援に踏み切る可能性がある（ロケット弾に対処する防空システム「アイアンドーム」や地対空ミサイルシステム「バラク 8」の輸出）。もう一つ重要な変化として、最近、一部の部隊とロシアの防空システムをシリアから移送し、シリアでのイスラエルの軍事行動に対する主な制約の一つを取り除いたとの情報（https://www.nytimes.com/2022/10/19/world/middleeast/russia-syria-israel-ukraine.html）があることだ。イランとシリアの両方の敵であるイスラエルは、イランがイスラエルの北東部の国境近くに足場を固めるのを防ぐために、シリアの標的を定期的に攻撃している。2018 年、ロシアが S-300 と呼ばれる高度な防空システムをシリアに移したことで、こうした空爆の際のイスラエルのパイロットのリスクは高まっていた。ロシアは現在、ウクライナへの侵攻を強化するためにシリアから S-300 システムを撤去し、シリアにおけるロシアのイスラエルへの影響力を低下させ、ウクライナに関するイスラエルの考慮も変化させたという。

(10) はじめての試みとして、ウクライナ戦争関連のロシアの国内状況について、私の運営するサイトに「ウクライナ戦争に関連するロシアの国内状況」という説明（https://www.21cryomakai.com/%e5%ad%a6%e8%a1%93%e9%96%a2%e9%80%a3/1455/）をアップロードしておく。長い注になるためだ。本書発行後少なくとも 1 年間は更新を継続する。

第3章　ゼレンスキーの復讐

（1）憤怒がかきたてる復讐心

　ロシアによる侵攻を受けたウクライナのゼレンスキー大統領は復讐心をたぎらせている。たとえば、2022年3月6日夜、この日にあった、キーウ（キエフ）郊外の町（イルペン）から避難しようとした市民を砲撃し、若い家族を殺害したことに憤慨した彼はビデオ演説（https://news.liga.net/politics/video/my-ne-zabudem-my-ne-prostim-budem-mstit-novoe-obraschenie-zelenskogo-video）のなかでつぎのようにのべた。

　「今日、イルペンで一家が殺された。男1人、女1人、子供2人。道路を挟んで右側。シューティング・ギャラリーのように。街を出ようとしたとき。逃げるため。
　家族全員で。そんな家族がウクライナで何人亡くなったことか！私たちは許さない。私たちは忘れない。
　この戦争で残虐行為を行った者はすべて罰する。」

　ゼレンスキーは「復讐」（ウクライナ語でпомста、ロシア語でместь）という言葉は使っていない。だが、このビデオ演説を報道した英国の「ザ・ガーディアン」の見出しは、「イルピンの砲撃で逃げようとする家族を殺害された後、ウクライナのゼレンスキーはロシア軍への復讐を誓う」（https://www.theguardian.com/world/2022/mar/07/ukraine-volodymr-zelenskiy-vows-revenge-russia-forces-fleeing-family-civilians-killed-shelling-irpin-town）となっている。
　日曜日の礼拝後に行われた演説だけに、神との関係についてもゼレンスキーは率直な想いを語っている。

　「今日は「赦しの日曜日」だ。いつも赦しを請うてきた日。お互いのために すべての人へ。そして、神様。しかし、今日は、この日について全く触れていない人が多かったようである。「赦してください」というお決まりの言葉は覚えていない。そして、「神は赦すだろうし、私も

赦す」という義務的な回答。その言葉は、今日、意味を失ってしまったように思う。少なくとも部分的には。あれだけ苦労してきたのに。」

　こうした出だしの後、彼は、つぎのようにのべた。

「非武装の人を射殺したことは許さない。……（中略）……何百人、何千人もの犠牲者が出ている。何千、何万という苦しみ。そして、神は赦さない。今日は違う。明日はない、決して。そして、赦しの代わりに裁きの日が来る。」

　無辜の民間人が意図的に殺害されている実態をみれば、憤怒がこみ上げ、それが強い憎しみや恨みとなってプーチンへの復讐心をめらめらと沸き立たせることだろう。こうした事態がつづくかぎり、ロシアへの復讐を誓うウクライナ人の数が増えつづけることになるだろう。ただ、「たとえば武力侵攻の場合、起こりうる死や破壊に対する防衛のための報復暴力は、復讐のための報復とは区別できる（そしてそうあるべき）」という議論は可能である。これは、後述するキット・クリステンセン著『復讐と社会対立』にある記述（263頁）だが、異質な「敵」に対する復讐心を煽るために使われる、本質的に好戦的で勝利主義的な集団的物語、神話、イデオロギー（宗教的、世俗的）は、決して暴力による「保護」の価値がないとみなされなければならないとも指摘している[1]。ウクライナにおいても、こうした神話や英雄譚が国家による独占的支配下にあるテレビで流されてきた事実は、まさに復讐心を煽るために利用されている。

　忘れてならないのは、2014年春のウクライナ危機以降、ウクライナでは2000人以上が失踪したという点である。The Economist（https://www.economist.com/europe/2022/07/07/russia-is-disappearing-vast-numbers-of-ukrainians）は、「2014年から2021年の間に2000人以上が失踪し、親ロシア派とウクライナ治安機関の両方が関与していた」と書いている。2014年のロシアによるクリミア併合後、クリミア・タタール人の活動家やコミュニティのリーダーが大量に姿を消したという。こうした失踪事件を通じて、ロシア人や親ロシア派による犯行が疑われたり、あるいは、政権側による権力行使が親ロシア派に罪を着せたりするなかで、ウクライナ人のなかにロシア人や親ロシア派ウクライナ人への復讐心が広

まったのである。

　ウクライナ戦争勃発後、「警察は2月24日から5月24日までに9000件を超える行方不明者届を提出した」との情報もある。こうしてますます対ロ不信が深まっている。さらに、2022年9月、国連の人権監視団は、ウクライナ人捕虜に対する戦争犯罪に相当する可能性のある拷問の証拠が増えつつある拘置所への立ち入りを、ロシアが拒否していると発表した。国連の監視団によると、2月の侵攻以来、ロシア軍の支配地域で少なくとも416人が恣意的に拘束されたり、強制的に姿を消したりしており、うち16人は遺体で発見され、166人は解放されているとした。こうしたロシアの姿勢がウクライナ人の復讐心の炎をますます燃え上がらせているのだ。

　この復讐心はロシアが占拠したウクライナの地でも広がっている。2022年8月にThe Economist (https://www.economist.com/europe/2022/08/11/russia-is-forcing-ukrainian-conscripts-into-battle) が伝えたところでは、開戦以来、ロシア軍と占領下のドネツィクとルハーンシクの「人民共和国」の指導者は、約10万人の兵士を動員したと言われており、ウクライナ当局によると、占領地からの2万5000人の徴兵が死亡または行方不明になっている。この数字が事実かどうかはわからないが、動員や徴兵というかたちで強制的に戦闘に参加させ、その多くが危険な場所で命を落としているというのは本当だろう。こんなやり方もまた、ウクライナの人々にロシアへの復讐心を呼び起こすのだ。

　復讐の実践として、「パルチザン」と呼ばれる非正規軍によるクリミアでの攻撃も増えている。7月下旬以降、クリミアからロシアの武器と軍隊を輸送する列車がロケット弾で爆破されたり、道路脇の爆弾で侵略者に忠実な警察官2人が殺害されたりしている。ヘルソン州の傀儡政権のトップは毒を盛られて昏睡状態に陥ったと言われ、同州の別の都市ノヴォ・カホフカの役人は銃殺された (The Economist [https://www.economist.com/europe/2022/08/18/life-in-occupied-kherson-is-grim] を参照)。

民間人を犠牲にしてまでも復讐心を煽る

　世界的な人権団体として有名なアムネスティ・インターナショナル（AI）は2022年8月4日、「ウクライナ：ウクライナの戦闘戦術は一般市民を危険にさらす」（https://www.amnesty.org/en/latest/news/2022/08/

ukraine-ukrainian-fighting-tactics-endanger-civilians/）というニュースリリースを公表した。それによると、「2月に始まったロシアの侵攻を撃退したウクライナ軍が、学校や病院を含む人口の多い住宅地に基地を設置し、兵器システムを運用することによって、一般市民を危険にさらしている」としている。

　AIの研究者は4月から7月にかけて、数週間にわたり、ハリコフ、ドンバス、ミコライフ地域におけるロシアの空爆を調査した。この組織は、攻撃現場を視察し、生存者、目撃者、攻撃の犠牲者の親族にインタビューを行い、リモートセンシングと武器分析を実施した。これらの調査を通じて、研究者は、ウクライナ軍が地域の19の町や村で、人口の多い住宅地内から攻撃を開始し、民間の建物に拠点を置いている証拠を発見したという。兵士が身を寄せたほとんどの住宅地は、前線から何キロも離れていた。民間人を危険にさらすことのない、軍事基地や近くの密林、あるいは住宅地から離れた場所にある他の建造物など、有効な代替手段があったにもかかわらず、あえて住宅地に拠点を置いたのはなぜなのか。AIは、「記録した事例のなかで、住宅地の民間建造物に身を寄せたウクライナ軍が、民間人に近くの建物から避難するよう求めたり支援したりしたことを知らない」とまで書いている。つまり、ウクライナ軍は民間人をあえて危険にさらしてまでして、民間の建物や学校、病院がロシア軍によって攻撃されている情景を流し、ウクライナ人や海外の人々に反ロシア感情を煽り、復讐心を盛り上げようとしてきたのではないかという大いなる疑いが濃厚なのだ。

　現にAIの研究者は、ウクライナ軍が病院を事実上の軍事基地として使っているのを5カ所で目撃した。二つの町では、数十人の兵士が病院で休息し、歩き回り、食事をしていた。別の町では、兵士が病院の近くから発砲していたという。さらに、訪問した29校のうち22校で、AIの研究者は敷地内で兵士が使用しているのを見つけたか、現在または過去の軍事活動の証拠（軍服、廃棄された軍需品、軍の配給袋、軍用車両の存在など）を発見した。

　国際人道法は、すべての紛争当事者に、人口密集地内またはその近くに軍事目標を設置することを可能な限り避けるよう求めている。その他、攻撃の影響から民間人を保護する義務として、軍事目標付近から民間人を排除することや、民間人に影響を与える可能性のある攻撃について効

果的に警告を発することなどがある。

　にもかかわらず、ウクライナ側はこうした努力をしてこなかった疑いがある。こうした事実があるにもかかわらず、ウクライナのオレクシー・レズニコフ国防相は、ロシアのいわれのない侵略とウクライナの自衛を同列に扱う試みは、「適切さを失った証拠であり、彼らの信頼性を損なう方法である」とのべたと、ウクライナのメディア（https://lb.ua/society/2022/08/04/525301_reznikov_pro_zvit_amnesty.html）は伝えている。8月5日には、AIのウクライナ事務所長オクサナ・ポカルチュクがこのリリースに抗議して辞職した。「侵略者に侵略されてボロボロになった国に住んでいない人には、防衛を非難する気持ちがわからないのでしょうね」とフェイスブックに書き込んでいるのだが、残念ながらこのコメントは逆に、ウクライナにおける報道がいかに現地政権のために歪められているかを物語っている(3)。だからこそ、ウクライナからの報道についてもロシアの報道と同じく、基本的に疑わなければならない。

　マスメディアによる報道が政府によって独占的に操作されているウクライナにおいて、戦争の悲惨さを利用した復讐心を煽っていつまでも戦争を止めようとしない権力者が民間人をも危険にさらしているという可能性が高いのだ。拙著『ウクライナ3.0』で詳しく解説したように、ゼレンスキーはロシアとの戦争を継続することで、自らの権力を保持している。学校や病院がミサイル攻撃を受けた映像を見れば、だれでもそんな攻撃をしたと思われるロシアに敵愾心をもち、復讐心を燃やすだろう。外国人はウクライナへの武器供与を急ぐべきだと思うかもしれない。しかし、ウクライナ政府があえて自国民をそんな危険な状況に置いているのだとすれば、印象はまったく異なるものになるはずだ。読者に望むのは、こうしたウクライナ政府による強烈な情報操作に気づいてほしいということだ。

復讐の具体的な事例

　ウクライナ戦争勃発前から、ゼレンスキーはすでに復讐に出ている。具体的な標的となったのは、プーチンの親友とされるヴィクトル・メドヴェドチュクである。2021年2月19日、ウクライナ国家安全保障・国防評議会（NSDC）はメドヴェドチュクとその妻、および多数の関連する個人と団体に制裁を科した。その理由は、LNRにおけるテロ資金調

達への関与である。制裁は3年間有効で、メドヴェドチュクと妻（オクサナ・マルチェンコ）の資産を封鎖することなどが想定されていた。同月、ゼレンスキーは、野党議員タラス・コザックと彼のテレビチャンネル「112 Ukraine」「ZIK」「NewsOne」に対する制裁を科すというNSDCの決定を施行し、その後放送を停止している。

　さらに、同年5月13日、キーウのペチェルスキー地方裁判所は、ウクライナ検察庁による野党プラットフォーム「For Life！」（OPZZ）の代表のメドヴェドチュクの拘束を却下したものの、7月9日まで24時間自宅軟禁とし、屈辱的な電子ブレスレットの装着が命じられた[4]。彼は、ウクライナ刑法第111条（大逆罪）および第438条（戦争に関する法律および慣習の違反）により起訴されている。具体的には、クリミア併合後のエネルギープロジェクト開発でロシアに協力したほか、モスクワに秘密情報を渡し、ドンバスの自称DNRとLNRの支配地域から石炭を供給する違法スキームに参加した罪に問われている。

　興味深いのは、この措置に怒ったプーチンが翌日のロシア国家安全保障会議の席上、わざわざこの問題を取り上げて、「ご存知のように、この国（ウクライナ）では政治分野の完全な粛清が行われている」と発言したことだ。「どうやら、これは非常に悲しいことだが、ウクライナはゆっくりと、しかし確実に、ロシアの対極にあるような、反ロシアのような存在になりつつあるようだ」とも語った。

　さらに、プーチンは、「全国的なメディアが閉鎖されているが、西側パートナーは、この種の決定に対して、支持はしないまでも、何の反応も示さない」とものべた。どうやら、親友メドヴェドチュクに対するゼレンスキーによる抑圧がプーチンには「政治的粛清」のように映り、いわばロシア人への復讐のように感じていたようなのだ。根拠があるとは思えない決定がウクライナ大統領の息のかかったNSDCでなされ、それに基づいて、プーチンへの復讐の代わりとして、その親友メドヴェドチュクのような人物が刑事事件に巻き込まれるという状況について、他の民主国家はもっとしっかりと批判すべきであったと思われる。だが、実際には、米国の掌の上にある国、すなわち「顧客国家」（client state）という名の事実上の「植民地」に近いウクライナに対して、同じ西側に属する民主国家は何も言えないのであった。つまり、まったく民主国家の名に値しない米国に従属するだけの国であることが少なくともプーチンに

はわかっていたのである。

　ゼレンスキーは5月13日、NSDCが犯罪の首謀者である外国人111人、および法律上の泥棒557人に対して制裁を課したことを明らかにした。個人名は明かさなかったが、親ロシアと目される人々を狙い撃ちにした圧力が意図的に強められてゆくことになる。こうしてますます、プーチンのゼレンスキーへの憎しみが醸成されることになる。

　2022年2月27日には、メドヴェドチュクが自宅軟禁から逃亡したと、ウクライナ内相が発表する。その数日後、メドヴェドチュクは逮捕された。4月12日になって、ゼレンスキーはやつれ切って覇気のない彼の写真を公開する。そして、「私はロシア連邦に、あなたの少年とロシアで捕虜になっている私たちの少年少女を交換することを提案する」とのべるのだ。ここに、ゼレンスキーの品性下劣さや復讐心を垣間見ることができるのではないか。

　6月2日、国家捜査局はメドヴェドチュクへの捜査を完了した。裁判にかけられ、最高で15年の禁固刑に処される可能性があった。だが、2022年9月、電光石火、メドヴェドチュクおよび55人のロシア人は、第2章第1節で紹介したアゾフ連隊の司令官デニス・プロコペンコやマリウポリに残ったウクライナ軍の最後の部隊、第36海兵旅団の司令官セルゲイ・ヴォリンスキーなどを含むウクライナ兵士と外国軍人10人の計215人と交換された。この交換を仲介したのは、トルコのレジェップ・タイップ・エルドアン大統領とサウジアラビアのムハンマド・ビン・サルマン皇太子であったことは記憶されていい。アゾフの指導者5人は敵対行為の終了までトルコに滞在しなければならないという取り決めになっている。

　プーチンからみると、アゾフの司令官はもっとも重要な復讐対象であるはずだ。にもかかわらず、100人以上（108人説あり）のアゾフ連隊関係者をウクライナ側に引き渡したのは、プーチンにとって、娘の名づけ親でもあるメドヴェドチュクがいかに重要人物であるかを物語っている（といっても、すでにアンドリー・イェルマクウクライナ大統領府長官はメドヴェドチュクが「できるかぎりの話をした」としており、ウクライナからみると、その価値は低い）。同時に、プーチンの復讐心が「まがいもの」でしかないことをよく示していると言えるかもしれない。本当に復讐したいのならば、アゾフという準軍事組織に属すすべての兵士は、プーチンのいう「ネ

オナチ」そのものであり、復讐の対象でありつづけなければならないはずだからだ。このため、ロシア国内からも、アゾフ兵士の引渡しに批判が出ている。加えて、そもそもこの交換に連邦保安局（FSB）は反対していたにもかかわらず、プーチンが押し切ったのだという情報（https://www.washingtonpost.com/national-security/2022/10/01/prisoner-exchange-putin-fsb-ukraine/）もある。

ロシアへの直接攻撃

　ゼレンスキーの復讐心はロシアへの直接攻撃となって実際に遂行されている。8月9日付のロシア側の情報（https://www.vedomosti.ru/politics/articles/2022/08/09/935239-vzrivi-obyasnili-detonatsiei）によれば、ウクライナ軍側からのロシア領内への砲撃は、「特別軍事作戦」開始以来、ロシアのブリャンスク州で13回、クルスク州で25回、ベルゴロド州で31回（ほかにも、10月14日、同州にある弾薬庫がウクライナからの砲撃で何度も爆発）、クリミアで3回の、少なくとも72回記録されている。

　8月9日になって、クリミア半島中部西岸にあるノボフョードロフカ地区のサキ飛行場近くで、複数の航空弾薬の保管場所が爆発した。6人が負傷、1人が死亡したと伝えられた後、負傷者は9人に増えた。翌日、NYT（https://www.nytimes.com/live/2022/08/10/world/ukraine-russia-news-war#explosions-at-a-base-in-crimea-destroyed-about-a-dozen-russian-jets-satellite-photos-indicate）は、この攻撃で「少なくとも約8機のロシア軍ジェット機が破壊されたことが、衛星写真で明らかになった」と報じる。被害を少なく見せかけたロシアだが、実際の損害は大きかったようだ。12日には、8月9日に起きた爆発で、パイロットと技術者60人が死亡、100人が負傷したとの情報（https://www.nytimes.com/live/2022/08/12/world/ukraine-russia-news-war#a-ukrainian-officials-account-of-the-crimea-explosions-further-contradicts-russias）も報じられた。9月になって、ウクライナ軍司令官は、先月に行われたクリミアのロシア空軍基地へのミサイル攻撃の背後にウクライナ軍がいたことを初めて公に認めた。

　8月16日には、クリミア中部にある軍の弾薬庫で爆発が起きた。これもウクライナ軍による攻撃とみられている。その後もウクライナ軍によるクリミアへの攻撃は散発的につづいている。とくに、18日夜から19日にかけて、ロシアのクラスノダール地方とクリミア半島を結ぶ

橋（クリムスキー橋またはケルチ橋）をねらった攻撃があるなど、緊張が高まっている。この橋は 2018 年 5 月、道路橋（全長 17km）として開通し、2019 年 12 月には鉄道橋（全長 18km）としても完成したものだ。その後、10 月 8 日朝、同橋で爆発が起きた。燃料を積んだ列車が頭上を通過する瞬間に、遠隔操作で爆発させたと思われる。トラックが爆破され、道路橋の橋梁のデッキ約 260m が大きな損傷を負った（すべて利用できなくなったわけではなく 4 車線中 2 車線が限定的に通行可能）。鉄道橋については、大きな損傷はなく、鉄道は 8 日夕、少なくとも部分的に復旧した。この爆破事件は、その被害よりもまず、2018 年の開通式で自らトラックを運転して祝ったプーチンへの侮辱であり、ロシア政府関係者や強硬派の軍事ブロガーはすでに復讐を呼びかけた。それに応えるかのように、10 月 10 日、ロシア軍はウクライナの各都市のエネルギー施設、軍事施設、通信施設などをねらったミサイル攻撃を加えた。ウクライナ軍参謀本部の観測では、ロシアは巡航ミサイル 84 発と無人航空機 24 機を使用したという。10 月 12 日、連邦保安局と連邦予審委員会は事件に関連するテロリストグループ 12 人のうち 8 人を拘束したと発表した。

　夏のバカンスシーズンを迎えて、クリミア半島では、ロシア人が 30 万人から 50 万人が滞在しているとみられている（ただし、ホテルの客室稼働率は、値下げしたにもかかわらず、6 月には前年同月比で 3 分の 1 にまで落ち込んでいる）。戦争状態にある以上、ウクライナ側も少なくとも軍事施設をねらった攻撃をしても何の不思議もない状況にある。

　なお、ウクライナは国境から北へ 25 キロほどのベラルーシ国内にあり、現在、ロシア軍がウクライナ攻撃用に利用しているジャブロフカ飛行場を攻撃したとの情報（https://www.nytimes.com/live/2022/08/11/world/ukraine-russia-news-war?action=click&module=Well&pgtype=Homepage&section=World%20News#explosions-belarus-russia）もある。復讐はさまざまな場所で実行されているのだ。

　ウクライナが復讐を実施していることは、ウクライナ IT 軍のサイトでも裏づけられる。2022 年 9 月 20 日、同軍は「ウクライナ戦争でロシアの囚人を集める「ワーグナー」グループ（民間軍事会社）のサイトが IT 軍にハッキングされた！」とテレグラムのサイト（https://t.me/itarmyofukraine2022/693）にアップロードした。そのなかで、「傭兵の個

人情報はすべて把握している！処刑人、殺人者、強姦者は 厳しく処罰
されるだろう。復讐は必然だ！」とのべられている。

復讐のための国際体制づくりを急ぐ

　今後の展開を考えるうえで参考になるのは、「ウクライナに対する国
際的安全保障の確保：提言」として、ウクライナに対する国際的安全保
障に関するワーキンググループ共同議長のアナス・フォー・ラスムセン
（元 NATO 事務総長）とアンドリー・イェルマーク（ウクライナ大統領府長
官）の連名で 2022 年 9 月 13 日公表された Kyiv Security Compact（https://
www.president.gov.ua/storage/j-files-storage/01/15/93/cf0b512b41823b01f15fa2
4a1325edf4_1663050954.pdf）である。これは、米国のイスラエルへの保証
をモデルにしたものだ

　この文書は、民主主義世界の主要な専門家による個人的な寄稿と議論
に基づいて作成されたもので、欧州の新しい安全保障秩序の基礎となる
ことが期待されている。いわば、ウクライナのための前例のない安全保
障を想定した国際条約の草案とも呼べるものである。ウクライナとして
は、「キーウ安全保障条約」と呼ばれる共同戦略パートナーシップの文
書を二国間協定に基づいて拘束力をもつかたちで締結し、それらの国々
によってウクライナの安全保障を保証してもらう体制づくりを想定して
いる。具体的な保証国グループは、米国、英国、カナダ、ポーランド、
イタリア、ドイツ、フランス、オーストラリア、トルコのほか、北欧・
バルト諸国、中・東欧諸国が含まれる。さらに、「日本や韓国を含む広
範な国際的パートナーも、制裁に基づく一連の非軍事的性格の保証を支
持する必要がある」と、日本を名指ししている。

　興味深いのは、「国際的制裁」という項目において、ロシアが①ウク
ライナへの侵略をやめる、②今後ウクライナを攻撃しないことを保証す
る、③侵略時に発生した損害をウクライナに補償する――までは、2014
年から合意した対露制裁を解除しないようにすると明記されている点で
ある。加えて、④和平交渉の一環として制裁を解除または一時的に停止
する決定は、ウクライナと緊密に連携して行うべきである、⑤安全保障
協定には、新たな攻撃や侵略があった場合に制裁を再開する条項（スナッ
プバック条項）が含まれている必要がある、⑥ロシアがウクライナの主
権を脅かすことをやめるまで、制裁は維持されるべきである、⑦制裁措

置は、ウクライナの安全保障機関が G7 や EU などの他の国際機関と緊密に連携して開始し、実施されるべきである──とも書かれている。どうやら、ウクライナは支援国を抱き込んで、各国および国際機関の制裁権すら制約して、徹底的にロシアを痛めつけようとしているようにみえる。まさに、復讐によるロシアの弱体化をねらった国際体制づくりをめざしているのだ。
⁽⁵⁾

（2）ユダヤ系のゼレンスキー

　ゼレンスキー大統領自身はたしかにユダヤ人だ。拙著『ウクライナ 3.0』で紹介したように、彼は第二次世界 大戦時、ナチス軍に占領されたクリボイ・ログ出身のユダヤ人である。ゆえに、ナチスと協力してウクライナ独立をめざしたステパーン・バンデーラを英雄視する過激なナショナリストではないことを証明している。米国政府、すなわちヌーランドらが支援したナショナリストの一部はたしかにバンデーラを崇拝していた。その証拠に、2014 年のクーデターの結果生まれた暫定政権に、4人のナショナリストが入閣した。駐ドイツウクライナ大使を 2015 年から 2022 年 7 月まで務めていたアンドリーイ・メーリヌィクに至っては、バンデーラを個人的に崇拝しており、何度も物議をかもしてきた。
　ウクライナ独立という目的のために、ポーランド人とユダヤ人に対する民族浄化作戦の責任の一端を担うべきバンデーラを崇拝する以上、メーリヌィクが極端なウクライナ民族至上主義者であるとみて間違いない。バンデーラらはウクライナ独立のためには、手段を選ばないという立場に立っていたのだ。ユダヤ人であるゼレンスキーは、こんなメーリヌィクと一線を画す。だからこそ、2022 年 7 月、メーリヌィクは他の大使数人とともに更迭された（実際の交代は 10 月）。

バンデーラの評価をめぐる応酬
　バンデーラの評価をめぐって、親米派と親ロ派との間に「遺恨」があることを紹介しておきたい。親米派の大統領として 2005 年にウクライナ大統領に就任したヴィクトル・ユシチェンコが 2010 年 1 月 22 日、バンデーラに「ウクライナの英雄」という国家的栄誉を授与したからであ

る。バンデーラは排外主義、ナチスとの協力、ウクライナ民族主義者組織（OUN）の理想を共有しないウクライナ人に対する弾圧などで非難されてきた人物だ。だが、米国政府が支援して大統領になった人物（ユシチェンコ）は数万人のポーランド人、ユダヤ人、ロシア人を虐殺に関与したバンデーラにこんな勲章を与えた事実が後に禍根を残す。

　新しく大統領になったヤヌコヴィッチは 2011 年 1 月、裁判所の手続きを経てバンデーラへの栄誉賞を正式に取り消した。バンデーラなる人物への評価をめぐって国論を二分する事態につながる。親米のユシチェンコ政権の悪辣さがこうした混乱を招いたのである。

　バンデーラは第二次大戦後、米 CIA に利用されるなどした結果、1959 年に亡命先の西ドイツで KGB に暗殺された。こうした因縁もあって、いまもバンデーラ支持者のなかにはロシア嫌いが多い。それだけはない。バンデーラのように、ウクライナ国家の独立のためには、ポーランド人であろうが、ユダヤ人であろうが、ロシア人であろうが虐殺の対象になると思っているナショナリストもいる。

　ナショナリストのバンデーラ支持はポーランドとウクライナとの関係にも影を落としている。バンデーラはウクライナ西部からソ連の赤軍を駆逐するためにナチスと手を組んだのは事実であり、1943 年以降、ポーランド人などの虐殺に OUN がかかわってきた。そんなバンデーラを礼賛する勢力がウクライナの現政権内で幅を利かせているのだ。ポーランド国内に広がりつつある「同情疲れ」（compassion fatigue）もあって、ウクライナとポーランドの関係が一気に悪化する事態も十分にありうる。

　こうした超過激なナショナリストをのさばらせ、2014 年春に彼らが犯した罪を放置してきたウクライナ政府およびそれを容認してきた米国政府の責任はきわめて重いと指摘しなければならない。この結果、バンデーラの評価をめぐって遺恨が鬱積し、それがお互いに対する復讐心につながっている面があるのだ。

「ホロドモール」の記憶

　すでに紹介したポグロム以外にウクライナでは、「ホロドモール」（ウクライナ語 Голодомор、英語 Holodomor）と呼ばれる飢饉による殺害があったことは決して忘れてはならない。「ウクライナの人々のジェノサイド」[8]
（https://www.ucc.ca/wp-content/uploads/2020/10/The-Holodomor-Genocide-of-

おなまえ   様

（　　才）

ご住所

メールアドレス

購入をご希望の本がございましたらお知らせ下さい。
（送料小社負担。請求書同封）

書名

メールでも承ります。　book@shahyo.com

メールでも承ります。　book@shahyo.com

the-Ukrainian-people-87-Eng-.pdf）として知られるこの事件は、つぎのように説明されている。

「ウクライナが独立すれば、ソ連がユーラシア帝国を目指すという地政学的な目標が制限されることになる。反抗的なウクライナがソ連の傘下に留まるよう、スターリン共産主義政権は1928年から1938年までの10年間、恐怖のなかで、ウクライナの教会、ウクライナの国家、文化、政治エリート、そして国家の社会経済基盤であるウクライナの田舎の穀物生産者たちに対して飢餓による攻撃を開始したのである。」

このホロドモールによって、「何百万人ものウクライナ人を意図的に餓死させ、何十年にもわたってウクライナの人口動態に大きな打撃を与えたという動かぬ証拠がある」と、この資料には書かれている。とくに、1932〜33年に大飢饉が発生したことは間違いない。

多くのウクライナ人（そのなかにはユダヤ人も含まれていただろう）が極東に強制移住させられるといった出来事も起きた。私のもっとも親しいロシア人、ウラジーミル・グリニュークによれば、彼の家族はウクライナからウラジオストクにまで連れてこられた。その経緯について、私はよく知らないが、ホロドモールという事態がウクライナの人々にロシアへの復讐心や遺恨をもたらしたことはたしかだろう。

ウクライナでは、毎年11月の第四土曜日に、飢饉の犠牲者を追悼している。2021年11月27日のホロドモール追悼記念日の演説において、ゼレンスキーはつぎのように語っている。

「私たちは、1921年、22年、23年に亡くなった先祖を決して、忘れることはないだろう。1946年、1947年のこと。そして、32年と33年に全体主義的なスターリン体制によって設定されたもっとも恐ろしい年、つまりホロドモール・ジェノサイドの年のことだ。」

ホロドモールの政治利用

ただし、ホロドモールは政治利用されており、この取り扱いには注意が必要だ。ホロドモールは被害者意識を共有することで国民を内的に結びつけると同時に、国民を「他者」、つまり大量虐殺の加害者に対して

75

規定することを可能にするため、ホロドモールがウクライナのナショナリストによって露骨に利用されつづけているのだ。

　もっとも有名な事例は、米国が支援して実現したユシチェンコ政権下で、法律の制定を通じて、ホロドモールを国際的・国内的に「ジェノサイド」として認めさせ、その神聖な記念をウクライナ社会の礎としようとしたことである。カナダのジャクリーン・クールソン著「集合的記憶におけるホロドモール：ポスト・ジェノサイド・ネーションとしてのウクライナの構築」（https://ojs.lib.uwo.ca/index.php/tgareview/article/download/10421/11096/26979）によると、ソ連時代とソ連崩壊後で、ウクライナにおけるホロドモールの位置づけが異なっている。第二次世界大戦下のソビエト・ウクライナでは、ナチス占領軍は潜在的な反ユダヤ主義を利用して、地元の協力を得る手段として、ウクライナに対する大量虐殺を行ったのはユダヤ人であると非難した。反ユダヤ主義はユダヤ人が飢饉を引き起こし、そこから利益を得たとする認識につながり、この見解は独立後のウクライナの活動家や政治家にも共有された。

　ソ連崩壊後、ユダヤ人だけを加害者とするのではなく、ユダヤ人とロシア人を加害者、すなわち排除の対象とみなし、それによってこれらの集団との差異によって真のウクライナ国民を定義することでウクライナの国家建設に利用する動きが広がる。「2010年以前のウクライナ政府、とりわけユシチェンコ政権は歴史と集合的記憶の力を認識しつつ、制度化・立法化・聖域化を通じて、ホロドモールをジェノサイドとしてウクライナのナショナル・アイデンティティに埋め込むというプロジェクトに着手した」と、クールソンは指摘している[9]。

（3）ウクライナ移民の復讐心

　ここでゼレンスキーが指摘した年にロシアと関連したウクライナ人やユダヤ人への迫害があったとすると、それを契機に海外に脱出したウクライナの人々のことを思い浮かべる必要があることに気づく。表に示したのは、1870年から1957年にウクライナからどんな国に何人が移民したかを示している。これからわかるように、1919〜39年にはカナダ、1946〜57年には米国にもっとも多くの移民が行われた。おそらく彼ら

の多くはロシアに対して憎悪や遺恨をもち、なかには復讐心をいだく者もいるだろう。

表3-1　ウクライナからの国別移民実績

Ukrainian emigrants, 1870-1957

Host country	1870-1914	1919-39	1946-57	Number of Ukranians(1980)
United Stages	350,000	15,000	80,000	1,200,000-1,500,000
Canada	100,000	70,000	30,000	750,000
Argentina	10,000	50,000	6,000	130,000
Brazil	45,000	10,000	7,000	130,000
France	–	40,000*	10,000*	30,000-35,000
Britain	–	500	35,000	25,000-30,000
Australia and New Zealand	–	–	20,000	35,000-40,000
West Germany	–	–	–	20,000
Austria	–	–	–	4,000-5,000
Belgium	–	1,000	10,000*	3,000
Paraguay	–	5,000(?)	1,000	8,000
Uruguay	–	4,000(?)	–	6,000
Venezuela	–	–	2,000	2,000
Other	1,000	1,000(?)	1,000(?)	3,000(?)
Total	506,000	196,500	202,000	1,196,000-2,512,000

（出所）http://www.encyclopediaofukraine.com/picturedisplay.asp?linkpath=pic\E\M\Emigration_Table2.jpg

米国に住むウクライナ人

　米国のどこにウクライナ移民が住んでいるかを示したのが下図である。これからわかるように、ウクライナ移民のほぼ半数は2015〜19年の時点で、ニューヨーク州（22％）、カリフォルニア州（16％）、ワシントン州（9％）に住んでいた。郡レベルでみると、ニューヨークのキングス郡、イリノイ州のクック郡、カリフォルニア州のロサンゼルス郡とサクラメント郡、ワシントン州のキング郡の五つの合計で米国のウクライナ人移民総数の約31％を占めていた。ここで重要なのは、オバマがイリノイ州議会議員や同州選出の上院議員であったことである。そう、オバマが2014年2月の米国主導のヤヌコヴィッチ政権打倒にGOサインを出していた背後には、彼の政治基盤に多くのウクライナ移民が住んでいた事実が関係しているのだ。彼らのロシアへの復讐心を知るオバマ

がそれを代弁して超過激派によるクーデターに肩入れしていたと勘繰る
ことも可能なのである。さらに、ウクライナ戦争がはじまる前から、失
踪というかたちで、ウクライナとロシアの間に感情的なわだかまりが生
じていたのは間違いない（本章第 1 節参照）。

図 3-1　米国におけるウクライナ人移民の居住地上位州（2015-19 年）

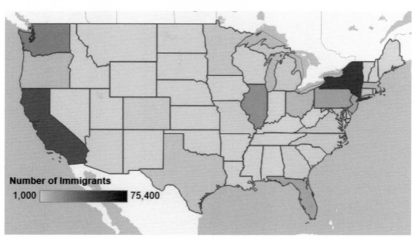

（出所）https://www.migrationpolicy.org/article/ukrainian-immigrants-united-
　　　states#Distribution

ウクライナ難民の現状

　そしていま、ウクライナ戦争によって、ウクライナから多くの難民や
移民が海外に逃れている。国連難民高等弁務官事務所（UNHCR）の資料
（https://data.unhcr.org/en/situations/ukraine/location?secret=unhcrrestricted）
によれば、2022 年 10 月 4 日現在のウクライナから欧州への難民は、
国境を通過した個人が 760 万人、欧州の一時保護または同様の国家保
護制度に登録されている難民の合計は 420 万人にのぼる（右図参照）。こ
うした人々の多くはロシアに激怒し、憎悪を募らせ、復讐心を燃やすこ
とだろう。

図 3-2 　ウクライナからヨーロッパへの避難民（2022 年 10 月 4 日現在）

（出所）UKRAINE SITUATION, FLASH UPDATE #32, 7 October 2022, p. 11, https://
data.unhcr.org/en/documents/download/96052

（4）ロシアの「キャンセル」に動く

　ゼレンスキーの復讐心はもはやロシアおよびロシア人の「キャンセル」
に向けて動き出しはじめている。「ワシントン・ポスト」（https://www.
washingtonpost.com/world/2022/08/08/ukraine-zelensky-interview-ban-russian-
travelers/）によると、「ヴォロディミル・ゼレンスキー大統領は 8 月 8 日、
ロシアによるこれ以上のウクライナ領土の併合を阻止する方法は、西側
諸国がそれに対してすべてのロシア国民を追放すると発表することだと
のべた」というのだ。「もっとも重要な制裁は国境を閉鎖することだ――
――ロシア人は他人の土地を奪っているのだから」というのがゼレンス
キーの考えだ。さらに、ゼレンスキーは、ウクライナでのいわれのない
戦争に対してロシアにすでに科されている制裁が 1 年間のロシア国民へ
の国境閉鎖やロシアからのエネルギー購入の全面禁止に比べると「弱い」
ものだと語ったという。どうやら、ゼレンスキーは欧米諸国にいまより

も厳しい制裁を科してほしいらしい。

　ロシアの航空会社はすでにヨーロッパと北米の大半の上空を飛ぶことを禁止されている。このため、ロシア人の海外渡航はより困難になっている。ただ、ゼレンスキーが言うような全面的な禁止措置はとられていない。それでも、ゼレンスキーはロシア人に対して国境を閉ざすように求めている。

　8月8日の報道（https://yle.fi/news/3-12568274）として、フィンランドのサナ・マリン首相がロシア人観光客によるシェンゲン協定加盟国への入国制限について、EU全体で決定するよう呼びかけたという。シェンゲン協定加盟国26カ国には、EUの22カ国と、アイスランド、ノルウェー、スイス、リヒテンシュタインが含まれている。

　「ロシアがヨーロッパで攻撃的で残忍な侵略戦争を行っている一方で、ロシア人が普通の生活を送り、ヨーロッパを旅行し、観光できるのはおかしい」というのが彼女の考えだ。ゼレンスキーの復讐心は、ロシアやロシア人の世界からの排除を求めているように感じられる。結局、8月31日、ＥＵ外相はロシアとのビザ取得円滑化協定を停止し、ロシア人観光客のビザ取得をより困難かつ高価にすることで政治的合意に達した。これでは、復讐の連鎖を強めるばかりではないのか。

「キャンセル文化」

　これこそ、「キャンセル文化」と呼ばれるものである。これは、「個人や組織、思想などのある一側面や一要素だけを取り上げて問題視し、その存在すべてを否定するかのように非難すること」を意味している。帰結主義が結果だけを重視して、そこに至る過程を軽視するのと同じく、一部の要素だけを針小棒大に取り上げて、その他の側面を無視することで全否定、すなわちキャンセルするのである。

　この問題は、拙著『プーチン3.0』の第4章第5節「「キャンセル文化」の浅はかさ」において丁寧に論じたことがある。関心のある読者はそちらを参照してほしい。ここでは、キャンセル文化というかたちで「敵」を全否定するやり方に復讐心が宿っているのではないかと主張したいのだ。

　人類は、長い歴史のなかで、復讐を刑罰に転化させてきたようにみえる。しかし、敵からの攻撃による損失に対して、「復讐心をもつな」と

禁止しても、その感情を押しとどめることはできない。復讐心はどこにいったのか。第2部では、制裁という措置に復讐の意味合いが込められているのではないかと論じる。同じように、キャンセル文化も復讐心の具体的な表出のあり方として、SNS時代に登場しているのではないか。

　プーチンは2022年8月15日、「我々の文化を廃し、ロシアを廃しようとする試みはすべて無益である」（http://kremlin.ru/events/president/news/69164）と語った。さらに、「これはただのバカげたこと（глупость）である」とも指摘した。ただ、逆に考えれば、いまプーチンは世界からロシア文化やロシア人の「キャンセル」の動きを感じているに違いない。

　このようにみてくると、ゼレンスキーとプーチン、ウクライナ国民とロシア国民との間に、互いへのわだかまりや復讐心のような感情が生じても不思議ではない。だが、いまではこうした復讐心のうねりのなかに世界中が巻き込まれようとしている。だからこそ、この復讐という感情について、人類の歴史といった観点から問い直したいと、私は考えるようになったわけである。この問題を論じるのが「第2部　制裁という復讐」である。

［第3章　注］

(1) Kit R. Christensen, *Revenge and Social Conflict*, Cambridge University Press, 2016.

(2) 2022年9月8日付のWP（https://www.washingtonpost.com/world/2022/09/08/ukraine-assassinations-occupied-territory-russia/）によると、クレムリンの支援を受けた20人近い高官やその地元のウクライナ人協力者が相次いで暗殺や殺人未遂で死傷している。彼らは銃殺、爆破、絞首刑、毒殺など、「復讐」を彷彿とさせるかたちで殺されている。9月20日付のNYT（https://www.nytimes.com/live/2022/09/20/world/ukraine-russia-war#in-occupied-ukraine-resistance-to-russian-rule-deepens）は、同日、ロシアの支配下にある地域最大の都市メリトポリ郊外の空港で爆発が報告されたと伝えている。ウクライナ軍と緊密に連携するパルチザンが率いるウクライナの反乱軍は、

ロシア軍に占領された地域全体で、クレムリンの支援を受ける役人や管理棟を標的として拡大しているという。

(3) フェイスブックは以下を参照。https://www.facebook.com/inukraine.official/photos/basw.AbrPa5sMMEqVL9S53MzZFCjDq9Ts8VNAPpdLTmbTR8uX7HlAm3zYjpc3jRhQsf2X5-2jnH_6aY9_kZ6pYnWEv_hSgoMfLFx5woXA2QBG1Mgu0CmA9MwFzG4lLWXFOZhTAUMKbccTnSIFCFzQjYd9Q4jqDT_b0AA1sd5ZgeqBZqR_cw/2848218248818594/

(4) OPZZ は、2022 年 9 月 15 日、ウクライナ最高裁判所の判決で、OPZZ の訴えが却下されたことにより、ウクライナでの活動が禁止された。これは、「2022年 3 月 18 日付ウクライナ国家安全保障・国防評議会決定「特定の政党の活動禁止について」」という大統領令によって、戒厳令期間中、11 の政党のいかなる活動も禁止されたことに起因している。これが憲法違反であるとの訴えが棄却されたもとで、もはやウクライナには政党の自由も言論の自由も存在しない。

(5) ゼレンスキーは 2022 年 9 月 21 日に行った国連総会向けビデオ演説（https://news.un.org/en/story/2022/09/1127421）で、ウクライナへの軍事支援の強化を呼びかけ、ウクライナ侵攻をつづけるロシアに罰を与えなければならないと何度も訴えた。国際的な場においても、ゼレンスキーはロシアへの罰をひたすらに求めている。その罰には、復讐心が込められているという印象を与える。他方で、ロシアのドミトリー・メドヴェージェフ安全保障会議副議長は、Kyiv Security Compact を、「本質的に第三次世界大戦へのプロローグ」と呼び、厳しく批判している。ウクライナとロシアとの間に復讐心が燃え上がるのは致し方ないかもしれないが、この 2 国間の復讐劇に欧米諸国や日本は距離を置いて接しなければならないと強調しておきたい。

(6) 拙著『ウクライナ 3.0』134 頁を参照。

(7) ウクライナのナショナリスト集団には、ウクライナ民族主義者組織（OUN）のほか、ウクライナ蜂起軍（UPA）などがあった。B. I. マスロフスキーの論文（В. I. Масловський, «Що на «олтарі свободи»? Декілька уточнень щодо війни 'на два фронт.' Яку вела УПА та скількома невинними жертвами оплачувався цей пропагандицький миф", Комуніст УкраЇни, No. 7, 1991）によれば、1944 ～ 52年の OUN-UPA による虐殺数は 8 万人以上の市民であり、戦時中の犠牲者はその 2 倍以上であろうとしている。とくに、1943 年の西ウクライナのヴォルヒニャにおけるウクライナ人勢力によるポーランド人の大量虐殺をはじめとして両者の間では相互に大量殺裁が発生したことは有名だ（柳沢秀一著「「ウ

クライナ民族主義者組織（OUN）」と「ウクライナ蜂起軍（UPA）」のウクライナ独立国家構想とその戦略」『現代史研究』を参照）。ポーランドの学者の評価では、1943 〜 44 年に 3 万 4647 人が殺害されたというたしかな証拠があるという（関心のある人は David R. Marples, Chapter 6. The Ukrainian-Polish Conflict, Heroes and Villains, Central European University Press, 2007 を参照）。

(8) 2013 年に開催された、ウクライナのホロコーストに関する歴史的研究者会議の報告書（The Holocaust in Ukraine: New Sources and Perspectives, https://www.ushmm.org/m/pdfs/20130500-holocaust-in-ukraine.pdf）によると、「ポグロムにおけるウクライナ人の責任という問題は、決して明確に扱われていない」（p. 5）と指摘されている。たとえば、「ウクライナの警察と地元住民が復讐のために地元のユダヤ人を標的にし、何百人もの罪のない人々を拷問して殺した、まさに同じ刑務所で起こった恐ろしいポグロムについては何も語られない」という（p. 8）。

(9) Jaquelin Coulson, The Holodomor in Collective Memory: Constructing Ukraine as a Post-Genocide Nation, The General Assembly, Vol. 2, No. 1, 2021, p. 13.

第4章　復讐精神（ルサンチマン）をめぐって

（1）ニーチェの教え

　第二部では、復讐や復讐心について歴史的に考察する。そのなかで、復讐、報復、制裁といったウクライナ戦争によって頻繁に耳にするようになった事態をどう理解すべきかを論じることにしたい。

英語表現としての復讐

　その前に、言葉の整理をしておきたい。日本語の場合、復讐、報復、仕返し、返報、しっぺ返し、仇討ち、お礼参り、雪辱といった類語がある。少しずつニュアンスが異なるが、おおむね「自分に害を与えた相手に対して、それに見合う害を返すこと」を意味している。

　これに対して、英語をみると、「復讐」（revenge）以外にも、「復讐ないし仇討ち」（vengeance）「報復」（retribution, retaliation, reprisal）、「仕返し」（tit for tat）、「見返り」（quid pro quo）といった表現がある。"vindicate"や"vindictive"という言葉もある。じつは、"revenge"はアングロサクソン系の言葉ではなく、ラテン語からきた言葉で、ラテン語の"vindicare"から比較的遅く枝分かれしたものだ。その起源はローマ法にある。"retaliation"については、ラテン語の"re"「再、後」と"talis"の「そのような種類の」から派生したもので、"retaliare"は「現物で返す」、

"talio" は「現物で支払いを受ける」を表していた。

　微妙なニュアンスの違いについては、本書では無視することにする。他方、「刑罰」と言えば、英語では、通常、"punishment" あるいは "penalty" と表現される。「処罰」も同じだろう。規則に背いた者への罰、「制裁」は "sanctions" と呼ばれることが多い。

　こうした整理をもとにして、考察を進めてゆきたい。

ヒントを与えてくれるニーチェ

　ウクライナ戦争をはじめたという帰結だけに注目するのではなく、そこに至る過程にも配慮しながら、ウクライナ戦争に深く関係している米国、ロシア、ウクライナなどの過去の経緯を分析すると、第1、2、3章に示したように、そこに復讐心という怨念のような得体のしれない感情が渦巻いていることがわかる。そうであるとすれば、つぎに分析すべきは復讐心という感情自体であろう。

　そのとき、ヒントを与えてくれるのがフリードリヒ・ニーチェである。ニーチェは、弱者のもつ「憎悪、嫉妬、猜忌、邪推、宿怨、復讐」といった「ルサンチマン」（ressentiment）の精神を取り鎮める手段として、「能動的な、攻撃的で侵略的な人間」が、「ルサンチマンの対象を復讐の手から奪い去ったり、ときには復讐の代わりに平和と秩序にたいする闘争をやらせたり、またときには妥協を考えだしたり提議したり、場合によってはこれを強要したり、ときには損害を補償すべき一定の等価物を規範にまで高めて、爾後ルサンチマンをしていやでもこれを基準にその損害を補償させたりする」ことを繰り返してきたと説いている（括弧内は『ニーチェ全集11　善悪の彼岸　道徳の系譜』449〜50頁）。そのうえで、支配者という最高の強権が「優勢な反抗感情や復仇感情に対して採用し実施する最後の決定的な手段」として、「法律の制定」をあげている。

「ルサンチマン」＝「復讐精神」

　ニーチェの言うルサンチマンをめぐって、彼は『道徳の系譜』（1887年）において、ローマ人に対するユダヤ人のなかにルサンチマンをみている。信太正三訳の『ニーチェ全集11　善悪の彼岸　道徳の系譜』には、「ルサンチマン（怨恨 Ressentiment）」というかたちで表現されている。ちょうど、本書執筆中に刊行された大澤真幸著『〈世界史〉の哲学　現代篇

1　フロイトからファシズムへ』のなかで、大澤はルサンチマンを「復讐精神」としたうえで、ニーチェが最悪なものとみなしたルサンチマンをわかりやすく説明している。まず、「われわれが復讐精神をもち、ルサンチマンを抱くのは、すでに起きてしまったことをとうてい受け入れられないと感じたときであろう」というのが出発点になっている。「つまり、復讐精神は、「過去と『それはそのようであった』への嫌悪からくる」のである。

ニーチェは、このルサンチマンを、「価値を定める眼差し」の逆転を特徴とし、無力な者・抑圧された者・毒々しい憎悪の感情に悶えている者らがいだく、強者や高貴な存在への憎悪がその逆転として、三人のユダヤ男（ナザレのイエス、漁夫のペテロ、織物匠のパウロ）と、それに一人のユダヤ女（イエスの母マリア）に人々を跪拝させることに成功したと説く。ルサンチマンのなかには、復讐感情も含まれているが、ニーチェの主張はあくまで弱者の側の怨恨、憎悪、復讐感情にスポットを当てたものだ。本書で何度も書いてきた復讐心は弱者に限定されたものではない。

「貴族的価値評価法」から「僧侶的価値評価法」へ

この眼差しの逆転とは何を意味するのか。大澤は、「貴族的価値評価法」から「僧侶的価値評価法」への転換としている。〈よい〉という判断は、高貴な者、力ある者の自己肯定からはじまっているのであって、高貴な者らは自分自身や自分の行為を〈よい〉と感じ〈よい〉と評価する貴族的価値評価法を採用してきた。これに対して、弱者は自己肯定をできずに、高貴な者らを羨み、妬む。だが、弱者のなかに、貴族的には〈悪い〉とされる、無力であったり、不幸であったり、苦難に満ちていたりすることが神に選ばれ、愛されている証拠とする者が現れる。これこそ、僧侶的価値評価法だ。

大澤は以下のようにまとめている（139〜40頁）。

「このように、僧侶的な人民は、貴族的価値評価法を相対化する価値基準をでっち上げる。この価値基準が定着すれば、弱者は反抗闘争に勝利したことになる。闘争のエネルギーは、弱者のルサンチマンから供給される。ニーチェは、ルサンチマンが創造性を発揮して価値を生み出したときに闘争が始まる、と論じている。」

それだけではない。ニーチェは、負い目や義務の概念が道徳化され、この義務を果たせない債務者たる自己に「良心の疚（やま）しさ」を感じざるをえなくなると説明する。ゆえに、罪の贖いの不可能性、「永劫の罰」という思想が胚胎する。そして、人々は、「神自らが人間の負債のためにおのれを犠牲に供し給う、神みずからが身をもっておのれ自身に弁済をなし給う、神こそは人間自身の返済しえなくなったものを人間に代わって返済しうる唯一者であり給う」という「キリスト教のあの天才的な詭策」の前に立つに至ったとしている[2]。

　さらに、キリストの磔刑死を、人間を救うための贖罪とみなす、パウロの解釈によって、人類はみな原罪を負っている、という観念が生まれる[3]。そうした人間を救済してくれた神への負い目が深く刻み込まれることになるのだ。

　「神にたいする負い目（罪責）、この思想が人間にとっての拷問具となる」とするニーチェの主張はいまでも通用する。ただ、長く隠蔽されてきた状況がウクライナ戦争によってわかりやすいかたちで表出したのである。

　その意味で、制裁という曖昧な概念のもとで、復讐を実践しているかにみえるいまの欧米の対ロ制裁は大いに批判すべき対象と指摘しなければならない。そして、安易にこの欧米の制裁に追随するだけの日本政府の対応は笑止千万の愚行でしかない。制裁に含まれる復讐がキリスト教世界独特の価値観に由来するものであるとすれば、日本政府がそんなものにかかわる必要性はないからだ。むしろ、日本は率先して、本書が指摘するような西洋文明の「咎」を批判しなければならないはずだ。

　本書の展開を先取りして書いておくと、欧米というキリスト教を中心とする文明は復讐心を含めた復讐全体を刑罰へと転化しようとする。それが可能だと錯覚させたのは、この文明化がキリスト教神学の一部の主張に立脚してきたからにほかならない。だが、その根幹にある「罪たる犯罪の罪滅ぼしとして暴力的罰が必要である」とする信念それ自体に大きな疑問符がつく。キリストの磔刑を素直に考えれば、それは、これから説明する「純粋贈与」そのものであり、その教えこそ大切なのだ。にもかかわらず、西洋の歴史は、「互酬的な贈与の（自己）否定」がもたらしうる帰結を否認し、抑圧することを繰り返してきた。これこそ、キリスト教神学による贖罪の利用という「咎」であり、現代までつづく西

洋文明のもつ隠れた「咎」なのである（第８章第２節を参照）。

(2)「互酬性」(reciprocity) という正義

　ニーチェの卓見を理解するためには、ここでやや遠回りになるが、復讐という行為が罪への反作用として位置づけられている以上、この罪の「贖い方」について考察しないわけにはゆかない。

　ウクライナ戦争を契機に、2022年2月24日にウクライナに侵略したロシアに対して、欧米中心の各国がさまざまな制裁を科す事態になっている。これは、いわばロシアによるウクライナ侵攻への報復であり、侵略の停止や将来の再侵略への抑止をねらった措置と考えられている。

　だが、考えてみると、こうした報復や制裁といった政策あるいは復讐を含む制裁について、人類は歴史的にしっかりと向き合ってきたのだろうか。現在ロシアにとられている措置にしても、その措置の理由や期限、撤廃条件などについて不明確なものが多い。そもそも法的根拠が曖昧なものもある。まさか、「目には目を、歯には歯を」といった応報主義的な発想で、こうした措置がとられているわけではあるまい（ただし、この「目には目を」は本来、罰は犯罪に適合しなければならず、悪行には正当な罰があるべきだという原則を意味しているだけだ）。

　それにしても、ウクライナ戦争によって、制裁、報復、復讐といった言葉を多く耳にするようになっている。「やられたら、やりかえす」という、被害を受けた側の対応が問われる場面が多く見られるようになったことで、否が応でもマイナスの方向に働く互酬性、すなわち「負の互酬性」について考えなければならなくなったと感じている。この負の互酬性を探究すれば、損害を受けた側のとる復讐とか報復とか制裁といった反応を包括的に理解できるようになるのではないか。

均等であること＝正義

　ここで、「互酬性」(reciprocity) について説明したい。人間は比較的早くから天秤を発明していたことを思い出そう。古代エジプトでは、人間の魂は死後、冥界の神オシリスのもとで審判を受けると信じられていた。その審判に合格すれば、楽園である「イアルの野」に住むことを許

され、永遠の生命を享受できる。その審判に使われたのが天秤だ。

　この審判を示した「死者の書」にある絵には、さまざまなものがある。概していえば、天秤の一方には、死者の心臓、もう一方には、正義と真実の化身である「マアト」の羽根ないし小像が載せられる。計量はジャッカルの頭をもつアヌビス神が行い、記録するのが朱鷺の頭をもったトト神だ。死者の心臓のほうが重く、マアトの羽根が吊り上ってしまうと、死者の告白は虚偽とされ、心臓は天秤の下で待ち受けている、ワニの頭とライオンの胴体、カバの後ろ足を持つ怪物アメミットに食べられてしまう。他方、天秤が釣り合えば、罪状はなく潔白であるとみなされ、審判により再生・復活し、イアルの野に暮らせるようになる。

　天秤をめぐるこのイメージは、数々の問いを喚起する。一つは、釣り合うことを「よし」とする考え方をめぐるものである。ウィリアム・ミラーはその著書『目には目』のなかで、「より古く、より深い概念では、正義とはバランスを回復すること、公平を達成すること、同等性を決定すること、賠償をすること、負債を支払うこと、復讐すること、つまりゼロに戻すこと、均等にすることであると考えられている」と指摘している。さらに、「正義の仕事は、正しい秩序を取り戻すことであり、何らかの不正な行為や、負っているのに支払われていない債務によって乱された、以前の想定された均衡を回復することである」という。

　この均等性へのこだわりは理解できる。だが、心臓という「量」の明確なものと、真実や正義といった「量」の定まらない「質」的なものを比べることができるというのはどういうことか。それは、どんな説得力をもって受けいれられたのだろうか、といった疑問が浮かぶ。

　実は、こうした「死の計量」や「運命の計量」はエジプトだけにみられた現象ではない。紀元前1200年ころの宗教家ゾロアスターの教義を記した古代ペルシャ語の聖典『アヴェスタ』にも、秤による死後の審判が語られている。ユダヤ教典で最後の審判の場面に秤が登場するのは、旧約聖書に採録されていない、偽典に属するエチオピア語版「エソク書」だ。イスラーム教では、死後の個別裁判という形ではなく、終末裁判において秤による計量が行われるとされている。あるいは、ギリシャ文学では、『イーリアス』（吟遊詩人の伝統によってつくりあげられた、紀元前1230年〜850年ころの作品）において、ギリシャ軍とトロイア軍の「死の運命」が神ゼウスによって天秤にかけられたり、英雄アキレウスとヘ

クトルの運命もまたゼウスの秤によって計量されたりしている。

　重要なことは、他者によってもたらされた損失（マイナス）にしても、あるいは、他者による利益（プラス）の贈与にしても、それらがもたらす天秤の変化を回復させる、すなわちバランスを回復させることが「正義」の概念と深く結びついていることだ。そのとき問題になるのは、報復的正義と補償的正義なのだが、この問題は後述する。

　いずれにしても、「負の互酬性」および「正の互酬性」におけるそれぞれの均等性、バランスの回復に腐心することが人類の歴史そのものであったことという認識こそ重要なのだ。そして、その認識のもとで、これまであまり論じられることのなかった負の互酬性について深く考察すること、それが本書の目的の一つということになる。

　あえて注意喚起しておきたいことがある。それは、ここでいう均等性の重視が正義であるとか、望ましいというわけではない点である。ここで紹介した天秤のイメージは現在にもしっかりと息づいている。しかし、このイメージは社会の安定のために権力側によって「悪用」されかねないことに注意を払う必要があるのだ。

（3）神にささげる生け贄という原初段階

　つぎに、「負の互酬性」の問題を考える出発点として、2005年に公表された、ヴィンシー・フォンとフランセスコ・パリシの共著論文「報復的正義の行動的基盤」を参考にしたい。負の互酬性について真正面から論じている数少ない論考の一つだからである。

　論文の第2節「報復と負の互酬性の起源」において、「倫理的価値観は文化によって大きく異なるにもかかわらず、互酬と報復の規範は、歴史的にも現代的にも、ほぼすべての人間社会で普遍的な原理として成り立っている」と指摘されている。そのうえで、「互酬原則ほど、正・負の両バージョンで広範囲に普遍的に受け入れられている原則や判断はない」としている。すでに説明したように、人類は天秤による均等性の確保に正義をたしかにみてきた（ただし、前述したように均等性の確保がイコール正義とみなすのはおかしい）。

　彼らの研究によると、「互酬規範は低開発社会では、負の形態で具体

化し、高開発社会では正の互酬規範が支配的である」という。具体的な低開発社会として、バビロニアと聖書の世界があげられており、こうした伝統に基づく初期の規範では、「互酬原則は負の互酬性または報復の原則としての最初の形をとっている」とのべている。

　この具体例は、紀元前18世紀のハンムラビ法典（ハンムラビ法典）にある規定や、旧約聖書の出エジプト記（21:23-25）、レビ記（24:20）、申命記（19:21）のなかに登場する律法を念頭に置いたものだろう。いずれも、「応報的」と呼ばれる原則が示されている。これは、ラテン語のLex Talionis（レクス・タリオニス）、すなわち、同害復讐法へとつながっている。ただし、「目には目」と同じく、「罰は犯罪に適合しなければならず、悪行には正当な罰があるべきだ」という原則を示すルールであり、通常、傷害に際しての刑罰を定める基本的な規則にすぎない。これは、富裕層が罰金を払うだけで刑罰を免れることを防ぐために機能した。同時に、この律法が掲載されている最古のテキスト（出エジプト記21.23-5）には その前に、戦いで負った傷の補償と治療費のみを規定する律法（出エジプト記21.18-19）があり、その後に、目や歯を失った奴隷の解放を命じる律法（出エジプト記21.26-7）がつづいている。殺人だけは、減刑されることも償われることもない。

　他方で、新約聖書にあるマタイによる福音書（22章39節）には、「あなたの隣人をあなた自身のように愛せよ」とあり、いわば正の互酬性が説かれている。

生物学的視点

　先に進む前に、ここで遺伝子レベルの話をしておきたい。近年、いくつかの代表的な研究により、人間や動物における行動の進化的説明を提供する、互酬と報復の理論が展開されているからだ。

　この論文では、進化生物学者や社会生物学者は、時間の経過とともにうまく進化してきた種は、正負の互酬性をその嗜好プロファイルや行動パターンに何らかの形で組み込んできた種であると主張している一方、進化心理学者やダーウィン人類学者は、互酬性には単純な遺伝学的説明よりも複雑な説明が必要だと指摘している（進化心理学者やダーウィン人類学者は、互酬的行動や報復的行動を、宿主が特定の行動をとるよう無意識に動機づける遺伝子の結果とは考えておらず、文化や環境要因が人間の行動の仕方や

理由に大きく影響していると主張していると紹介されている）。

　やや脱線すると、復讐心の遺伝子を特定する試みがあり、モノアミンオキシダーゼ（MAOA）遺伝子が注目されている。経済ゲームにおいて、MAOA 遺伝子高活性の参加者は、MAOA 遺伝子低活性の参加者に比べて、挑発された後に辛いホットソースを出す可能性が高いことが示されている[(6)]。脳の神経基盤に関する研究では、不公正な人物に金銭的な罰が与えられると、これまで報酬処理に関連していた尾状核と前頭前皮質（VMPFC）の二つの脳領域の活動が関連することが実証された[(7)]。この知見は、個人がそのような報復に値すると認識される個人への罰に反応して快感を経験することを示すと解釈されている。

　他方で、行動経済学や実験経済学の研究では、人間には負の互酬関係を求める傾向があるという定型的な事実が認識されているという。遺伝的、文化的、あるいは制度的な基盤があるにせよ、報復的な態度はしばしば人間の行動を特徴づけているのである。実際の状況や経験が、多くの人々の報復的な行動につながる可能性があるというのだ。実験や行動学的な証拠から、人は互酬性に対して強い傾向を示すことがわかっている。これは、懲罰的・報復的動機が、懲罰を実行することが物質的に高価であっても、人間を報復に走らせることを示唆しているという。

　個人レベル（「遺伝子」）の選択と集団レベル（「ミーム」［文化遺伝子］）の選択の相互作用を意味する「共進化」に注目した研究によると、負の互酬性を維持する力は、集団規範と、その規範の集団強制力であり、このような集団レベルのミームは、個人の嗜好や能力と共進化し、最適なレベルの負の互酬性を生み出すという[(8)]。

　だが、紹介した論文「報復的正義の行動的基盤」では、互酬性の起源に関する特定の見解にコミットしない立場をとっている。「負の互酬性を好むという内的要因（文化的、遺伝的、あるいはその両方）であれ、負の互酬性を意図に基づく手続き的公平観として扱う外的要因（社会規範、宗教的規則など）であれ、負の互酬性は人間の選択に影響を与える」という前提に立って、負の互酬性によって人間の選択がどのように影響されるかを研究していることになる。ここでは、彼らの研究姿勢に倣って、負の互酬性のおよぼしてきた人類への影響について考えてゆきたい。

「負の互酬性」の例

つぎに、「負の互酬性」の例について考えてみよう。そのもっとも重要な問題は、復讐による連鎖をどう断ち切るかではないか。他者から受けた損失という「マイナス」に対して、被害者側はどう落とし前をつけるかが共同体の平穏に大いにかかわる。

ルネ・ジラール著『暴力と聖なるもの』では、人間が果てしない復讐の連鎖に巻き込まれるのを避けるために用いてきた様々な方法を三つに大別している。①予防的措置として、犠牲の儀式によって復讐の精神を別の径路にそらす、②代償措置、戦闘をめぐる裁判などによって復讐を抑制したり、妨げたりする、③裁判制度を確立する——というのがそれである。

ジラールによれば、流された血に対する唯一の満足できる復讐は、殺人者の血を流すことであり、報復は別の報復を呼び起こす。彼は、「復讐の行為の対象となる犯罪は、前例のない犯罪であることはほとんどなく、ほとんどすべての場合において、何らかの先行する犯罪に対する復讐として行われたものである」と指摘したうえで、「復讐とは無限に繰り返されるプロセスである」とのべている。ゆえに、復讐が共同体の一部に現れると、共同体全体を巻き込む恐れが生じる。だからこそ、復讐が復讐を引き起こすという悪循環を断ち切る工夫が必要となる。逆に言えば、部族社会の内部に復讐の連鎖が認められているかぎり、戦争が継続し、それぞれの共同体に凝集性や同一性をもたらすが、他の氏族・部族を征服し支配して国家を形成することを抑止する。復讐の連鎖が全体としての部族社会を弱体化させるからだ（柄谷行人著『力と交換様式』を参照）。

これを避ける方法として考え出されたのが生け贄であるとジラールは考えている。生け贄（犠牲）のプロセスは、復讐心を抑えることによって暴力の蔓延を防ぐのだ。宗教や刑罰を科す司法制度によっても、復讐による連鎖を断ち切ることは可能だが、そうした制度化の前段階として、生け贄による犠牲をささげるという供儀の段階があった。

「生け贄」＝「代理被害者説」（surrogate victim theory）

『金枝篇』で知られるジェームズ・フレイザー卿は、超自然的な事物を信じない魔術的段階を宗教的段階と明確な線で区別している。魔術的

段階においては、世界との妥協は、神性に頼ることではなく、自然現象の模倣によって、原始人が行うことを世界が行うように仕向けることによって行われる。つまり、原始人は、自分の望ましい目的のために、自然現象を再構築し、あるいはただ模倣するというのだ。

ただ、人身御供が行われた痕跡がとくにはっきりと残っているされる「ベルタン（ベルテン）の火」についての『金枝篇』における記述（https://www.bartleby.com/196/155.html）を読むと、炎に焼かれる犠牲者を決めるためにケーキが使われてきたという、偶然性に委ねることで生け贄を選ぶという手続きに神性の仮託をみることもできる。

実は、あの言語哲学や分析哲学の巨人、ルードヴィヒ・ウィトゲンシュタインには、「ジェイムズ・フレザーの「金枝篇」についての考察」といった論文があり、ベルタンの火についても言及している。彼にとって、この祭りの起源にあるとされる人間の犠牲の喚起は、それ自体何も説明しない。ウィトゲンシュタインはつぎのように書いている[11]。

「そもそも人間の生け贄をそれほど深く、不吉なものにしているのは何か。犠牲者の苦しみだけが、私たちを感動させるのか。あらゆる種類の病気が同じように苦しみをもたらすが、このような印象は与えない。いや、この深く不吉な側面は、外的行為の歴史についての知識からだけでは自明にはならず、むしろ私たち自身の内的経験に基づいて、それをそれらに付与する（それをそれらに再導入する）のである。」

たぶん、ジラールが指摘しているのように、生け贄は生け贄としてささげられる前に、原則として神性の承認を得なければならないのであって、そこに「不吉さ」が付随することになるのではないか。それは、動物であっても、人間であっても同じである。

生け贄はケーキの選択やくじ引きという偶然性のもとで選択されることが多い。「儀式によって定められた偶然が与える力には、常に神聖な要素、つまり神聖な「対立物の融合」が含まれている」というジラールの指摘はきわめて重要である。彼はここに、殺人者自身ではなく、殺人者に近い人物を殺すことによって、完全な互酬性の行為を回避するという工夫をみている。もし反暴力が加害者自身に加えられれば、まさにその行為によって、元の暴力行為に参加することになり、暴力の連鎖につ

ながってしまう。つまり、「有罪の当事者を犠牲者にすることは、復讐の役割を果たすことであり、暴力の要求に服従することになる」から、実行犯への報復という「純粋な復讐」は避けなければならない。したがって、「神聖化された正当な暴力の形式を選び、それが論争と逆襲の対象になるのを防ぐことによってのみ、制度は復讐の悪循環から自らを救うことができる」とジラールは指摘している。

　暴力に終止符を打つことができるのは暴力だけであり、それゆえに暴力は自己増殖する[12]。だれもが最後の一撃を与えたいと願い、真の結論に達することなく報復が報復につづくことになる。この連鎖を止めるには、敵に犠牲者を差し出すことで、敵に復讐を求めないこと、新たな侮辱を与えるような行為をしないこと、そして相手にさらなる報復を求めるように仕向けることで、問題を頓挫させようとする知恵であった。これこそ、生け贄（犠牲）のプロセスなのだ。こうして、ジラールは生け贄の「代理被害者説」（surrogate victim theory）を主張している。

悪事に対する対処

　おそらく古代社会においては、犯した悪事に対して罰を与えることは、「マイナス」に対する対抗措置によって均等性を回復するために、いわば義務のようになったに違いない。悪によってもたらされる損失というマイナスに、罰という反作用を加えることで、バランスを保とうとする。そこに、負の互酬性を見て取ることができる。ただし、それはあくまで罰であり、刑罰ではない。未開社会では、掟という権威がすべてであり、権威をもった呪術のもとに罰せられれば、それで万事休すなのである。

　不当な行為が罪であるとしても、責任の概念が当初、個人の責任という概念から独立していたとすると、その罪に対する罰は、そうしなければコミュニティ全体に怒りが降りかかるかもしれない、怒った神への必要な生け贄として説明されることになる。そこで問題になったのは、だれかの行為によって損害が発生したという事実である。故意か過失かといった「事故」の主観的状況は二次的にしか重視されず、何よりも大切なのは、悪の要素を取り除かなければならないという宗教的信念であり、呪術や悪魔憑きなどの宗教的な信仰が何の罪もない個人や家族に罰を与えることを正当化することになる。つまり、当時の罰はいわば、「神にささげる生け贄」のようなものと理解できる。

こうした呪術は宗教自体の変化によってもたらされた点に注意喚起しておきたい。遊動的な段階では、人々はアニミズムをもっていたが、それは死者が出れば、その場で埋葬するだけで、死者・先祖神への信仰はなかった。定住化によって、人々は死者のアニマと共存しなければならなくなる。柄谷行人著『力と交換様式』によれば、「いいかえれば、そのとき、死者との「交換」が始まった。死者を弔うことは、〝贈与〟することであり、それは当然、死者に返礼を強いるものである。こうして、互酬交換が宗教を変えた。つまり、それが初期アニミズムから、呪術や先祖崇拝への発展をもたらした、といってよい」という。

　別言すると、こうした古代の共同体（氏族社会）では、同じ集団を形成する一族は個々のメンバーによってもたらされる利益を享受する一方で、そのメンバーが引き起こした損失に対して苦しみ、支払わなければならなかったのである。これは、一族がその構成員の誰かによって引き起こされた損害に対して集団的に責任を負うことを意味する「共同体責任」の体制にあることを示している。ただし、これは集団のなかで加害者を特定しないことを意味しない。「有罪であることがわかるからこそ、その人を助けることを選ぶ」という共同体全体の収斂化・結束化という原理の存在こそ、その集団、共同体の存続につながっていたと考えられるのだ。

　悪事への対処法は、一族の一員によるものか、外部の人間によるものかによって異なっていたことも重要である。同じ一族の一員による被害であれば、その損失は災難として扱われたが、偶発的なものでないことが判明した場合には、その一族の長は不法行為者を処罰する可能性が高まる。その場合でも、「集団の損失が重複することを避けるため、物理的な報復が行われることはほとんどない」、と考えられている。共同体責任のような原理が何よりも尊重されていたのではなかろうか。

　これに対して、部外者から被害を受けた場合は状況が大きく異なる。この場合、報復のルールは、部族間の均衡を取り戻すために許容される報復の尺度を規定した。しかし、その尺度を形づくるには、長い時間を要した。神々が自分の犯罪を見抜き、罰することができると信じていた共同体では、社会から発見され処罰される可能性が低くても、不正行為への抑止力が働いていたから、報復の尺度を定めた法の必要性を認識するのに時間がかかったのかもしれない。ゆえに、「部族は、その犯罪が

あらゆる境界を越えるほど重大な場合を除き、単に何もしない」場合も
多かったとみられている。

（4）身代わりから贖罪へ

　ここからは、生け贄（犠牲）から身代わり、さらに贖罪への道のりに
ついて考えてみよう。　歴史的にみると、贖罪という行為にも負の互酬
性が関係している。贖罪とは、犠牲や代償をささげることによって罪過
を償うという意味をもつ。それは、あるふるまいに対する反作用であり、
「報い」という言葉を想起させる。刑罰も復讐も報いだが、後者はある
ふるまいと同じ外面的な現れ方を重視する。いずれにしても、贖罪は被っ
た、あるいはこれから被る損害への対応であり、そこに負の互酬性をみ
ることができる。

「神強制」から「神奉仕」へ

　まず、贖罪という行為が意味することを、負の互酬性との関係におい
て考えておきたい。エミール・デュルケームは『宗教生活の原初形態』
において、「聖なる」禁忌としての「ネガティブな儀礼」（接触の禁止、
断食など）と、「ポジティブな儀礼」を区別し、後者には、「悦ばしい祝祭」
（交霊的・共餐的供犠、模擬的儀礼、記念的・再現的儀礼）と「悲しい祝祭」（贖
罪的供犠）があるとしている。おそらく最初の供犠は「悲しい祝祭」と
して流血を伴ったものであっただろう。神々への恐れがあったからこそ、
その恐れを除去するために人間の犠牲が強制されたのだ。
　ここで、宗教自体の変化を想起しなければならない。神の前に人間が
拝跪して礼拝する「神奉仕」（Gottes‐dienst）の段階の前には、マックス・
ウェーバーのいう、人間が精霊に呼びかけてその加護を要求する「精霊
強制」（Geistes‐zwang）ないし「神強制」（Gottes-zwang）という段階があっ
たと思われる。氏族社会には、それぞれの神があり、しかも、それらの
神はともに、人が贈与し祈願すれば、神は人の願いを聞かなければなら
ないような存在にすぎなかった。神々は、氏族ごとにそれらを守る「氏
神様」のような存在であって戦闘で敗れれば棄てられるものであったの
だ。ゆえに、複数いる神への風当たりは相当強かったことになる。

たとえば、神の代弁をし、イスラエルの民を導くとされる預言者が神への贈り物に反対を表明するようになる。紀元前８世紀半ばになると、裁き人(士師)への贈り物も攻撃対象となる。イザヤ書１章23の部分では、贈り物を受け取った裁き人を「反逆者」、「悪党の仲間」呼ばわりし、贈り物を貪欲に渇望する姿勢を指弾している。

　一神教としてのユダヤ教は、紀元前６世紀のバビロン捕囚前後に明確になった。ユダヤ教は唯一神ヤハウェのもとで、ほかの一切の神々を否定し、天地を創造した全知全能の神をおく。ヤハウェはもともと、善悪を抜きにして暴力をふるう「大自然災害の神」であって、イスラエルの人々はヤハウェにその無類の「力」を求めた。それを、政治的・軍事的必要から、新たな神に仕立て上げたのがモーセであった。戦争に勝利するための神ヤハウェが、バビロン捕囚を契機に、民族の結束を可能にする、共同体の規範を根拠づける道徳的で合理的な存在にまで格上げされたのだ。これは、マックス・ウェーバーのいう、人間が精霊に呼びかけてその加護を要求する「精霊強制」(Geistes – zwang)という呪術を否定し、神の前に人間が拝跪して礼拝する「神奉仕」(Gottes – dienst) へと大きく舵をきったことを意味している。

　捕囚としてバビロンに連れていかれた人々の間で、戦争に敗れ国が滅んでも、神が棄てられず、逆に人間にその責任を問うような転倒が生じたのである。それは「精霊強制」ないし「神強制」(Gottes – zwang)の断念を意味している。そこには、もはやソロモン王の時代にあった、神と人間の「互酬的利他行動」(後述)はない。一方的な奉仕があるだけだ。ヤハウェの律法を守ってバビロンでの窮状を耐え忍べば、必ず輝かしい将来が待っている——と信じることで、人々はヤハウェに帰依したのだ。ヤハウェが絶対者となり、王はヤハウェの意思を体現する預言者によってしか戴冠できなくなる。しかも神と人間とを仲介する預言者は王の政治を批判する役割を担うようになる。

　「神奉仕」の段階になると、天変地異といった何らかの被害に遭遇した後に、供犠という贈与を通じて平穏という返礼を得ようとするようになる。その意味で、これは贈与と返礼という「正の互酬」に関連している。ここで注目に値するのは、神ないし神々が天変地異をもたらすという災禍があっても、人間はその神々に報復するのではなく、逆に供犠をささげるという贈与をすることで、平穏という返礼を期待することだ。とく

に、一神教にあっては、神を捨てようとしても代わりは存在せず、ひたすら一神に帰依するしかない。その後、日々の平穏に感謝する儀礼の必要性も生まれるが、それは平穏という贈与に対する感謝という返礼を意味し、正の互酬性に属している。

さらに、神による人間への働きを過去にみるのではなく、神に日常的に贈与することで将来の神の怒りを制御するという発想が生まれる。こうして、神意を過去にだけ見出すのではなく、神への贈与によって神から将来的な利益を得ようとする企みが芽生える。この段階では、神ないし神々による災禍への報復や仕返し、棄神はありえなくなる。

国家の形成と宗教の国教化

氏族社会や部族社会の間で繰り広げられた戦争は復讐の連鎖を繰り返し、結局、他の氏族・部族を支配する国家を形成するには至らない。ゆえに、「国家は、氏族社会あるいはその拡張である首長制社会の内部からは出てこない」(柄谷行人著『力と交換様式』115頁)。国家が成立するのは、首長とそうでない者との間に「支配−服従」関係が成立することであり、この柄谷が交換様式Bと呼ぶ関係は「自発的に服従する奴隷」と呼べるような「臣民」が生まれたときに生じる。部族間の戦争によって捕虜となった者が官僚化し、積極的に王の命令に従う「自発的に服従する奴隷」となり、彼らの指導で灌漑や交易港がつくられるようになる。こうして、首長が他の祭司や戦士を抑えて「神聖なる王」となる。ウェーバーのいうカリスマ的支配の誕生である。

この国家形成は都市の形成と切り離せない。都市は交易の場であるとともに、それを外敵である海賊や山賊から守るべき城壁都市、すなわち武装した国家でもあったことになる。この多数の都市国家の抗争を通じて領域国家が形成され、さらに、それらの抗争を経て、「帝国」が誕生する。その帝国を可能にしたのは、①自発的な服従を促す交易の制度化(道路整備、通貨や度量衡の統一)、②文化・言語を通じた統一性の確保、③法の支配、④王の一層の神格化──などである。もちろん、暴力も重要な役割を果たしたが、①から④もきわめて重要であった。宗教について言えば、④は超越的な神という観念を生み出し、皇帝がそうした超越神と結びつくことで帝国支配をより安定化するのに役立ったのである。

これをまとめると、つぎのようになる(柄谷行人著『力と交換様式』154

〜 155頁）。

　「国家は、さらに他の国家との交通（戦争と交易）を経て、多数の部族・都市国家を包摂した帝国となった。その過程で、王権は多数の首長や王を抑えるために、それぞれのもつ神々を超える、新たな神を導入する必要があった。それによって、神は「世界神」となり、宗教は「世界宗教」となったといえる。」

　柄谷は、帝国を支える一神教（エジプトのイクナートンなど）と、帝国の中心ではなく周辺部に出現する「普遍宗教」を区別している。具体的には、ゾロアスター教、ユダヤ教、キリスト教、仏教などがある。ゾロアスター教も仏教も国教化されることで、王権への服従を意味するようになる。キリスト教も392年にテオドシウス1世によって国教となって以降、同じ道をたどったが、アウグスティヌスは『神の国』（426年）を書いて、帝国支配自体を批判したのである（アウグスティヌスについては、注(14)を参照）。

贖罪と「互酬的利他行動」

　ルター派の神学者ヨアヒム・エレミアスによる分類では、贖罪には、①悔恨（不作為の罪が償われる）、②贖罪の日の犠牲（レビ記16章にあるユダヤ教の贖罪の日ヨム・キプルに関連）、③苦しみ（悔恨と犠牲と苦しみは神の手による破壊の罰に値する罪を贖う）、④死（悔恨と犠牲と苦しみと死は、人が神の名を冒涜したときの贖罪のためにともに必要である）——という四つがある。(13)これは、贖罪に段階があることを示している。彼は、どんな死も、たとえ犯罪者の死であっても、それが悔い改めと結びついていれば、贖罪の力があったとした。罪のない子供の死は、両親の罪を償うことになったとされた。ただ、エレミアスは、贖罪の手段はいくつあるのか、贖罪できない罪があるのか、といった問題には注意を払っていない。

　ここで思い起こすべきは、全人類が罪のもとにあるということ、すなわち、皆罪人であるということをテコにしてパウロが万人救済論を組み立てたことである。(14)ユダヤ人に限定されていた救済対象を全人類へと広げるというパウロの宗教改革によって、罪を贖うという問題がキリスト

教世界における大問題となったことになる。だからこそ、贖罪というキリスト教上の概念がいまも世界に大きな影響をおよぼしているのだ。それだけではない。万人救済論はキリストへの信仰を前提とすることで、贈与と返礼という互酬性に潜む「信頼」を、国家との服従・保護関係や商品や貨幣の交換関係にも適用することの重要性を教えた。贖罪の問題は神と人間との信頼関係の問題であり、その信頼関係は互酬性、国家への自発的服従、信用制度に底通するものとして世界史に大きな影響をおよぼしたのである。

　贖罪の最大の問題は、イエス・キリストの十字架の上での死をどう解釈すべきかである。この死は供犠のようにみえる。生け贄の子羊のように、キリストが神にささげられているように映る。この贖罪は人間の犯した罪をキリストが死によって贖うことで、互酬的な贈与の関係のなかで罪と罰とのバランスがとれ、帳尻が合ったとみなすことを可能にした。

　だが、キリストの死による贖罪はそのような "give and take" といった軽々しい関係のなかに収まりきれるものではない。この贖罪が意味しているのはむしろ、贈与と返礼との均衡に正義をみる論理そのものを否定することであったのではないか。キリスト教では、互酬的な原理そのものをキリストの死によって否定することで、互酬的な均衡の論理を葬り去ろうとしているようにみえるし、また、そう解釈すべきものなのだ。

「純粋贈与」

　これは、「純粋贈与」と呼ばれている返礼を期待していない行為を想起すればわかりやすい。『贈与と交換の教育学』のなかで、矢野智司は純粋贈与の例としてつぎのような事例を挙げている[15]。

①　ソクラテスの哲学伝播とその死。

②　イエス・キリストの教えと、その十字架上の死。その後の使徒たちによる伝道。

③　夏目漱石の小説『こころ』における、「先生」の自死。その後の「私」による追想と手記の執筆という小説形式。

④　人間世界の外部（＝自然）から、人々のために物語を受けとってくるという、「ミメーシス」（ほかのものになる働き）を行った宮澤賢治。

⑤　異邦人ゆえに手を差し伸べる歓待。蕩尽。

⑥　体験としてのボランティア活動。

　純粋贈与は無償の贈与行為を意味している。名前も知らない他者に対する無償の贈与行為は、「共同体における交換の均等（均衡）に枠づけられた正義ではなく、共同体の外部に開かれた正義の原理になりうるもの」なのである。

　ここにあるのは、いわゆる「互酬的利他行動」に基づく関係に入ること自体の否定だ。「利他行動」は、通常、「その行動を行う生物にとって明らかに有害である一方で、近縁ではない別の生物に利益をもたらす行動」（たとえば、ある人間が血縁関係のない溺れそうな人を助ける）という意味で使われている。さらに、広義にとらえると、「自分以外の者に利益をもたらす行動」と解釈することも可能だ。

　そのうえで、互酬的利他行動は主として非血縁者への利他的行動を説明するものとして使われている。事故、略奪、侵略などの危機における扶助、食料の分かち合い、傷病者や幼児・高齢者への支援、道具や知識のシェアといった行為は利他行動にみえるが、自分がしたのと同等かそれ以上の見返りをのちに得ることを想定して行う援助行動ともみえる。これらを「互酬的」な利他行動と考えるわけである。「お返しを期待して他者を助ける行為」は、利他的行動には映らないかもしれないが、ともかくも、こうした行為を"reciprocal altruism"と呼ぶのである[16]。

贖罪をめぐる互酬的関係

　ここまでの理解をもとに、もう一度、贖罪をめぐる互酬的利他行動に基づく関係について考えてみよう。すでに指摘したように、キリストの磔刑は互酬的利他行動を否定するものであったのであって、そこに贈与と返礼という互酬的関係を持ち込むことは適切ではない。なぜなら、「共同体における交換の均等（均衡）に枠づけられた正義ではなく、共同体の外部に開かれた正義の原理になりうるもの」は、「純粋贈与」の形態をとる必要があるからだ。

　まず純粋贈与においては、贈与と返礼という、価値などの量ではかることを前提とする債権・債務に置き換え可能な関係そのものが拒否されている。そのうえで、他者にどう向き合うか、どう奉仕するかが問われることになる。もちろん、これは互酬的利他行動に潜む共同体内交換における正義の押しつけの拒否を意味している。そうすることで、共同体

の外部にも開かれた正義の原理として、純粋贈与を共同体の外部にも広めることができるのである。したがって、純粋贈与はそのリレー性を特徴とする。純粋に贈与をしたいという「衝動」のようなものに導かれてなされる贈与は受け取った者の心に響き、共同体の外部にある人々を含めた多くの人間に新たな純粋贈与を引き起こすだけの力をもつことになる。だからこそ純粋贈与は主権国家という共同体を超えて地球全体に広がりうるだけの力をもつ。

　だが、西洋の歴史は、「互酬的な贈与の（自己）否定」がもたらしうる帰結を否認し、抑圧することを繰り返す。つまり、贈与と返礼という関係に執着した見方が広まるのである。あるいは、損失に対する復讐・報復・制裁による互酬性の回復への執着が深まる。これは、イスラーム教や儒教とは異なり、キリスト教の布教にカトリック教会が大きく関与してきた歴史がかかわっている。「神－人間」との間に「神－教会－人間」という関係が生まれ、神の管理代理人（スチュアード）としての教会が「聖なる権威」のもとに「俗なる権力」と覇を競うなかで、教会は贖罪を自らの勢力拡大に利用しようとしたのである。ゆえに、「純粋贈与」の思想がしおれてしまう。それは、被害に対する代償として、復讐するのか、報復するのか、それとも制裁を加えるのか、あるいは忘却するのか、といった対応にも影響をおよぼしたに違いない。キリスト教神学による贖罪の利用こそ、現代までつづく西洋文明のもつ隠れた「咎」のようなものなのである。

「赦し」の問題化

　贖罪を意味する "redemptio" は、「買う」を意味する "emere" に由来する "emptio"「買い受ける」（purchase）につながり、"re-(d)emptio" は「再購入」にあたるとみなす考えが広がる。買い手、代価、商品があることになる。買い手はイエス・キリストであり、代価はイエスの死であり、買い戻されたのは「我々」ということになる。イエスは悪魔から我々を買い戻したことになる。こう考えると、人間が買い手として代価を支払って、人間の罪を悪魔から解き放つ行為がイエスの行った行為と似てみえてくる。また、贈り物が贈り手の本質にかかわるものを与えるという点で賄賂とまったく異なっているという見方が生まれることにもなる。イエスは命を投げ出したのだから。

こうしてこの世の終わりにおいて人類すべてが裁かれる最後の審判において、人間はどうすれば、どんな贈り物をすれば救われるかが大きな関心事となってゆく。そこに「赦し」が問題になり、過去の罪をどう贖うかが問われることになる。11世紀末の第1回十字軍において、これに参加すれば「罪の赦し」が得られるというウルバヌス2世の宣言は十字軍で死んだ兵士は直接、天国に行けるという話につながった。まさに人間の本質である生命を賭けた活動と位置づけられたわけである。半面、これは十字軍の費用への寄付といった善行で罪が赦されるという「贖宥」（indulgence）の見方を強めた。他方、世俗に対しても裁判という世俗の審判における「赦し」が問題化する。

「贖い」と「禊」の差について

贖罪の「贖」は「贖う」（あがなう）ことを意味し、贖贖（しょくきゅう）、すなわち「財をもってその罪を贖う」ことを言う（白川静著『字統』）。「贖う」は、「金品を代償として出して、罪をまぬかれる。転じて、つぐないをする」という意味をもつ（『広辞苑』第3版）。これに対して、「禊」（みそぎ）は、「身に罪または穢れのある時や重大な神事などに従う前に、川や海で身を洗い清めること」を意味している（同上）。「徐廣（じょくわう）曰く、三月上巳（じょうし）、水に臨んで祓除（ふつじょ）す。之を禊と謂う」という史記の記述はまさに「みそぎ」を示したものだろう（白川静著『字統』）。

贖罪を意味する英語は、atonement とか redemption と表現される。そこで、ここで「救済的暴力の神話」（Myth of Redemptive Violence）の話（https://www2.goshen.edu/~joannab/women/wink99.pdf）をしておきたい。この言葉はニューヨークのオーバーン神学校で聖書解釈の教授を務めているウォルター・ウィンクによって唱えられたものである。なぜキリストの磔刑に伴う人類の救済という贖罪の話が暴力と関係づけられているのだろうか。それは、民衆のすべての罪を背負わせて荒野に送るスケープゴートという役割をイエスに負わせ、その身代わりとしてのイエスの死、それに伴う苦しみをも認めるという構造を受けいれるというキリスト教の特徴のためである。キリストの贖罪が暴力の報いを前提としているゆえに、贖罪と暴力は切り離せない。この結果、現実の暴力に対して、「悪いことをすれば、その報いを受けなければならない」という信念の

ようなものが育まれることになる。そのとき、その罰は報復的な暴力を含む。

ウィンクは、"redemptive violence" という、直訳すれば、「贖い的暴力」が「救済的暴力」として、犯罪問題などの問題に対処するにあたって暴力がほかのどの代替手段よりも「有効」であるという「神話」が生まれていることを批判している。「この「救済的暴力の神話」こそ、現代世界の真の神話である。ユダヤ教でもキリスト教でもイスラーム教でもなく、この神話が今日の社会を支配する宗教なのだ」と、ウィンクは指摘している。「要するに、救済的暴力の神話とは、暴力によって秩序が混沌に打ち勝つという物語である」とするウィンクは、つづけてつぎのように書いている。

「戦争で平和を、強さで安心を。これらは、この古代の歴史的宗教から生じる核となる信念であり、あらゆる社会で支配体制が確立されるための強固な基盤を形成するものである。」

彼が言いたいのは、この暴力を肯定する見方が支配者権力に利用されているという現実への警鐘である。マンガやアニメを使って一度、支配者社会の期待に洗脳された子どもは、すべての悪を自分の外に求める必要性を決して捨て去ることはなくなり、大人になっても、世の中の悪いことはすべて他人のせいにする傾向を身につけるというわけだ。彼らは、幸福感を得るために、集団の同一化と社会的規範の支持に依存し続けるのである。こうして、「暴力を快楽的、魅力的、娯楽的にすることで、権力者は人々を騙して、自分たちの命そのものを騙し取っているシステムに従わせることができるのである」と、ウィンクは指摘している。

もっとも重要なことは、こうした暴力を "redemptive" という言葉を使って聖書の信仰に結びつけている点にある。聖書の信仰にある「権力と支配」は、旧態依然とした迷信の証拠でもなければ、知的洗練の世界では時代遅れの基準点でもないというのが、ウィンクの主張である。むしろそれらは、私たちの時代と場所の公的機関のなかで実現された霊的な力の中心であるというのだ。こうした問題を論じたのが彼の著書『権力との関わり：支配の世界における見識と抵抗』ということになる。[17]

「贖い」と「禊」のルーツ

その前に、「贖い」と「禊」の差について、もう少しだけ考察をつづけたい。スティーブン・フィンラン著「キリスト教思想における贖罪に関する選択肢」（https://www.researchgate.net/publication/322472706_Options_on_atonement_in_Christian_thought）を参考にしながら、「贖い」と「禊」のルーツについて考えたい。

まず、「贖い」（redemption）とは、奴隷の購入、奴隷を解放するための解放金の支払い、あるいは人質の身代金のことを指すと紹介されている。つまり、贖罪の支払いは命を救うことになり、それがやがてパウロによるイエスの死の解釈、身代わりとか贖罪に適用されることになる。

そこで、今度はユダヤ教における「贖罪」（atonement）の思想と実践の系譜をみてみると、「贖罪は、古代の宗教的な概念に基づくものである」とフィンランは指摘している。一つは「神聖さ」であり、これは分離、つまり俗悪な人間と畏敬の念を抱く神との間の必要な距離を意味している。これは聖なるものの脅威と恐怖の側面を示している。この分離は境界線をつくり出し、司祭によって解釈される境界線の強制という事態につながる。

境界を越えるということは、危険、報復、ペナルティを意味する。神々の邪悪な、あるいは危険な気分に関する懸念は、宗教心理学の非常に原始的なレベルに由来し、忌み嫌う、なだめる、媚びる、欺くといった、司祭の神々に対する戦略は、しばしば生け贄（犠牲）の儀式と関連づけられるようになる。

フィンランによれば、穢れや罪の概念が長い時間をかけて発展するにつれ、道徳的な反省がなされ、霊的な力の信頼性が徐々に高まっていることがわかるという。神の怒りは主に不正や残酷さに向けられたものであり、儀礼的な違反に対するものではないと考えられるようになる。こうして、贖罪は犠牲の神学の上に成り立つようになる。その結果、贖罪の根源の一つは、焼いた動物の煙で実際に神を養うという古代の考え方にある、とフィンランは記している。　祭司の仕事は「主の供え物を火でささげ、彼らの神の食物とすること」になり、ヤハウェは「火による私の供え物のための食物、私の心地よい臭い」を要求するようになる。

神をなだめることは、生け贄をささげる文化をもたらす。創世記、サムエル記、列王記の一部では、神の怒りを食物の支払いで鎮めるという

考え方が理解されている。しかし、旧約聖書の5書（「創世記」「出エジプト記」「レビ記」「民数記」「申命記」）の著者・編集者は食物の支払いとしての犠牲という考えを気にかけず、儀式の浄化や不浄の浄化に関心を向ける。このとき、生け贄とは、精神的に清める物質（血）を得るためのものとなる。ハッタートと呼ばれる「罪のささげ物」や「清めのささげ物」から得られた血は、不浄が宿った神殿の様々な設備を清めるために使われるようになる。その結果、「贖罪の日」は「清めの日」となる。

　こうして "purging"、"cleansing"、"purification"、"purgation" といった「禊」を表す言葉が贖罪と結びつくようになる[18]。フィンランは、「"purging" ないし "cleansing" の基本用語、"kipper" はもっぱら生け贄を意味する言葉でなかったが、償いの思想と表裏一体であった」と指摘している（償いには、悔い改め、謝罪、賠償、懺悔が含まれている）。この "kipper" は贖罪を意味しており、"kopher" と同義語であるとされる。後者は支払いであり、具体的には「失われた命の贖罪のための支払い」を意味する。

　ここで、古代ユダヤの神殿神学の先駆的研究者、ヤコブ・ミルグロムが ḥaṭṭā't（伝統的に「罪の捧げ物」と訳されてきた）と kipper（しばしば「贖罪」と訳されてきた）の従来の訳語から決別し、これらの言葉をそれぞれ「清めの供え物」と「清め」を意味すると主張するようになったことを思い出してほしい[19]。

　フィンランによれば、この "kipper" は「和解する、なだめる、きれいに拭き取る、支払う」といった意味をもつようになる。この贖罪儀式では、神による暴力が起こりうる環境と、なだめか魔法に基づく救済が想定されている。当初、この贖罪は道徳的な決断や改革とは関係なかったが、紀元前516年から紀元後70年までの間エルサレムの神殿の丘に建っていたユダヤ人の重要な神殿（第二神殿）時代の後期にようやく、悔い改めが犠牲の効力に不可欠であると考えられるようになる。こうして贖罪の儀式は、倫理的な意味を持つようになる。

　最後に、ヘブライ語の "yom kippur"（ヨム・キプル）、すなわち「贖罪日」というものがいまでも行われていることを紹介しておきたい。この日はユダヤ教のもっとも厳粛な祭日とされている。ユダヤ歴の正月に当たるティシュレ月10日に行われる。旧約聖書のレビ記16章によると、大祭司は自分自身と祭司家の罪を贖うための雄牛をささげたのち、民衆の罪

を贖うためヤギをささげる。つぎに、荒野の悪霊アザゼルのために選ばれたヤギに，民衆のすべての罪を背負わせて荒野に送る。このヤギこそ、贖罪羊、すなわちスケープゴートである。重要なのは、ヨム・キプルにおいては、人と神との間の罪は償うことができるが、人とその仲間との間の罪は、その仲間をなだめるまでは償えないとみなしている点だ。

パウロの贖罪論

　使徒パウロの手になる書簡「ローマ人への手紙」と「ガラテヤ人への手紙」において、①神はイエス・キリストを立てて、その血による信仰をもって贖いの供物とした、②すべての人はイエスの贖いによって義とされる（神の目から罪がないもののようにみなされる）、③人が義とされるのは、律法の行いによるのではなく、信仰による——といった内容が語られている。パウロが示そうとしたのは、①赦しだけでなく、救いが律法の行いによらずに可能であること、②そのように贖われた者にはもはや律法は何の拘束力もないこと、③キリストの死は、単に個人の過去に対する赦しだけではなく、ユダヤ人と異邦人に対する律法の主張が取り消され、彼自身が耐え難いと感じていた重荷が取り除かれる根拠となったことであるらしい。

　ここで重要なのは、パウロの提示した説明によって、悪いことをしたら罰で償わなければならないという考え方が強くキリスト教徒に植えつけられることにある。しかも、その償いには暴力がともなっている。悪いことをすれば，その報いを受けなければならないことになる。他方で、「ローマ人への手紙」（12章 19節）には、「復讐してはならない。神の怒りのために余地を残しておきなさい」といった内容が書かれている。そして、主は「復讐するのは私であり、報いるのは私である」としている。本書がスポットを当てている復讐について、復讐は神が行うものであって、人は復讐してはならないと明言している。それでは、人はどうしたらいいのか。そこに教会の出番が生まれる。キリスト教の国教化は国家と教会との結びつきを決定的なものとしたのである。

　ウクライナ戦争が復讐によって引き起こされた面があるとすると、過去の暴力行為を被った側の怒りや恨みが引き起こす復讐劇に対して、過去の罪の贖い方が問われていることになる。「西洋の歴史は、「互酬的な

贈与の（自己）否定」がもたらしうる帰結を否認し、抑圧することを繰り返す」と書いたが、ウクライナ戦争における復讐には、「互酬的な贈与の（自己）否定」ではなく、一方の自己が被った損害を他方の他者への攻撃によって取り戻そうとする関係性、すなわち「負の互酬性」が随伴しているのだ。だからこそ、ヨーロッパで起きた今回の戦争はキリスト教の世界と関連づけながら考察する必要があると思われる。

［第4章　注］

(1) 大澤真幸『〈世界史〉の哲学　現代篇1：フロイトからファシズムへ』講談社 , 2022, 104 頁を参照。カール・ヤスパース著『ヤスパース選集11　ニーチェとキリスト教』（Karl Jaspers, Nietzsche und das Christentum, 1946= 橋本文夫訳）のなかでは、「落ちぶれた人、劣等な人たち、しいたげられた賤しい人たち、月なみで平凡な人たちが抱く怨恨」として、ニーチェのルサンチマンが表現されている。

(2) 幸徳秋水の遺作『基督抹殺論』では、「基督教徒が基督を以て史的人物となし、其傳記を以て史的事実となすは、迷妄なり」として、キリスト自体の存在が否定されている。なお、負い目とか個人的責務といった感情の起源を、買い手と売り手、債権者と債務者間の関係にみるニーチェの思想は、その前段階に贈与と返礼に基づく互酬があったことを無視している（柄谷行人著『力と交換様式』85 頁参照）。

(3) ユダヤ教の伝統は、人間の不完全さを、エデンの園のアダムとエバ（イブ）による「原罪」の結果だとは理解していない。罪とは、ヘブライ語でイエッツァー・ハラ（悪への傾き）として知られる人間の負の傾向や傾きの結果であり、イエッツァー・ハトーブ（善への傾き）の影響によって人生を肯定する方向に導かれるべきものとされる（「罪と赦し」[https://www.reconstructingjudaism.org/article/sin-and-forgiveness/] を参照）。ヘブライ語の「罪」（het）は、文字通り、的外れな矢のように、道を踏み外すことを意味する。弓矢が的を外しても、それは永久に失敗というわけではなく、むしろ、射手は矢を的に近づけ、最終的にはその中心をねらいつづけられる。

(4) William Ian Miller, Eye for an Eye, Cambridge University Press, 2006, No.

141（電子版使用）.

(5) Vincy Fon & Francesco Parisi, The Behavioral Foundations of Retaliatory Justice, Journal of Bioeconomics, Springer, Vol. 7 (1), 2005.

(6) R. McDermotte, et al., Monoamine oxidase A gene (MAOA) predicts behavioral aggression following provocation, 2009（https://www.ncbi.nlm.nih.gov/pmc/articles/PMC2650118/）.

(7) D. Chester & C. DeWall, The Pleasure of Revenge: Retaliatory Aggression Arises from a Neural Imbalance Toward Reward, Social Cognitive and Affective Neuroscience, Vol. 11 (7), 2015.

(8) Daniel Friedman & Nirvikar Singh, Negative Reciprocity: The Coevolution of Memes and Genes, UC Santa Cruz Economics Working Paper No. 560, 2004 (posted).

(9) René Girard, Violence and Sacred, Originally published in Paris in 1972 as La Violence et le sacre, first published in 1988, translated by Patrick Gregory, and Bloomsbury Revelations edition first published in 2013 by Bloomsbury Academic, This edition 2005.

(10)「フレイザーの人類学理論における神話の位置づけ」（https://www.academia.edu/44146436/The_Position_of_Myth_in_Frazers_Anthropological_Theory）を参照。

(11) Stephan Palmié, "Translation is Not Explanation: Remarks on the Intellectual History and Context Remarks on the Intellectual History and Context," The Mythology in Our Language, Hau Books, 2018, p. 161.

(12) 暴力については、ヴァルター・ベンヤミン著『暴力批判論』（Benjamin, Walter, B. S., Zur Kritik der Gewalt, 1921＝野村修編訳『暴力批判論』岩波文庫, 1994）が参考になる。彼はそのなかで、「正しい目的は適法の手段によって達成されうるし、適法の手段は正しい目的に向けて適用されうる」というドグマをめぐって、「手段の適法性と目的の正しさについて決定をくだすものは、決して理性ではない」と指摘する。そして、「前者については運命的な暴力であり、後者については――しかし――神である」と述べている。前者は「神話的暴力」（force）であり、後者は「神的暴力」（violence）であるとしたうえで、ベンヤミンは、「非難されるべきものは、いっさいの神話的暴力、法措定の――支配の、といってもよい――暴力である」としている。

(13) Joachim Jeremias, New Testament Theology: The Proclamation of Jesus,

Scribner's, 1971.

(14) パウロの万人救済論を裏で支えているのは、人間が魂と肉に分裂していると
いうパウロの確信であった。この対立を癒すには神の恩寵が必要だと考えた
のである（詳しくは、ハンナ・アーレント著『責任と判断』[Hannah Arendt,
Responsibility and Judgment, 2003= ジェローム・コーン編、中山元訳, 2016,
193-194 頁] を参照）。パウロは魂と肉の分裂のために意志の位置づけという難
問が発生すると考えたが、アウグスティヌスは、意志そのものを心的能力とみ
なし、身体に対して絶対的な力をもつと考えた。人間は原罪によって堕落して
いるため、自分の意志だけでは善をなしえず、救済のためには神の恩寵が必要
だと考えたのである。これに対して、ペラギウスは、人間は自由意志によって
善も悪もなしうるゆえに、自分自身を救うことができると主張した。ここに、
意識下における「良心」（conscience）の問題が発生する。

(15) 矢野智司『贈与と交換の教育学』東京大学出版会, 2008。

(16) 利他的か利己的かの区別は、それを動機からみるのか、それとも、行動その
ものからみるのかによって異なってしまう。そもそも、利他的にみえる行動で
あっても、遺伝子を継続するという最適者生存の法則を前提にすると、つまり、
動機に注目すると、上記の利他行動の例はいずれも利己的行動とみなすことが
できる。利他的かどうかの判断は難しいと指摘しなければならないだろう。

(17) Walter Wink, Engaging the Powers: Discernment and Resistance in a
World of Domination, Fortress Press, 1992.

(18) ここで、禊の対極にある「腐敗」について説明しておきたい。ただ、長
い注になるため、ここでは初の試みとして、私の運営するサイトに公開
した「禊の対極としての「腐敗」：腐敗研究と復讐研究の接点」（https://
www.21cryomakai.com/%e5%ad%a6%e8%a1%93%e9%96%a2%e9%80
%a3/1438/）へのアクセスを紹介するにとどめたい。

(19) Richard Barry, The Two Goats: A Christian Yom Kippur Soteriology, A
Dissertation submitted to the Faculty of the Graduate School, Marquette
University, 2017.

第５章　復讐から刑罰へ

（1）キリスト教における罪と罰

　キリスト教は復讐をどう位置づけてきたのだろうか。それに大きくかかわってきたのがキリスト教神学である。

　ここでは、先に紹介したテッド・グリムスルードの「キリスト教における復讐（vengeance）の代替案」にある、『神の正義の復讐』の著者ティモシー・ゴリンジ説の解説およびゴリンジ自身の著書における記述をもとにしながら、キリスト教における贖罪と刑罰制度との関係について考察したい[（1）]。

　ゴリンジは、「キリスト教の贖罪の神学における強力な伝統が報復的な態度を強化している」とする見方を提起する。暴力を伴う報復的な行為を贖罪として認めることで、犯罪者への処罰としての報復的暴力も認められるようになるのだ。この主張を理解するには、比較的わかりやすいグリムスルードの説明が参考になる。

　贖罪の標準的な説明では、「なぜイエスは死ななければならなかったのか」と問われる。神の聖性は、神が単に人間の罪を赦すことを妨げる。罪は神の正義を満たすために支払いを必要とする。罪深い人間には、この償いをする力はない。私たちは自分の罪によって乱された正義の天秤の均衡を取る能力をもっていない。私たちは、神様が私たちを赦すために必要なものを神様に支払うことができないのだ。聖なるものの化身である完全な人間であるイエスだけがこの代価を支払うことができる。彼の支払いだけで十分なのだ。ゆえに、イエスの死は神様の聖性を満たすため、神様の正義の秤のバランスを取る必要を満たすための支払いとして行われたのだとする（後述する「満足説」）。もし、罪によって引き起こされた損害のために神への見返りがなければ、神は罪人を罰しなければならない。私たちに代わって行動する罪のない存在だけが、神のたしかな罰から私たちを救うことができるのである。

　同時に、神は慈悲深い。神の聖性を損なうことなく、神の慈悲は、イエスの犠牲の死によって十分な支払いがなされるための手段を提供する

動機となる。神は人間が神と再びつながり、人間が罪によって神の名誉を侵害したことによって生じた溝を克服する方法をもつことを望んでいる。そこに、つけ込むのが教会ということになるのだろう。

　ゴリンジは、神学が社会の支配階級と同調する教会指導者たちによって語られ、利用されてきたと主張する。グリムスルードによれば、「一般的な神学、とくに贖罪の神学は、人間文化の現状から最も利益を得ている人々の利益に奉仕してきた」ということになる。そして、ウクライナ戦争の時代になっても、この本質は変わっていない。バイデン政権およびその政権内部のネオコンはいま、ウクライナ戦争をはじめたというプーチンの罪だけに注目して、その罪を贖わせるために、制裁という名目で復讐や報復を実践しているのだ。そうすることで、ネオコンは2014年のクーデターを主導したという自らの罪を隠蔽するだけでなく、自らの利益の拡大をはかっているようにみえる。

四つの罪

　この神学は支配者が定義した不正行為とされるものを罰するための根拠を提供する。これにより、支配者は反対意見や抵抗などを抑圧しやすくなる。この基本的な枠組みは現在も変わっていない。現在の刑事司法制度を運用する支配者側は、現在の秩序からもっとも利益を得ている人々の利益を守ることに高い優先順位を置いている。問題は、罪と犯罪の区別が曖昧だった時代から、犯罪に刑罰を適用する世俗的な主権国家の時代になっても、罪と犯罪の区別が混沌としていたころの贖罪の神学の考え方が現代にも引き継がれている点にある。

　ここで罪について考えておこう。1945/46年の冬学期にハイデルベルク大学で行われた連続講義の一部である、カール・ヤスパース著『ドイツの罪の問題』（Die Schuldfrage, Heidelberg: Schneider, Translated as The Question of German Guilt, trans. E.B. Ashton, The Dial Press, 1947）において、四つの罪（刑法上の罪、政治上の罪、道徳上の罪、形而上的な罪）が区別されたことが有名だ。政治上の罪とは、政治的地位にある者が、特定の政権が行った国家的行為に責任を負うことを意味するものだが、各自は、自分がどのように支配されるかについて、責任を負うので、その国家のすべての市民も含まれている。政治的責任とは、暗黙のうちに、あるいは明示的に同意しているか否かにかかわらず、ある政治体の構成員の名

において行われた政治的決定の直接的な結果であり、「賠償」あるいは「政治権力と政治権の喪失または制限」が必要とされた。つまり、ヤスパースは、すべてのドイツ人が戦争犯罪で正当に裁判にかけられるわけではないが、すべてのドイツ人はホロコーストへの暗黙の加担を認めるべきで、すべてのドイツ人の批判的自省のみが文化と政治の刷新につながると主張したのである。道徳上の罪は個人によってのみ負わされる。各個人は自分の行為に責任を負う。個人の良心の道徳的権威は、他のすべての権威に優先する。形而上的な罪は、人間同士の基本的な連帯感を指しており、世界のあらゆる正義と不正義、とくに、彼らの前で、彼らの知識を利用して行われる犯罪に対して、それぞれに責任を負わせるものだ。「もし私が彼らを妨げるために何もしなければ、私にできることは何なのか、私は罪を犯していることになる」（[Anson Rabinbach, Karl Jaspers and the question of German guilt, Radical Philosophy, 1996, p. 21, https://www.radicalphilosophyarchive.com/issue-files/rp75_article2_germanaspariah_rabinbach.pdf]を参照）。しかし、この罪の審判者は、国家でも個人でもなく、「神のみ」である。

　もう一つ、ハンナ・アーレントが『責任と判断』（Hannah Arendt, Responsibility and Judgment, 2003＝ジェローム・コーン編、中山元訳, 2016）において示した見方を紹介しておきたい（275頁）。彼女は、「罪は責任とは違って、つねに単独の個人を対象とします」と指摘している。「罪とは意図や潜在的な可能性ではなく、行為にかかわるもの」だから、自分で実行していない行為について罪を感じると言えるのは比喩的な意味においてだけであるとのべている。これと同じように考えると、復讐は行為にかかわるものだから、個人だけに限定されるべきことになるが、復讐心は行為ではないから、個人だけに限定されないことになる。

　アーレントの罪に関する考察のなかで、もう一つ興味深いのは、「宗教においては、罪は主として不服従として理解されるという重要な原則が生まれる」という指摘（110頁）である。ゆえに、宗教的な命令からの解放が人間の罪を考えるうえできわめて重要となる。

悪と罰

　アーレントは悪をめぐって興味深いことを指摘しているので紹介しておきたい。それは、「破壊するか、火に投じて燃やすしかない」悪の存

在についてである。イエスは悪を「躓きの石」（スカンダロン）と定義していると、彼女は指摘している。『マタイによる福音書』（16章23節）には、イエスの受難予告を否定したため、イエスは振り向いてペトロに、「サタン、引き下がれ。おまえはわたしの躓き（スカンダロン）である」と叱責したとされている。第4章で紹介したルネ・ジラールによると「サタン」と「スカンダロン」はよく似たものだ（ジラール著『サタンが稲妻のように落ちるのが見える』）が、アーレントは、「スカンダロンは人間の力では、すなわち人間が赦すことや罰することでは修復することのできないものであり、すべての営みと行為にとって障害物でありつづけるもの」という。しかも、この悪を行う者は罰を加えて矯正できる者でもないし、その苦しむさまを見せてほかの人々に悪を避けさせる見本として利用できる者でもないとしている。

　だが、イエス自身は人間や神が赦すことができない悪とは何かについては説明しない。1962年に絞首刑となったアドルフ・アイヒマンの悪を「悪の凡庸さ」（banality of evil）と呼んだアーレントも、そこでの「悪」について必ずしもわかりやすく語ったわけでない。アイヒマンは親衛隊の情報部ユダヤ人担当課に属していた「官僚」であり、ドイツの法に従ってユダヤ人の収容所送りという「命令」を執行しただけであったと主張した。いわば、事務処理をこなす官僚が数百万人を死に至らしめたことになる。ゆえに、アーレントはこのアイヒマンの悪を「悪の凡庸さ」と表現したわけだが、そこには、法の遵守のもとで思考停止してしまう凡庸な官僚だけでなく、多くの無関心にその悪をみている。この点については、しっかりと心に留めておく必要がある。

満足説

　キリスト教神学の根幹をなしているのが贖罪の「満足説」（satisfaction theory）と呼ばれるものである。これは、「聖なる神は罪に怒り、暴力的犠牲（violent sacrifice）を払わない限り、神の意思に背く者を自動的に罰する」という論理構成をとっている。ゴリンジによれば、悪事に対して償いをする必要性は、人間のもっとも強力な衝動の一つであり、個人と集団の両方のレベルで作用しているように思われる（したがって、復讐心を個人的報復に限定して考えるのはおかしい）。重要なのは、「キリスト教が布教宗教として力を発揮するのは、その中心的シンボルである十字架が

罪悪感と暴力の両方を対象としているからであり、罪悪感を「負う」ことと反暴力で暴力に応じることを拒否することによって両者に救済策を与えるものだからである」という指摘である。それが可能なのは、十字架が罪悪感、恥、悔恨など、言葉をはるかに超えて、人間の文化や精神の根幹にかかわる感情に焦点を当てているからだ。十字架は人間の普遍的な問題である罪悪感と暴力に正面から向き合い、暴力的犠牲（violent sacrifice）という「暴力」を贖罪的であると主張しているのだ。つまり、暴力を暴力で贖うという贖罪を肯定しているのである。

アンセルムスの「満足説」

　この贖罪の満足説はカンタベリー大司教、アンセルムス（1033〜1109）以降に広がる。アンセルムス以前には、人間がサタン（悪魔）の影響力下にあるとしたアウグスティヌス（354〜430）の考えに沿った、イエスの死によって悪魔に身代金を支払い、悪魔に束縛されている人々を神が救い出すことができるという「身代金説」があった。つまり、人類が負った負債の支払いを非合法に主張するのは悪魔であったのだ。『Cur Deus Homo?』（「なぜ神は人であったのか」）という疑問に答えようとしたアンセルムスにとって、なぜ神の子が身代金を支払うために人間にならなければならないのか、なぜ神はサタンに借りをつくらなければならないのか、という大いなる疑問があった。

　そこで、アンセルムスは、福音書でイエスが言及する「身代金」が父なる神だけに支払われる犠牲と負債であるとみなす。人間と天使が神に対して負っている債務としての罪があり、この罪たる債務を支払うか、支払わないかに罪を犯すかどうかがかかっている。この負債を神に返すことができなかった場合、本来負っていた正義を回復するだけでは十分ではなく、神の名誉に対する攻撃も満たされなければならない。さらに、人間が奪ったものを回復しない限り、人間は過ちを犯したままであり、奪ったものを回復するだけでは十分ではなく、提供された軽蔑を考慮すると、その人間は奪ったものよりも多く回復しなければならない。この負債は道徳世界の不均衡を生み出し、アンセルムスによれば、神はそれを単に無視できないのだ。この負債を満たす唯一の方法は、人間の代わりに人間として行動する無限の偉大な存在が、神に負った正義の負債を返済し、神の名誉に対する傷を満たすことだったというのである。これ

こそがキリストによる十字架での受難と贖罪というわけだ。ここに、子なる神の犠牲と父なる神の満足が一致する。この見解に照らして、福音書でイエスが言及する「身代金」は、父なる神だけに支払われる犠牲と負債になるのである。こうして、犠牲（生け贄, sacrifice）は罪滅ぼし（神の報復を避ける行為, propitiation）として理解されるようになる。

　ここまでの論理で決定的に問題なのは、罪というものを贖う（罪滅ぼしをする）ことではじめて神の報復を避けられるとする信念が犯罪を処罰するという、世俗国家の刑罰にまで適用されることが当然とみなされるようになった点である。つまり、復讐の刑罰への転化という近代メカニズム自体のなかに、キリスト教神学でいう贖罪の考え方が挿入されているのである。しかも、その罪滅ぼしは暴力的犠牲（violent sacrifice）という「暴力」を伴ってなされるのであり、いわば「暴力への暴力による贖い」という応報主義をそのまま受け入れている。そこでは、贈与と返礼という、価値などの量ではかることを前提とする債権・債務に置き換え可能な関係そのものを拒否する「純粋贈与」という、キリストの磔刑の本質的な意味がまったく否定されてしまっている。天秤によってイメージされる均等性原則はそれ自体が間違っているにもかかわらず、この原則がキリスト教神学によって強化され、近代にも引き継がれ、戦争による復讐劇につながっているのである。

　ここまでの説明をゴリンジの本に求めてみよう。彼はつぎのように説明している（99頁）。

　「もし私たちが、悪いことをした人はなぜ罰せられるべきかと問うならば、その答えの本質的な部分は、共同体に加えられた損害を是正することを求めるという点である。罪ないし犯罪がすることは、共同体がその存在を依存している価値観、相互の信頼と関心の絆を否定することである。それは、その社会の調和やバランスを破壊してしまう。私たちはどのように対応すべきなのか。見て見ぬふりをするわけにはいかない。なぜなら、悪いことをすれば、その犯人に対する私たちの関係は必ず変わってしまうからだ。犯罪者が何も悪いことをしていないかのようにふるまうことは、共同体の社会基盤を傷つけたその行為の真の意味を否定することになる。」

　聖俗の分離が進む近代化の過程において、制度化が進んだ刑罰は過去の犯罪に対する正当で適切な対応であると応報主義者は主張するようになる。なぜなら刑罰は、犯罪が乱した社会における恩恵と負担の公正なバランスを回復するものであるからというのが彼らの理屈だ。「これは、アンセルムスが形而上学的に表現していることを世俗主義的、社会学的に表現している」と、ゴリンジはのべている。そのうえで、「同時に、すべての因果応報的思考に共通するもの、すなわち、因果応報的な苦痛と犯罪者が責任を負うべき悪との間に相応の関係があるという考えも残っている」、と的確に指摘している。これが意味しているのは、犯罪者が傷つけた人、その親族、共同体、あるいは怒れる神の激怒した感情に満足が与えられるまで苦しむことを当然視することであり、これを達するための刑罰というメカニズムが「合理化された復讐」として機能することを神の承認を受けて行うことなのである。少なくとも、アンセルムスは、罪と犯罪の区別の曖昧なまま、刑罰という「合理化された復讐」を神の承認のもとに実行しようとしたのだ。

キリストの贖罪

　トマス・アクィナス（1225 〜 1274）の『神学大全』になると、人間は、理性、政府、そして神の支配というすべてを包含する秩序のなかで生きているという前提にたって、人間の救済を妨げる最大の要因は人間の罪深い性質にあり、贖罪によって修復または回復されない限り人間を呪うものである、とアクィナスは考えた。罪人は理性、人間の法、神の法に抵触するため、これらの秩序の一つひとつが罪によって乱されるとみなす。ゆえに、罪人は三重の罰を受ける。一つは彼自身の存在から、良心の後悔であり、二つ目は人間の権威から、三つ目は神からである。すべての実際の罪のために、罰の負債が残っている。罪深い行為は、その人が神の正義の秩序を破るという点で、人を罰することができる。正義のバランスを回復させる何らかの懲罰的賠償によってのみ、その人はその秩序に戻ることができる。罪という汚点は、その人が神の正義の秩序を受け入れないかぎり、取り除かれることはない。過去の罪を償うために自発的に何らかの懺悔をするか、神によって課せられた罰を忍耐強く受け入れるか、そのどちらかである。どちらの場合にも、罰は満足のいくものとなる。この「満足な罰」とは、「罰則的」な罰とは異なり、本質

的にカトリックの懺悔の考えにつながっている。懺悔とは、自ら課した罰によって、罪を犯した者が悔い改めを表明し、その結果、罪によって隔てられていた交わりを回復することを意味している。アクィナスは「懺悔者には満足な罰が課される」という慣習に言及し、この「満足な罰」（懺悔）の考えを、罪から得られる快楽と等しい量の自責の苦痛を補償するものと定義している。このとき、懺悔は第一に負債を支払うこと、第二に罪を回避するための救済措置として機能しなければならない。後者は将来の罪に対する救済策なるべき機能とされる。

　キリストは愛と従順な精神で苦しみ、人類のすべての罪の償いとして要求される以上のものを神にささげた。これがキリストの贖罪である。贖罪は、キリストが全人類の罪を補償するために必要な以上のものを神に与えることで成り立っているとしたのである。なぜそうなるかというと、第一に、彼を苦しめるようにした愛は偉大な愛であり、第二に、彼が償いのためにささげた命は神と人の命であるため、偉大な尊厳を持っており、第三に彼の苦しみはすべてを包み込み、偉大である。このため、キリストの受難（十字架刑と聖金曜日の死だけでなく、最後の晩餐、埋葬、イエスの復活なども含まれているかもしれない）は人類の罪に対して十分なだけではなく過剰な償いであったとみなす。このキリストの死は「犠牲」と表現され、アクィナスはそれを贖罪という言葉で定義している。

　ジャン・カルヴァン（1509～64）の場合、キリストの十字架上の死は人類の罪に対する一般的な罰ではなく、個々の人々の罪に対する特定の罰として支払われたとみなす。罪の負債は特定の時点（十字架につけられた時点）で支払われたので、キリストの贖いは神が救うことを選んだ人々だけにその効果が限定されると考える。それは、信仰によってキリストと結ばれた人だけが、信仰によってキリストと結ばれた時点で贖罪のすべての恩恵を受けられるという主張につながっている。逆に、キリストと結ばれていない者は罰を受けるのが当然ということになるから、「カルヴァン主義はその贖罪の教義においても、その刑罰の執行においても、因果応報の理論を前提にしている」とゴリンジは指摘している。

　マルティン・ルター（1483～1546）も、キリストは十字架において人間にかわってその刑罰を受け、それによって刑罰を免れた人間の贖罪が成り立つという刑罰代償説（刑罰代償説）を受けいれている。

キリスト教宗派による相違

つぎに気になるのは、キリスト教の宗派によって、ここで論じたような贖罪を刑罰の正当化に結びつける考え方に違いはないのかということである。ゴリンジは、プロテスタントとカトリックの国でともに、国家が教会にまさる権力を持つとする国家権力至上主義、すなわち、エラストゥス主義が発展していることに着目している。世俗権力たる国家が刑罰を法制化し、その執行権を握ることで権力を確保してきたという点では、プロテスタントとカトリックとの間に大差があるとは考えていないように映る。なお、プロテスタントのうちのカルヴァン主義については、「その贖罪の教義においても、その刑罰の執行においても、因果応報の理論を前提にしている」と、ゴリンジは明確にのべている。

1996年刊行のゴリンジ著『神の正義の復讐』のなかでは、「米国ではキリスト教原理主義に傾倒する「モラル・マジョリティー」が台頭し、満足説と刑罰への応報的アプローチを結びつけている」と指摘されている。このモラル・マジョリティーはもともと、キリスト教右派・共和党に関連するアメリカの政治団体であり、1979年に設立後、1980年代後半に解散された。1980年代を通じて共和党の大統領選勝利に重要な役割を果たした。

最近の米国で言えば、何といっても福音派の動向が注目される。「論座」に掲載した拙稿「「ユートピア」から「ディストピア」へ：米議会襲撃事件を読み解く」（https://webronza.asahi.com/politics/articles/2021012100004.html）のなかで、福音派は「アメリカの全人口の約4分の1を占めるとされ、共和党の支持基盤」であると紹介した。さらに、つぎのような説明を書いておいた。

「この福音派を理解するために、「鍵となるのは、「脅かされている」という意識」だと書かれている。①聖書は一言一句、絶対に間違えていないという「聖書の無謬（むびゅう）性」、②「処女降誕」、③「十字架の贖罪（しょくざい）性」、④「キリストの復活」、⑤「終末とキリストの再臨」という、五つの基本（ファイブ・ファンダメンタルズ）的価値観が「脅かされている」と感じ、我々ももっと政治的に力を持たねばならない、と政治化していったのが、80〜90年代の福音派なのである。この「脅かされている」という意識こそ、かつてのソ連脅威論、そしてい

まの中国脅威論につながっている。」

　③は、本書で紹介してきた十字架に贖罪のあり方を見出し、犯罪であってもその罪を贖うために死刑を含む刑罰を厳しく求めるという姿勢に通じている。

　それでは、正教会（オーソドクシー）はどう考えているのか。正教会は、「刑罰による身代わり贖罪説を正式に非難することはまだない」という（https://orthodoxbridge.com/2018/07/22/orthodox-christians-on-penal-substitutionary-atonement/）。ここでいう身代わり贖罪説は、イエスが人間の罪を身代わりとして受けてくれたとみなす説明である。「刑罰代償説（penal substitution theory）に関する東方正教会内の諸見解について」（https://japanesebiblewoman.hatenadiary.com/entry/2018/10/15/075539）でも、包括的な見方として紹介されているロバート・アラカキ師の話として、正教会は「信仰のみによる義認」（神から罪がないとみなされる）や「二重予定説」などのプロテスタント教理を拒絶しているが、刑罰代償説についてはいまだ公式的糾弾はなされたことがないと認めている。

（2）復讐の精神をそらす宗教

　生け贄（犠牲）に付随する神性は宗教の誕生によって制度化される。神に生け贄をささげることで、共同体全体に罪と罰を負わせないためには、悪の要素を取り除かなければならないという宗教的信念が育つのだ。宗教がより復讐の精神をそらす役割を担うように変化していくことになる。そこに、深く関係していたのは不浄を嫌うという見方である。

　ジラールは、この問題に関連して、「ここでいう宗教上の本質的な問題とは、儀式の不浄さである」と指摘したうえで、「そして、儀式の不浄の原因は暴力である。多くの場合、この事実は自明のことのように思われる」とのべている。儀式の不浄さと暴力から逃れるための方法と宗教との抜きがたい関係に注目しているのである。たとえば、二人の男が殴り合い、血が飛び散り、二人とも不浄となる。二人の不浄は伝染し、その場に居合わせた者は二人の喧嘩の当事者になる危険性がある。伝染を避ける唯一の確実な方法は、暴力の感覚から逃れることであり、そこ

には義務や道徳の問題はない。汚染は恐ろしいものであり、この血、暴力から逃れるために、儀式によって不浄を贖ったり、儀式的な予防措置を導入したりすることがはかられる。そこに、「人間が自らの暴力に対して治療や予防の手段を用いて自らを守ろうとする努力につきまとう不明瞭さ」（ジラール）という、広義の宗教が生じるのである。

この不明瞭さこそ、不正で、違法で、非合法な暴力に対して、聖なる、合法的な、正当な暴力がうまく対抗する超越的な有効性を発揮するようになるのだ。

生け贄（sacrifices）と罪滅ぼし（expiation）

人間の悪行を罰する全知全能の神は、罪が災いをもたらすところで代償を求める、と人間は考えるようになる。代償の生け贄（犠牲）は、神の怒りを鎮めるために行われるようになる。そこに、罪滅ぼし（expiation）のための供え物としての生け贄という見方が明確になる。

ただし、ここに神が登場したことで、罪と犯罪との混同が生じる点が重要だ。本来、罪と犯罪は同じではない。苦しみや災難と罪や罪悪感が関連しているとの信念が神への代償たる生け贄の提供、すなわち罪滅ぼしという観念をもたらす。だが、そもそも世俗と聖なるものの区別がない社会では、現在犯罪と呼ばれているすべての行為は、同時に罪でもあった。世俗化が進み、法律が整備されるようになると、殺人やレイプは法律の枠内で犯罪とされるようになる一方、人間社会に対する神の意図に反すると理解される限り、罪でもあると解釈されるようになる。

そう考えるとき、罪滅ぼし、贖罪という宗教的見方が世俗化による刑罰の制度化にどうかかわってきたかという大問題があることに気づく。ここで、ゴリンジ著『神の正義の復讐』のなかで、「西洋の刑罰理論の発展にとってきわめて重要なことは、旧約聖書において刑法と罪滅ぼしの必要性が一体となっていることである」とされていることを紹介しておきたい。犯罪者を罰するという世俗的制度が実は、それまで人間が慣れ親しんできた宗教の影響下で整備されてきたことに気づくことが大切なのだ。わかりやすく言えば、キリスト教世界では、宣誓、公判説教、絞首台での聖職者の奉仕を通じて、法的手続きを正当化するためにキリスト教が持ち込まれたのである。

創世記にみる初期の報復的正義

ここここでは、混沌とした人類の歴史のなかで、報復的正義が広義の宗教のなかでどのように位置づけられてきたのかについて、最初に、創世記を取り上げ、その後、ハンムラビ法典（ハンムラビ法典）や旧約聖書について考察したい。

今度は、フランチェスコ・パリシが著した最終草稿「古代法における責任の発生」（http://citeseerx.ist.psu.edu/viewdoc/download?doi=10.1.1.194.9739&rep=rep1&type=pdf）およびパリシとジュゼッペ・ダリ・マッティアッチの共著「古代法における共同責任の盛衰」（https://www.law.gmu.edu/assets/files/publications/working_papers/03-44.pdf）を参考にしながら、古代における復讐や報復といったものの「負の互酬性」について考えてみたい。

まず、旧約聖書の『創世記』第４章を取り上げてみよう。アダムが罪を犯した後、アダムと妻エバ（イヴ）はエデンの園から追放される。そのエバはカインとアベルという二人の男児を産む。アベルは羊を飼う者となり、カインは土を耕す者となる。

ある時期になって、カインは地の作物から主へのささげ物をもってくる。また、アベルは彼の羊の初子のなかから、それも最良のものを、それも自分自身で、もってくる。主は、アベルとそのささげ物とに目を留められたが、カインとそのささげ物には目を留めなかった。それで、カインはひどく怒り、顔を伏せた、とされている。

神はカインに悔い改める機会を与えた。しかし、カインは悔い改めぬ心のまま、「野に行こうではないか」とアベルを誘い、カインは弟アベルに襲いかかり、彼を殺してしまう。

その後、主はカインに、「あなたの弟アベルは、どこにいるのか。」と問う。カインは答えた。「知りません。私は自分の弟の番人なのでしょうか」と嘘をつく。そこで、神はつぎのようにのべる。

「あなたはいったい何ということをしたのか。聞け。あなたの弟の血が、その土地からわたしに叫んでいる。今や、あなたはその土地にのろわれている。その土地は口を開いてあなたの手から、あなたの弟の血を受けた。それで、あなたがその土地を耕しても、土地はもはや、あなたのためにその力を生じない。あなたは地上をさまよい歩くさすらい人となる

のだ。」

　これに対して、「私の咎は、大きすぎて、担いきれません」としたうえで、「私に出会う者はだれでも私を殺すでしょう」と、カインは神に言う。そこで、主は彼に、「それだから、だれでもカインを殺す者は、7倍の復讐を受ける」とのべ、主は、彼に出会う者がだれも彼を殺すことのないように、カインに一つのしるしを与える。神は、反抗したカインにさえ憐れみを示したことになる。その結果、カインは主の前から去って、エデンの東ノデの地に住みつくことになる。

　この話は復讐という報復的正義を認めた社会状況を示すだけでなく、被害者の厳しい報復さえ是認されるといった考え方があったことを明らかにしている。パリシは、レクス・タリオニス（Lex Talionis）以前の司法行政を描いた、紹介した創世記4章を取り上げて、Lex Talionis 以前の報復的制裁の一般的特徴として、「報復の手段は、被害者の一族の裁量に任され（その強さに応じて）、一般に被った被害よりも大きなものであった」と指摘している。たとえば、柄谷行人も『憲法の無意識』のなかで、「一般に、報復はいわゆる「倍返し」になります」と記している。その倍返しに対する倍返しも行われ、それが「血讐」（ヴェンデッタ）であるとしている。いわゆる「血の復讐」を意味するイタリア語だ。「目には目を」はこの血の復讐を禁止していると理解すべきなのだ。

　こうした初期の報復的正義の規範が求めていたのは、同種の報復であり、同量の報復ではなかったとみなすこともできる。ここで興味深いのは、ラテン語 Lex Talionis（レクス・タリオニス）の「タリオ」（talio）が英語の retaliation につながる「報復」ないし「報復行為」という意味をもつことだ。そのタリオ（talio）は「タリス」（talis）という現物支給とか均衡といった意味をもっており、罰の量に制限を設けるのではなく、受けた被害の種類の均衡（現物支給）に大きな関心を寄せていたことを暗示しているというのである。

　そのうえでパリシは、初期段階の報復的正義のプロセスがもつ特徴として、①被害者が報復を受ける権利を規定する固定的なルールがない報復のメカニズムであること、②報復の規範が罰の選択を被害者が受けた被害と同様の種類のもの（ただし重大ではない）に制約する、③報復の尺度は、代わりに被害者の満足欲求によって内生的に決まる、④一般に認

められた処罰のルールがなく当事者間の信念が異なる可能性があるので、確執が生じる可能性がある——という4点を指摘している。

ハンムラビ法典と出エジプト記

つぎに、ハンムラビ法典と出エジプト記を比較してみよう。有名な「目には目」は196条で、「君主が貴族の目を破壊した場合、その目を破壊しなければならない」、「歯には歯」は200条で、「人が自分の身分の人の歯を折った場合、その人の歯を折る」と規定されている。特徴的なのは、私的な法執行の一般的な領域は定義されていないが、多くの条文が被害者の家族による犯罪者への罰を明示的に許可している点である。たとえば、127条では、「もし、男が大祭司や既婚女性に指をさすようにし、その後に（自分の言ったことを）証明しなかった場合、彼らは裁判官の前でその男を鞭打ち、その頭の半分を剃らなければならない」とあり、侮辱された高位聖職者や既婚女性の家族が、公的な司法機関以外から、自ら犯罪者に罰を与えることを明確に認めている[2]。

古代世界では、一族は、たとえ損害が非自発的に生じたものであっても、その構成員のいずれかによって生じた損害について集団で対処した。集団のメンバーが被ったいかなる過ちも、集団全体にとっての損失として認識されていたと思われる。その意味で、負の互酬性は家族、一族を通じた共同体全体の問題であったことになる。

Lex Talionis前期に位置するハンムラビ法典、旧約聖書の出エジプト記、中アッシリア法などをみると、一族の一人の罪に対する一族または家族全体の「連帯責任」のようなものが法に浸透していたことがわかる。下表に示したように、ハンムラビ法典と出エジプト記を比較するだけでも、身体傷害に対するよく似た規定がある。たとえば、ハンムラビ法典の209条では、「もしアウィルがアウィル級の女を打って、その胎児を流産させるならば、その胎児のために銀10シェケルを量って渡さなければならない」、210条では、「もしその女が死んだならば、彼らはその娘を殺さなければならない」といった規定がある。表にはないが、229条では、「依頼された建築家が手を抜いて家屋が倒壊しその家の主人が死亡したら、建築家も死罪」だし、「建物が倒壊して屋主の息子が死亡したら建築家の息子も殺さる」（230条）とされている。

出エジプト記の21章22〜25節には、「戦っている人々が妊婦を傷つ

けて流産させたが、それ以上の害が生じなかった場合、責任を負う者は、その女性の夫の要求に応じて、裁判官の定めるだけの罰金を支払わなければならない。もし害が続くならば、命には命を、目には目を、歯には歯を、手には手を、足には足を、火傷には火傷を、傷には傷を、条痕には条痕を与えなければならない」と定められている。

表5-1　ハンムラビ法典と出エジプト記の対照表

ハンムラビ法典 196 ～ 214 条	出エジプト記第 21 章 18-27 節
身体傷害	身体傷害
206-208: 戦闘中に受けた傷害	18-19: 戦闘中の傷害
209-212: 妊婦への傷害	22-23: 妊婦への傷害
196-197, 200: レクス・タリオニスの目、骨、歯	24-25: レクス・タリオニスのシリーズ
199: 奴隷への傷害	20-21, 26-27: 奴隷への傷害

(出所) Yung Suk Kim, Lex Talionis in Exodus 21: 22-25, The Journal of Hebrew Scriptures, Vol. 6, Art. 3, 2006, p. 6, https://jhsonline.org/index.php/jhs/article/download/5695/4748/12727

　旧約聖書のなかにある申命記では、13章9節において、「必ず彼を殺さなければならない。彼を殺すには、あなたがまず彼に手を下し、その後、民がみな手を下さなければならない」とされている。これは、被害者と証人が最初に悪事を正当化する（復讐する）ことを示すものだ。復讐は被害者からはじまり、共同体のほかのメンバーが復讐に加わることで、処刑へと広がるのである。

賠償という選択肢

　すでに紹介した著書『目には目』のなかでミラーは、「復讐は常に賠償という選択肢と共存していた」と指摘している。これは、「復讐が血による補償であり、金銭の代わりではなく、金銭の一種として行われた」ことを意味している。それを裏づけるために、ミラーは、『新約聖書とラビ・ユダヤ教』の著者、ダヴィド・ダウベが、イエスの時代には、出エジプト記の契約法典に詳述されているような傷害に対して、目や歯は抜かれず、金と動産だけが抜かれたと主張していることを紹介している。ユダヤ教の指導者ラビは、「目には目を歯には歯を」という復讐原則が

金銭による補償で代替できるという解釈をとっていたというのである。これは、この段階になって、報復的正義に加えて、補償的正義が重大な問題として認識されるようになったことを意味している。

　こうしてみると、紀元30年当時、イエスが「山上の垂訓」で下記のようにのべたのは、すでに「目には目を歯には歯を」がことわざのような位置づけとなっていたからであると考えられる。「罰は犯罪に適合しなければならず、悪行には正当な罰があるべきだ」というような意味合いをもつことわざのように考えなければならない。マタイ第5章38〜42節には、つぎのように記されている。

　「『目には目を、歯には歯を』と言われていたことは、あなたがたの聞いているところである。しかし、わたしはあなたがたに言う。悪人に手向かうな。もし、だれかがあなたの右の頬を打つなら、ほかの頬をも向けてやりなさい。あなたを訴えて、下着を取ろうとする者には、上着をも与えなさい。もし、だれかが、あなたをしいて1マイル行かせようとするなら、その人とともに2マイル行きなさい。求める者には与え、借りようとする者を断ってはならない。」

　なお、ダウベの考えでは、イエスは復讐原則をより一般的に用いて、顔をひっぱたかれた侮辱に対して金銭賠償を求めるだけでは不十分だと主張しているという。「もう一方の頬を差し出せ、訴訟で損害賠償を求めるな」と、キリストは言っているのだと解釈している。それは、「この世で受けた屈辱や不名誉に対して、血でも金でも、何らかの補償を求めるという根本的な考えを否定している」ことになると、ミラーは指摘している（この問題については後述する）。[3]

　現実には、復讐を賠償で代替する場合にも、身体そのものが賠償対象となっていたことを忘れてはならない。紀元前450年ころ、古代ローマで慣習法を集めて正文法とした「十二表法」（https://ch-gender.jp/wp/?page_id=2508）をみると、債権法を定めた第3表には、「三回目に市場が開く日、債権者達は債務者の体を切り刻むことができる。彼らが債権に相当する以上を切り取ったとしても、罪には問われない」という物騒な規定がある。これは、債務者が複数の債権者に拘束され、連続した3回の市場日にその義務を果たすことができなかった場合、その身体

は債権者の間で分割されることになっており、明らかに切り刻むことによって、債権者の一人が自分の取り分を多くあるいは少なく切断しても、それはその人に対して咎められるものではないというものだ。

　当時は奴隷制度が存在した。ゆえに、債務に対して、身体の一部ではなく全部を、いわば「債務奴隷」として差し出すということも行われていた。ここで指摘しておきたいのは、フリードリヒ・ニーチェが『道徳の系譜』（1887年）において、「かくして、この領域、つまり債務法のうちに、〈負い目〉とか〈良心〉とか〈義務〉とか〈義務の神聖〉とかいった道徳的な概念世界の発祥地がある」と記している点である。

　ただし、「ラビの伝統は、債務者の苦境に驚くほど寛容であり、ラビは聖書本文の十分な規定からその根拠を得たのである」というミラーの指摘は重要である。ラビの伝統では、債務者が怯えたり恥をかいたりしないように、債務者の前に現れること、彼の前を通り過ぎることさえ禁じられているという。債権者は自力で財産を差し押さえることはできず、裁判所の手続きを踏まなければならない。また、財産を差し押さえているかどうかを調べるために債務者の家を捜索することもできず、裁判所の代理人も債務者の家に立ち入ることはできない。「最も注目すべきは、債務者が債権者に譲り渡した質権は、債権者が使用する時間帯に債務者に返却しなければならないことである」と、ミラーは記している（債権・債務関係をどう位置づけるかという問題は重要であり、後述する）。

　ここでの説明は、報復的正義を補償的正義に代替することで、ともかくも負の互酬性を確保しようとする人類の工夫が一直線に進んだわけではないことを示している。天秤の話に戻して考えれば、目に見えない報復的正義はそう簡単に目に見える補償的正義には代替できない。この問題は現在でも人類に課された課題として眼前に存在しつづけていることに気づかなければならない。

個人の責任の誕生

　旧約聖書に登場する預言者エゼキエル書（紀元前6世紀）の18章において、子は父の罪を負わなくてもいいことが示されている。つぎの箇所を読めば、罪の責任があくまで個人にあることが明確にわかる（ここで、先に紹介したアーレントの指摘を思い出してほしい）。

「それなのにお前たちは、『なぜ、子は父の罪を負わないのか』と言う。しかし、その子は正義と恵みの業を行い、わたしの掟をことごとく守り、行ったのだから、必ず生きる。 罪を犯した本人が死ぬのであって、子は父の罪を負わず、父もまた子の罪を負うことはない。正しい人の正しさはその人だけのものであり、悪人の悪もその人だけのものである。」

　さらに、申命記 24 章 16 節では、「父は子のゆえに殺さるべきではない。子は父のゆえに殺さるべきではない。おのおの自分の罪のゆえに殺さるべきである」として、明確に個人責任の原則が肯定されるようになる。
　少なくともユダヤ教の一派であるパリサイ人は個人的な復讐を認めていたらしい。「目には目を、歯には歯を」（https://www.csmedia1.com/fbcevansville.com/eye-for-eye--tooth-for-tooth.pdf）という文献では、ユダヤ教の指導者であるラビが人間に復讐の許可を与えるという伝統にあったと指摘されている。「事実上、各人が自分自身の裁判官、陪審員、死刑執行人になることが許されたのである」と記されている。もちろん、こうした「伝統」が現在にまで伝わっているとは思いたくないが、しかし、後述するように、ユダヤ人のなかに「復讐」という行為を実際に行うことに躊躇しない人がいる可能性があることは忘れてはならない。
　一般的には、マタイによる福音書に記された「山上の垂訓」によって、キリストが個人的な報復という一般的な教えに反論していると理解されている。先に紹介したマタイ第 5 章 38 ～ 42 節の記述は、イエスが「目には目を」の原則を制限したことを意味しており、「自衛や罪のない人を危害から守ることを決して禁止するものではない」という大原則につながっていると解釈されている。警察官や軍隊のような政府の正規の代理人が市民を保護し、平和を維持するために行う行為も容認されることになる。だが、個人の復讐と、集団による復讐（報復）との違いについては、その区別の根拠や正当性が必ずしも明確ではない。

（3）裁判制度

　歴史を概観すれば、「法が発展するにつれて、復讐を規制する制限は拡大した」というパリシとマッティアッチの共著「古代法における共同

責任の盛衰」における指摘は正しい[4]。当初は自ら処刑を行うことが許されていた加害者は、後に権威者の監視下でしか処刑を行うことができなくなり、最終的には処刑に立ち会うことしか許されなくなるのである。

　同論文によれば、レクス・タリオニス（Lex Talionis）の時代の規則は、規制された報復の体制において、だれが復讐という刑罰を科す権利があるかを非常に正確に規定する傾向がある。たとえば、Lex Talionis の時代のいくつかの規則では、被害者に代わって報復を行うべき血の復讐者が指定されている。

　たとえば紀元前 11 世紀の「中期アッシリア法」（実際には A から O までラベルづけされた一連の楔形石板）のテーブル A、法 55 には刑罰の対象者や罰条が具体的に書かれている[5]。

「男が父の家に住む乙女で，婚約しておらず，［子宮］が開かれておらず，結婚しておらず，父の家に対して未解決の請求権がない者を強引に捕らえて強姦したならば，その乙女の父は，乙女の姦通者の妻を捕らえて強姦のために引き渡さなければならない。父は姦淫の犠牲となったその娘を姦淫者の家の保護に渡さなければならない。彼（姦通者）に妻がない場合，姦通者は乙女の価値として銀の「3 倍」をその父に与え，姦通者はその娘と結婚し，彼は彼女を拒んではならない。もし父がそう望まないなら，彼は乙女の対価として銀を 3 倍「受け取る」ものとし，その娘を彼の選ぶ者に嫁がせなければならない。」

　メイヤー・サルツバーガー著「古代ヘブライ殺人法」によれば、Lex Talionis の体制下では個人の報復は自由でなくなり、家族の一員はその家族の一員を殺害することはできない、とみている[6]。二つの異なる体制（氏族間対氏族内）の共存は、集団の境界の概念が変化し拡大することから、Lex Talionis を弱体化させる傾向があるのだ。このことは、聖書の伝統において、Lex Talionis の文字通りの解釈が徐々に損なわれていること、すなわち、前述したようなラビによる寛容な解釈の補足説明となりうる。

復讐の法制史

　ここで、カイウス・トゥオリ（Kaius Tuori）著「法と合理性：初期

法人類学における動機と人間の代理性の理解に関する歴史的考察」（https://journals.openedition.org/cliothemis/pdf/611）を参考にしながら、復讐規制と法の発展をめぐる法制史について説明したい。

　トゥオリは、「復讐は伝統的に学者や道徳理論家によって、正義の逆転、文明の進歩とともに廃止される原始的衝動とみなされていた」と指摘する。血の復讐のような復讐は、文明のゆっくりとした進歩によって、まず紛争を解決するための形態としての暴力が制限され、最終的には根絶されるみされるようになる。これらの理論における最初の論点は、「ほぼ常に、暴力的衝動を制御できない野蛮人、あるいは社会が彼を制御できないという図式であった」とのべている。

　「文明」（civilization）という概念は、18世紀後半以降、ヨーロッパの思想界で広がるようになる。1767年、アダム・ファーガスンは『市民社会史論』のなかで、「文明」と「野蛮」の概念を対比させて広く使われるようになる。とすれば、復讐への厳しい規制という視線は18世紀後半以降、広範に広がっていたことになる。ただし、そうした見方が広がる前から、復讐に対する道徳的非難は存在した。たとえば、フランシス・ベーコンは1625年、「復讐について」（https://people.brandeis.edu/~teuber/bacon.html）において、「復讐は一種の野生の正義であり、人間の本性がますます正義を重んずるようになればなるほど、法は復讐を排除すべきである」と明確に語っている。

　つぎに、刑罰と復讐との関係を考えるうえで、大きな影響力をおよぼした五人の見解をまとめてみた。

①　イマニュエル・カント

　18世紀後半になって、イマニュエル・カントは『道徳形而上学の基礎づけ』のなかで、「刑罰権」を取り上げている[7]。「命令権者が［法の］服従者に対して、その服従者が罪を犯したがゆえに、彼に対して苦痛を科す権利」とされている。命令権者は法の執行権者であり、服従者とは法に従い、法の保護を受ける「臣民」としての人間だ。ここでの議論は、自然状態ではなく、すでに公法、国家法が存在している法的状態を前提としており、いわゆる公的犯罪だけが問題にされていることになる。これは、刑事裁判の対象であり、手形の偽造、窃盗、強盗などを含めている。これとは別に、民事裁判の対象となる私的犯罪があり、このなかに

は、詐欺や横領が含まれているとされる。

カントは、裁判による刑罰、すなわち、公的犯罪への刑罰が「犯罪者や市民社会のための善を促進する手段としてのみ科されるのではなく、罪を犯したという理由だけで犯罪者に科されなければならない」という立場にたっている。そして、「私は同害報復（ius talionis）を形式の上から相変わらず刑罰原理としてアプリオリに規定する唯一の理念とみなす」とのべている。この立場は、ほかの目的のための手段として刑罰を科すべきだとする目的刑論と対立する。

カントは、「公的正義がその原理と基準にする刑罰はどのようなもので、どの程度のものか。それは一方の側よりも他方の側に傾かない（正義の天秤の針が示す）均等（Gleichheit）の原理である」と指摘している。まさに、カントは最初に紹介した均等性に正義を見出してきた人類の歴史に沿う立場にたっていることになる。

ただし、カントの応報主義的立場は被害者本人による復讐自体を肯定しているわけではない。なぜなら、公的犯罪において、刑罰執行権をもつのは国家であるからだ。カントは、国家は個人の外的自由を保障する代わりに、個人は国家の命令（法）に服従する、といった「根源的契約」を国家との間に結んでおり、そのために国家は契約違反者としての犯罪者を罰することができる、というのだ。前述したように、カントが問題にしているのは、公法違反という公的犯罪であり、「単に一個人が危機に瀕するのはなく公共体が危機に瀕する」ような違反であり、したがって、公共体が刑罰を科すことになる。それは被害者の復讐感情に基づくものではなく、正義に基づく刑罰なのだ。

ただし、私の見方では、その公的刑罰そのものは、キリスト教の「罪というものを贖う（罪滅ぼしをする）ことではじめて神の報復を避けられるとする信念」をもとにしているために、復讐心自体を否定していない、と指摘できる。ゆえに刑罰の制度が進んでも、復讐心自体は個人のレベルでは意識的に、集団のレベルでは無意識的に息づいたままなのである。

②　ゲオルク・ヴィルヘルム・フリードリヒ・ヘーゲル

その場合でも、刑罰の「均等性」をどう担保すべきかという問題は残る。この問題について、ゲオルク・ヴィルヘルム・フリードリヒ・ヘーゲルは『法（権利）の哲学要綱』において、刑罰は法律上の規定に則って、

その質（刑の種類）と量（量刑）の両面において犯罪に対する「価値の上での同等性」という基準を満たさなければならないと明確に主張している[8]。本書第4章第3節で、「人類は天秤による均等性の確保に正義をたしかにみてきた」と書いておいた。その意味で「復讐的な正義」は被害者の受けた被害の質と量に見合うバランスのとれた刑罰を求めることになる。他方で、「刑罰的な正義」は国家によって執行されるものであり、その執行主体は被害者とは無関係だ。

　問題は、近代以前に被害者を「復讐」へと駆り立てた、「復讐的正義」という視点から、人々が抱く自分たちの社会にとっての行為の危険性という、「刑罰的正義」を求める視点へと刑罰そのものをシフトさせることにある。たとえば、司法が自分の求めるよりも軽微な量刑しか与えなかったとしたら、被害者にとって刑罰は手段として不適切なものと映るだろう。そのとき刑罰に対する不満は、被害者のうちに加害者への憎悪だけでなく、国家への不満をも招く。逆に、被害者の要求通り厳罰化がなされたとしても、それは法律で規定された「価値の上での同等性」の枠内に収まる保証をもたず、法秩序が私的関心に左右されるという事態に陥りかねない。

　「復讐的正義」を「刑罰的正義」にシフトさせるためには、「主観的意志としてありながら普遍的なものそのものを意欲するような意志」が登場する場面、すなわち「市民社会」に至ってのこととなる。肉親の仇討ちが求められる、大家族制のもとでの家系存続という共同体全体の価値観が薄れ、核家族をもとにした市民社会になると、公示された法律のうちに権利主体としての普遍的自己を見出すことを通して、犯罪を、被害者独自の権利の侵害としてではなく、社会的に共有された権利一般の侵害とみなすようになる。それが、報復に関する判断の主観性を克復しうる公正な第三者としての裁判の要求につながるのだ。

　ヘーゲルはそうした要求を刑罰に新たな質的規定を付け加わることで解決する。彼によれば、被害者を含む市民一般は、犯罪を「普遍的な事柄の侵害」として理解するがゆえに、それを「社会にとっての行為の危険性という視点」から評価し、刑罰の妥当性を量るとされるのである。そこからは、「犯罪」が被害者やその関係者にもたらす痛みや悲しみという影響が、当事者だけが被った特殊事情ではなく、同じ社会で生きている者であれば、他のだれであれ、被りうる危険という水準で考察され

るようになる。「この視点こそが、「復讐」という被害者の権利が、同じ「犯罪」を被りうる人々の権利という形で「刑罰」のうちに止揚された姿なのである」と、大橋は指摘している。[9]

③　アルバート・ヘルマン・ポスト

つぎに、「比較民俗学的法研究」の分野で復讐を分類・類型化しようとしたアルバート・ヘルマン・ポスト（1839〜95年）を紹介したい。彼は、復讐は法的現象ではなく、社会システムの一部であるとした。そのうえで、（A）決闘、（B）攻撃、（C）公認の復讐、（D）罰金──という形態をとると考えた。[10]

まずミラーが、「正義は第一に、返済すること、買い戻すこと、負債義務の量を決めること、あるいは、償還すべきモノないしヒトの価値を決めることであった」とし、政治哲学者、道徳哲学者、法哲学者によって考えられているような抽象的なものではないと主張しているという話からはじめたい。彼は、そのうえで正義と平和の関係に注目している。ドイツ語で「満足させる」を意味する befriedigen に含まれている Friede は「平和」を意味するが、そこには、支払い、債務の満足といった意味があった。ヘブライ語で平和を意味する「シャローム」の語源である、「シン・ラメド・メン」（shin-lamed-mem）も、「現物で返す」「完全にする」という意味を中核に持っている。さらに、ラテン語の pacare は、「満足させる」、「平和にする」といった意味をもつが、ここにあるのは、平和が返済を要求し、返済が平和をもたらすという考え方だ。つまり、「価格と支払いという価値の決定を、平和と正義から切り離すことはできない」ことになる。

興味深いのは、この平和が金銭やその他の貴重品の提供（罰金）によって崩壊へと向かったという見方である。ポストにとって、社会システムとしての復讐は平和維持のためのシステムであったのである。なお、「平和喪失状態」（die Friedlosigkeit）にあると宣言された者を生み出すことで平和状態をつくり出していたという話もある。これは、特定集団（共同体）が共有する法＝掟に対する重大な侵害がなされた場合、当該の人物に対して集団からの放逐を公的に宣告（ゲルマン法でいう「平和喪失状態」（die Friedlosigkeit）の宣告）するもので、宣告を受けた個人は財産からも家族からも完全に分離され，だれもが殺害してよいものになる

ことであったという（山崎カヲル著「匪賊たちの系譜学・第 1 部」[https://repository.tku.ac.jp/dspace/bitstream/11150/250/1/komyu32-04.pdf] を参照）。

④　ロバート・ノージック

ノージックは『哲学的説明』のなかで、retribution（報復ないし応報）と revenge（復讐）との間の対比を行い、つぎの５点を指摘している[11]。

（１）　報復は過ちに対して行われるが、復讐は傷や害や軽重に対して行われることがあり、過ちに対してである必要はない。

（２）　報復は悪の重大性に応じて罰の量に内部的な制限を設けるが、復讐は与えるものに内部的に制限を設ける必要はない。

（３）　復讐は個人的なものである一方、報復の代理人は、報復の対象となる悪事の被害者と特別または個人的な結びつきをもつ必要はない。

（４）　復讐は、他人の苦しみに対する喜びという特定の感情を伴うが、報復は、感情を伴わないか、別の感情、すなわち正義が行われることに対する喜びを伴う必要がある。

（５）　復讐には一般性が必要ない一方、報復の実行者は、ある過ちに対して当然の罰を与え、他の同様の状況での罰を義務づける（一応の）一般原則の存在にコミットする。

ただし、この見解には、「復讐は野蛮なものである」という復讐についての一定の観念がすでに前提とされており、応報の擁護のために援用されているとの批判（たとえば橋本祐子著「復讐と応報刑」[http://www.houtetsugaku.org/_userdata//pamphlet2015.pdf]）がある。

ほかにも、「復讐が報復の一種である可能性を排除している。また、報復と復讐が一種の属人的な関係ではなく、より密接な関係にあるという可能性も排除している」として、ノージックの見解は間違っているとするチャールズ・バートンの批判もある[12]。

⑤　キット・クリステンセン

先に紹介したクリステンセンの見解では、復讐のシナリオには常に、①不当に害されたと思われる者（被害者）、②復讐の対象となる不当な害の加害者と思われる者、③復讐者、④復讐を求める者あるいはそれを主張する者（被害者になるかならないか、最終的に復讐者になるかならないか）

——が含まれている。すでに登場した言葉を使えば、ゲマインシャフト（家族や地域共同体など）段階では、個々の人間の自由度が低く、家族や共同体といった集団が適格な道徳的地位とその行動に対する道徳的責任をもつことになる。そのうえで、そうした集団が被害者、復讐の対象、復讐者、復讐の支持者になりうるかどうかを問うことが必要になる。

　クリステンセン自身は、集団の構成員の一部が直接的に虐待を受けると、その集団に所属しているためにほかの構成員が間接的に被害を受け、その結果、集団を構成する個人間の関係から、集団は直接的ではなく代理的に大きな被害を受けることがありえるとする、ラリー・メイの立場に従って、「そもそも、集団はこのように限定的な意味で被害を受けることがあり、復讐の行為によって同じように被害を受けることがあると結論づけることができる」としている。[13]

　だが、個々人の自由な選択を前提とするゲゼルシャフトの段階になると、個人の責任が重視されるようになる。わかりやすく言えば、ゲマインシャフト時代には、家庭内で暴力沙汰が起きても、それに警察が介入することは考えにくかったが、ゲゼルシャフトの段階では、たとえ家庭内暴力であっても公的犯罪になりうる。各主権国家は、公正、公平、かつ均一な方法で、報復的正義および補償的正義を行うシステムの制度化をはかることで、復讐の刑罰への転化というメカニズムの構築してきた。個人的報復としての復讐は刑罰の制度化によってその連鎖を抑止可能とされるようになる。これは、集団だけでなく、個人レベルでも復讐を抑止する方向性を確実にすることを意味している。

　ただし、この復讐の刑罰への転化は主権国家の中立的な裁定者による審判を前提としている。その意味で、各国の刑事司法制度への信頼が揺らげば、復讐は刑罰に転化できず、実際に復讐が執行される事態も起こりうることになる。米国のように、九人の憲法裁判所の裁判官への信頼が揺らいだところでは、司法制度自体が信頼を失いつつあり、それが刑罰とは無関係なかたちでの暴力沙汰、すなわち私的復讐の履行につながりかねない状況にある。こうした社会的ムードは、集団で経験した屈辱への復讐を求めるといった感情にもつながる。ウクライナ戦争によって受けているウクライナ国民の惨状をテレビで観て、ロシアへの復讐心を燃やし、ウクライナ支援のための武器供与に賛成したり、その義勇軍に参加したりする人々の増加につながるのである。

クリステンセン自身は、だれも復讐の対象になるべきでなく（処罰に値するかもしれないが）、だれも復讐する権利を持っていないという立場に立っている。さらに、「復讐は道徳的に必須でもなければ、道徳的に許されるものでもない」という。「ただし、個人にとっては非常に限られた条件の下で道徳的に許せるかもしれないが（それでも間違っているが）、集団にとっては決して許されるものではない」と主張している。

まだまだ取り上げるべき説は多い。ただ、紙幅の関係でほかの理論については、トゥオリの論文やステファン・ブラウン著「均衡の概念による報復的刑罰の道徳的正当化」（https://core.ac.uk/download/pdf/305119561.pdf）を参照してほしい。ここでは、トゥオリが結論部分で、「西洋の法文化は、その古代において、いくつかの類似した要素をもっていたが、法文化は発展し、暴力に訴えるという野蛮な慣習を否定してきた」と指摘している点に注意喚起しておきたい。この指摘の後に、「そして、この論理は、ヨーロッパの植民地大国の「指導」の下で生活する先住民の間で、こうした慣習を根絶することを、とりわけ正当化することになる」と記している。この文明史観はいま現在もつづいていると思われる。だが、「復讐＝野蛮」とする見方こそ、西洋文明に潜む復讐という感情を隠蔽しているのではないかと、私は思っている（詳しくは第8章を参照）。

（4）国家による刑罰

刑罰の歴史

刑罰の歴史的変遷を概観してみると、刑罰が社会の変化とともに変化してきたことがわかる。ニーチェの『道徳の系譜』には、古いドイツの刑罰として、①石打ちの刑（石臼が罪人の頭上に落とされる）、②車裂きの刑（刑罰の領域におけるドイツ的天才の独特無比の発明であり、お家芸である）、③杙（くい）で刺しぬく刑、④馬で引き裂いたり踏み潰したりする刑（「四つ裂き」の刑）、⑤油や酒で犯罪人を煮る刑（14・15世紀にもなお行われていた）、⑥皮剥ぎの刑（「革紐づくり」）の刑、⑦胸から肉を削ぐとる刑、⑧犯罪者に蜜をぬりたくって炎天の下で蠅にたからせる刑——が紹介されている。

　刑罰をめぐっては、16世紀から17世紀にその執行主体が地域社会から国家に委ねられるようになるという大きな変化があった。世俗化による王権の強化がこれに対応している。17世紀後半に身体切除の件数が減少するといったかたちで、残酷な刑罰の忌避が進む。18世紀半ば以前は、投獄は通常の刑罰ではなく、刑務所は主に裁判待ちの人々を収容するために使われていた。しかし、1780年から1810年までの30年間で、懲役刑は通常の刑罰の形態となったとされる。1780年代には死刑判決を受けた者の約半数が実際に絞首刑に処せられていたが、1808年には、10％を大きく上回ることはなかったという（ゴリンジ著『神の正義の復讐』165頁）。

　ミッシェル・フーコーのSurveiller et punir : Naissance de la prisonは、1750年から1820年にかけて、なぜ派手な公開処刑が懲役刑に取って代わられたのかという疑問からはじまっている(14)。その答えは、社会のさまざまな集団の間に存在する権力の行使に根本的な変化があったというものである。刑罰の焦点が肉体から魂へと移り、精神科医、教育学者などの「技術者」は彼らのもつ知識を産業社会の出現に適応した「規律社会」に合わせるかたちで刑務所にも適用されるのである。

　18世紀後半、三つの相互に対決する刑罰の仕掛けがあったというのがフーコーの基本理解だ。第一は、古い君主権に基盤をもち、刑罰は儀式として見物人に強烈な恐怖の効果をもたらす見世物というかたちのもとで、受刑者の身体に報復の烙印を押すという身体刑として行われる。この身体刑中心の刑罰制度では、見せしめは犯罪に対する応報であった。

　第二は、身体上の恐ろしさや集団的なおびえ、頬や肩の烙印といった見せしめ的な刑罰とは異なり、犯罪がもたらす利益よりも刑罰のもたらす不利益のほうが大きいという観念（表徴）による将来の犯罪防止のために、一つの記号体系としての法典における規定、表象を重視してなされる刑罰である。

　第三は、身体は訓育を受ける対象となり、矯正施設という管理装置のもとで再発防止や訓練に力点を置いた監獄重視の処罰である。

　これは、長くつづいた応報主義的な身体刑から、近代に近づくにつれて、規律・訓練を基本とする、強制権をもった監獄での身体拘束への変化を意味している。それは、見せしめという要素を払拭させることを意味し、被害者の受けた損失とは無縁の犯罪当事者の受苦にすぎないもの

になってゆく。その意味で、負の互酬性は時代を経るにつれて、その互酬性が薄れてしまうように映る。

　大切なことは、この「見せしめ」という作業が被害者およびその周辺の人々の復讐心をなだめるために長く重視されてきた点だ。たとえば、カントは『倫理学講義』のなかで、「したがって、刑罰は悪を防ぐための手段であり、悪を罰するための手段である。政府によって課されるものは、常に抑止的である。罪人自身を抑止するため、あるいは罪人を見せしめにすることによって他人を抑止するためである ……」と書いている。つまり、見せしめが犯罪抑止効果をもつと考えられていたのだ。
(15)

　だが、少なくとも公的犯罪に対する国家による「干渉」が強まるにつれて、犯罪の抑止や予防という側面が重視され、「規律・訓練を基本とする、強制権をもった監獄での身体拘束」へと刑罰は変化する。しかし、罪たる犯罪の罪滅ぼしとして暴力的罰が必要であるという基本認識は変わらなかった。

刑罰の動機に基づく類型化

　ただ、刑罰の内容の変化は刑罰の「道具的なもの」への傾斜を意味している。そこでは、改心させるため、あるいは将来の犯罪者を抑止するという目的のために刑罰が手段として用いられているのだから、刑罰は道具的として利用されていることになる。他方で、何らかの悪事や犯罪に対する返済（仕返し）や一種の負の功績（desert）として刑罰が科される場合には、その刑罰は報復的な特徴をもつ。ほかに過度の自己顕示欲という価値観を罰するといった機能主義的な刑罰のアプローチもある。

　こうした視点から、復讐を「個人的な報復」と定義するバートンは、右図に示したように、刑罰のなかでとくに、中央に位置する報復的刑罰のうち、個人にかかわる部分が復讐であるとみなしている。なお、「制度化されている」かどうかは、掟や法律の有無や、刑罰決定までの過程にかかわっている。

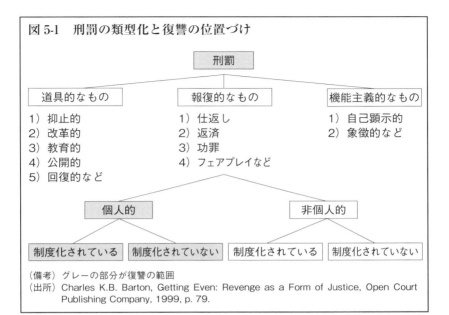

図 5-1 刑罰の類型化と復讐の位置づけ

刑罰

道具的なもの
1) 抑止的
2) 改革的
3) 教育的
4) 公開的
5) 回復的など

報復的なもの
1) 仕返し
2) 返済
3) 功罪
4) フェアプレイなど

機能主義的なもの
1) 自己顕示的
2) 象徴的など

個人的

非個人的

制度化されている　制度化されていない　制度化されている　制度化されていない

（備考）グレーの部分が復讐の範囲
（出所）Charles K.B. Barton, Getting Even: Revenge as a Form of Justice, Open Court
　　　　Publishing Company, 1999, p. 79.

復讐の位置づけ

　別の面から、刑罰について論じてみよう。その命題は、「刑罰には、復讐と忘却という両極端がある」というものだ。殺傷事件に巻き込まれたり、窃盗にあったりしたとき、その被害という「マイナス」に対して、復讐したり、報復したりするという、いわば「復讐」という極端な行動が考えられる。他方で、被害を受けたにもかかわらず、何もせず、ただただ泣き寝入りして、忘却を待つという極端な対応行動も想定できる。おそらく負の互酬性とは、この復讐と忘却という両極端の間のいずれかに位置する対応と考えることができるのではないか。

　この命題は、ロシアの報告書「復讐と忘却の間で：ロシアにおける移行期正義の概念」のなかでは、「移行期正義は、抑圧的な権威主義から民主主義への社会の転換の際にしばしば現れる二つの極端なもの、すなわち復讐と忘却に対立するものである」と指摘されている（「移行期正義」については第7章第7節で詳述する）。わかりやすく言えば、移行期の正義とは、圧政に苦しめられていた時代に罰せられずに終わってしまった法の違反や人権侵害、さらに、違反行為そのものや刑罰を免れられてしまっ

たことについて、新しい民主的国家のもとでどうすべきかという問題にかかわっている。この移行期正義を刑罰に置き換えても、「当たらずとも遠からず」であると思える。

　第一の極は、「長い間正義を奪われてきた被害者（あるいはその代弁者）が、自らの手で正義を貫き、加害者の虐殺を自ら実行すること」を意味している。刑罰の極端な側面として、こうした類のものが想定できるのはたしかだろう。他方で、第二の極の例では、「加害者は罰せられず、生存者は忘れるよう奨励される」ことになる。したがって、この報告書のタイトル「復讐と忘却の間で」は、負の互酬性の範囲をみごとに表現しているように思われるのだ。

　第4章で指摘したように、「赦し」の位置づけをどうすべきかという難題が残されている。本書は、「復讐－赦し－忘却」の間に負の互酬性を想定できるのではないかと考えている。赦しのなかには忘却への幇助という企みが隠されている場合がたしかにある。その意味で、忘れ去られてしまえば、赦すも何もなくなってしまうのであり、負の互酬性を問うことさえできなくなってしまう。ゆえに、第二の極は忘却であると思われる。

正義論からみた復讐と刑罰

　すでに指摘したように、復讐を刑罰に転化するメカニズムをうまく機能させるには、報復的正義と補償的正義を主権国家が担うシステムの構築が必要となる。しかも、この二つの正義が国家によって確実に保障されているとの信頼が主権国家と国民との間に成立しなければ、このメカニズムはあっという間に崩れかねない。

　先に説明したバートンの刑罰の類型化では、報復的な刑罰にある「仕返し」（報復）と「返済」（補償）が区別されていない。正義論からみると、この二つの区別は重大であり、この類型化は説明のための便宜主義に傾きすぎていることになる。

　報復的正義は、社会規範の違反者にある程度の危害を加えるという社会統制強化によって実現されると考えられてきた。これは、①犯罪者を罰すること、②その罰が犯罪に見合うものであること——という二つの要件を満たすことによって果たされる。いわば、人類が長い歴史のなかで培ってきた道徳原理のようなものに基づいている。この報復的正義は

あくまで犯罪者／違反者が何を受けるべきかということに焦点が当てられている点が特徴だ。

　ここで重要になるのが復讐と報復の違いである（その違いについては、ノージックの説明のなかですでに紹介しておいた）。重要なのは、報復がすでに悪いことをした側にどんな経験をさせたいかに重点を置いているのに対して、復讐は被害者側がどのような経験をしたいかに本質がある点だ（ノージックのいう「他人の苦しみに対する喜び」を得たいかどうかなど）。

　報復的正義は、刑罰によって、ある種の社会的ルールが破られることを将来にわたって防止する効果をもつことを期待している。これは、刑罰によって、特定された規則違反者が違反を繰り返さないようにする（少なくとも、有期懲役の場合は一時的に、死の場合は永久に）、あるいは、それに対して再び同様の被害が与えられるという脅威から、将来の不正行為を抑止するような方法で傷つけられることを期待していることになる。この抑止力は他の潜在的な規則違反者にも向けられるが、その場合、疑われる犯罪者や有罪判決を受けた犯罪者の再犯を抑止するための罰（特定刑罰）と、まだ罪を犯していないが犯罪を考えている可能性のある他の人々を例によって脅かす方法（一般刑罰）がある。なお、後者は刑罰（punishment）と呼ぶよりも、telishment と呼ぶべきものかもしれない。[16]

　補償的正義はもっぱら被害者側に関心を置いている。補償的正義は、不当に傷つけられた人は補償を受けるべきであり、その金額は彼らが受けた傷の量に比例すべきであるとみなす。そこに、負の互酬性に基づくバランスの回復がかかわっている。

　問題は、被害者の受けた損失を補償するなかに、「悪いことをされた後に再び良い気分になる」という心理的要素が含まれている点だ。つまり、金銭、土地、あらゆる種類の所有物といった物的補償だけでは補償的正義は貫徹されえない。こう考える人のなかには、補償的正義の一環として、最終的に実際に復讐されたと感じるように、刑事裁判や民事裁判で多くのことを行うべきだというターン・ローゼンバウムのような主張もある。[17]

　他方で、補償的正義は被害者への賠償という金銭的代償の請求によって、負の互酬性のバランスをとろうとする。このとき、賠償の意味を広義に想定すると、再建のための物質的支援、修復的司法手続きによる心理的・文化的修復、謝罪、個人や集団が被った不当な損害の公的承認を

含むことも可能となる。

　こうなると、補償的正義の一環として、復讐権を主張することもできる。本書で紹介したバートンは、「修復的な相互作用の癒しの力は過大評価することはできないが、その基本的な出発点は、慈悲を示すことも復讐することもできる被害者の特権と権利でなければならない」として、被害者の権利としての復讐権を認めている。彼はつぎのように記述している（Barton, p. 81）。

　「負の互恵性、すなわち返済（payback, get even）という報復の考え方は、確執の満足のいく分析に不可欠な要素であり、報復は、標的となった人物が復讐された犯罪に対して負う責任に基づいて行われ、正当化されるという考え方も同様である。言い換えれば、確執のなかで復讐を正当化するのは、単に名誉や社会的地位の維持ではなく、対象となる人物（あるいは家族）の過去の犯罪に対する報復的責任である。この責任は、問題となった過ちに対する彼らの道徳的責任に基づくものである。」

　すでに「被害者の権利」を広範に認める動きが米国において一定の広がりみせている。具体的に言えば、殺人事件の被害者の家族に加害者の処刑を見る機会を与えるといった「被害者の権利」が認められているのである。連邦法上、「犯罪被害者の権利」として、①公正に扱われ、被害者の尊厳とプライバシーを尊重される権利、②被告人である加害者から合理的に保護される権利、③裁判の告知を受ける権利、④裁判において被害者が他の証言を聞いた場合、被害者の証言に重大な影響を与えると裁判所が判断しない限り、犯罪に関連するすべての公開裁判に立ち会う権利、⑤当該事件における政府の弁護士と協議する権利、⑥返還を求める権利、⑦犯罪者の有罪判決、判決、投獄、釈放に関する情報を得る権利——が認められている。

　2004年4月に公表された議会調査局の報告書「被害者の権利に関する修正案：第108回連邦議会における合衆国憲法改正案」（https://crsreports.congress.gov/product/pdf/RL/RL31750/2）によれば、この時点で、「33の州が州憲法に被害者の権利の修正条項を追加している」状況にあり、連邦レベルでも連邦憲法に「被害者の権利章典」を加えるという超党派の提案があることが紹介されている。

さすがに、被害者の権利として復讐権を明記するといったところまで検討されているわけではない。それでも、補償的正義の議論のなかには、復讐権までもが考察対象になりうることは重要だ。もちろん、バートンのような主張に反対する意見もある。たとえば、マイケル・デイヴィス著「被害者の権利、復讐、報復」では、「復讐は常に個人的なものでもなければ、常に報復的なものでもなく、また常に罰でもない」として、バートンの主張を真っ向から批判している[18]。

国家による刑罰を疑え

すでに、「復讐を刑罰に転化するメカニズムをうまく機能させるには、報復的正義と補償的正義を主権国家が担うシステムの構築が必要となる」と記述した。だがこれは、その内容を肯定的に紹介しようとしたものではない。なぜなら、国家に罰する権利を認めることはその国家の国民の尊厳を守ることに必ずしもつながらないからだ。とくに、報復的正義は暴力を暴力で返すという正義を認めることになる。こうした正義を本当に安直に認めていいのかどうかについては慎重な議論が必要だろう。

キリスト教神学と平和主義との関連を研究するテッド・グリムスルード著「キリスト教における復讐（vengeance）の代替案」（https://peacetheology.net/2012/06/19/the-christian-alternative-to-vengeance/）によると、「刑罰は、犯罪に直接関連する刑罰をもたらすプロセスの本質的な公正さではなく、罰するための火力をもつ刑罰を行う側に基づいている」と指摘したうえで、「それゆえ、刑罰のダイナミクスは、社会の権力者や富裕層の利益のために容易に利用されてしまう」としている。これは、フーコーが気にかけていた国家権力による支配の実態であり、国家による復讐の刑罰への転化という現象を手放しに肯定することはできない。

「復讐（revenge）も報復（retribution）も、強制的な力を行使することが、権力と尊厳を肯定するために不可欠であると誤って信じている」（ジュディス・ケイ）として、とくに米国の刑事司法制度を批判する見解も紹介しておきたい[19]。彼女の著書『神話を殺す：死刑の背後にある物語』では、出版された 2005 年当時、米国において死刑制度復活後の 30 年で 1000 人近くが処刑され、3500 人以上が刑務所の死刑囚監房にいる現状を批判する立場から、多くの米国人がなぜ死刑を支持するのか、という疑問

に対して答えようとしている。

　彼女が検証したのは、犯罪と刑罰に関するアメリカ人の根深い信念だった。彼女は、米国人は正義に対して逆効果の考えを共有していると主張する。つまり、罰は悪い行いを正し、苦しみは間違った行いの代償となり、被害者の復讐心は自然で避けられないという考えだ。あるいは、①正当に有罪判決を受けた犯罪者を罰することによってもたらされる痛みや苦しみは、犯罪者をより良い人間にするための大きな可能性をもっている、②刑罰はさらなる刑罰を避けるために将来の不正行為を慎むように人を条件づけている、③刑罰は自分のやり方の間違いを認識することを助ける、④刑罰は犯罪によってアンバランスになった不正の天秤を均衡させる、⑤刑罰は、被害者になることが実際にどのような感じなのかを実感させる——といった刑罰の前提は間違っているというのだ。

　米国の刑事司法制度は、犯罪者の処遇が現実を反映し、すべての人を同じように扱うという真の客観性と公平性を期待させるものとしてある。そこにあるのは死刑を含む報復が正義を実践する超越的な普遍性であるという幻想だ。復讐を含む報復を制度化した刑罰制度がいまの米国の刑事司法制度であるにもかかわらず、復讐を排除しているかのように主張しているところに悲劇があると考えていることになる。彼女は結局のところ、我々の刑事司法制度は支配階級の利益を守るために機能しているが、実際には社会のほかの人々の利益に反するように作用していると指摘し、人間の復讐心は支配者の利益のために、たとえ社会一般の利益に反するようなやり方であっても、支配者によって操作されると警告している。

　彼女は、罰の問題点として、罰を受けた人が悔い改めるための刺激になるのではなく、むしろ罰を恨むようになる点を指摘している。憤慨した態度では、犯罪者は自分の行いが不適切だったと告白するよりも、正当化されると考える可能性が高くなってしまう。こうして、犯罪者は悪いことをすべきでなかったということよりも、捕まるべきでなかったと考えるようになるだけだ。しかも、ほとんどすべての暴力的犯罪者は、自分自身がすでに暴力の犠牲者となっていることを知っている。彼らの行為は（彼らの心のなかでは）すでに報復行為であるかもしれないのだ。こんな風に考えている者に刑罰を加えても、それは犯罪者を報復の連鎖のなかに深く引きずり込むだけだ。そして、罰を受けた結果、彼らがもっ

とも望むのは、ほかのだれかを傷つけたいということではないか。

前述したグリムスルードは、つぎのように重要な指摘をしている。

「暴力的な罰を与えることは、関係者全員を暴力という病原体に感染させることになる。傷つけられた人は、傷を与えた人と同じように暴力的な行為によって傷つけられる。個人を超えて、犯罪者に暴力をふるう責任を負う機関は、それ自体が道徳的に傷つき、この傷は、そうした機関をつくり支えてきた社会全体に跳ね返る。暴力は本来、すべての人にとって悪いものだ。暴力が行うのは損害を与えることだけである。」

それでは、どうすればいいのか。関係者の権利を完全に保護した上で、悪人を逮捕し、迅速に隔離する警察の能力を強化することに取り組むことは必要だ。しかし、犯罪者を効果的に逮捕し、犯罪に対して迅速かつ公正な結果をもたらすだけでなく、犯罪によって失われた財産の返済や精神的コストに対処する努力など、被害者が受けたダメージを軽減するための方法を見出すことに全力をあげることも求められる。同時に、犯罪者が癒されるような努力も必要だ。さらに、再犯の問題を克服するために、犯罪者が社会に復帰するためのスキルを身につけられるよう支援することとなる。社会的不平等を克服することに取り組むということも大前提となる。これがグリムスルードの主張である。

ごく当たり前の結論だが、私が強調したいのは犯罪という帰結しか重視しない帰結主義の立場にたつと、こうした見方は生まれないという点だ。帰結主義は結果という「森」を見るだけで、その結果に至る背景たる「木」をまったく無視していることになる。

［第5章 注］

(1) Ted Grimsrud, The Christian Alternative to Vengeance, presented in 2007, https://peacetheology.net/2012/06/19/the-christian-alternative-to-vengeance/ および Timothy Gorringe, God's Just Vengeance: Crime, violence and the rhetoric of salvation, Cambridge University Press, 1996 を参照。

(2) ハンムラビ法典については、佐藤信夫著「古代法の翻訳と解釈（1）：ハンム ラビ法典の石柱に 刻まれた楔形文字全文の原典その翻訳および解釈の 方法に ついて」（https://ygu.repo.nii.ac.jp/?action=repository_uri&item_id=855&file_ id=18&file_no=1）という優れた考察があるので、これを参照してほしい。

(3) William Ian Miller, Eye for an Eye, Cambridge University Press, 2006, No. 474（電子版使用）.

(4) Francesco Parisi & Giuseppe Dari Mattiacci, The Rise and Fall of Communal Liability in Ancient Law, 2004, https://www.law.gmu.edu/assets/files/ publications/working_papers/03-44.pdf.

(5) Beth Troy, Legally Bound: A Study of Women's Legal Status in the Ancient Near East, 2004, p. 27, https://etd.ohiolink.edu/apexprod/rws_etd/ send_file/send?accession=miami1101850402&disposition=inline.

(6) Mayer Sulzberger, The Ancient Hebrew Law of Homicide, Originally published by Julius H. Greenstone, 1915 (Reprinted 2004, 2018 by the Lawbook Exchange, Ltd).

(7) ここでは、松井富美男著「カントの正義論」（https://ir.lib.hiroshima-u.ac.jp/ ja/list/creator/de3d51da628be5e3520e17560c007669/item/17341）と北尾宏之 著「カントの刑罰論」（http://www.ritsumei.ac.jp/acd/cg/lt/rb/625/625pdf/ kitao.pdf）を参照。

(8) 大橋基著「ヘーゲルの「刑罰」論における復讐心の問題」（https://www. jstage.jst.go.jp/article/studienzuhegel1995/2005/11/2005_11_118/_pdf/-char/ ja）を参照。

(9) 同上, 127頁。

(10) Albert Hermann Post, Grundriss der ethnologischen Jurisprudenz. Band 1 und 2, Aalen : Scientia Verlag, 1970. 2 Volumes. Reprint 1894-1895 edition.

(11) Robert Nozick, Philosophical Explanations, Harvard University Press, 1981, pp. 366-368.

(12) Charles K.B. Barton, Getting Even: Revenge as a Form of Justice, Open Court, 1999.

(13) Larry May, The Morality of Groups: Collective Responsibility, University Of Notre Dame Press, 1987.

(14) Michel Foucault, Surveiller et punir : Naissance de la prison, Gallimard, 1975= 田村俶訳『監獄の誕生：監視と処刑』新潮社, 1977=Discipline and

Punish : The Birth of the Prison, translated by Alan Sherida, Vintage Books, 1977.

(15) Immanuel Kant, Lectures on Ethics, translated by Louis Infield, Harper & Row Publishers, 1963.

(16) John P. Pittman, Punishment and Race, 1997, https://www.cambridge.org/core/services/aop-cambridge-core/content/view/438C37B17268F6E01E7AEC45C099E34C/S0953820800005161a.pdf/punishment_and_race.pdf.

(17) Thane Rosenbaum, Payback: The Case for Revenge, University of Chicago Press, 2013.

(18) Michael Davis, Victims' Rights, Revenge, and Retribution, Australian Journal of Professional and Applied Ethics, Vol. 3 (2), 2001.

(19) Judith W. Kay, Murdering Myths: The Story Behind The Death Penalty, Rowman & Littlefield Publishers, 2005.

第6章　国際法からみた戦争

(1) ヨーロッパ公法（国際法）の誕生まで

　ここからは、国際法上の戦争の位置づけについて論じたい。主権国家化が定着する近代とそれ以前とでは、国際法上の戦争の位置づけは大きく異なっている。ゆえに、まず主権国家について説明する必要がある。

リヴァイアサン

　ごく簡単に主権国家像をイメージしてもらうには、レヴィアタン（リヴァイアサン）なるものを描いた図6-1を見てもらえば十分だ。リヴァイアサンは旧約聖書に発し、神話的・神学的・カバラ的解釈に覆われたシンボルとしてある。歴史的変化のなかでも、リヴァイアサンは常に鰐・鯨・大魚、すなわち海の生物としてイメージされ、ベヒモス（ビヒモス）は巨牛・象などの陸の獣とされてきた。中世キリスト教のリヴァイサン解釈では、人類支配をめぐる神と悪魔の闘争において、悪魔は十字架上のキリストの屈従的姿のうちに神が潜んでいることに気づかず、これを呑もうとして、魚が釣り針にかかるように捕えられてしまい、悪魔は敗れたとする神学的解釈が支配的であった。これが中世の書物に「巨鯨」として登場するリヴァイアサンにつながっている。

　トマス・ホッブズの著した『リヴァイアサン』の英語版第一版（1651年）の扉には銅版画が掲げられている。その画は、最高部に「地上の権力には是と並ぶ者なし」（Non est potestas super Terram quae Comparetur ei）というヨブ記41章24節の標語を置き、その下に無数の小人によって合成された巨人が右手に剣、左手に牧杖をもち、平和な町を上から護っている。つまり、リヴァイアサンは海の怪獣というよりも巨人としてイメージされていることがわかる。

図6-1　『リヴァイアサン』の扉部分

　この本のなかでリヴァイアサンが登場するのは３カ所しかない。カール・シュミットの分析によれば、リヴァイアサンとは「絶対的権力の貴族・教会との闘争という 17 世紀の政治状況において、至高・不可分・最強の世俗的権力を、聖書のいう最強の獣に喩えたものにほかならない」という結論になる[1]。注意すべきことは 17 世紀の英国人にとって鯨はなじみ深いもので、「巨鯨」リヴァイアサンという海獣が平和的秩序の象徴に選ばれたことである。後述するように、英国というリヴァイアサンは大陸に現れたビヒモスによって形成された空間秩序を海から換骨奪胎するのだ。

ホッブズの主権

　ここで、ホッブズが『リヴァイアサン』において、群衆が一人格に統合された国家主権の正当性を主張していることを思い出そう。そのために、彼はプロテスタント神学に従ってカトリック教会を批判、普遍的な教会が地上に存在しないことを力説する一方、国家主権の絶対性を強調するのである。人間には、神のつくったままの自然状態において、自然権、生存権、幸福追求権があり、それらを無制限に主張しかねない。万人の万人のための戦争になりかねない。これを避けるには、人間の自由意志（ここでは意志と意思を区別しない）に基づいて、自ら自然権を放棄したり

制限したりすることが必要になる。この人間間の契約を守るには、統一された合議体が不可欠となる——という論理展開をたどるのがホッブズの社会契約論だ。

　ここで大切なのは、人間の自由意志を前提にしている点である。神の掌から抜け出した人間が想定されていることになる。ホッブズは、自分たちの人格を担わせ、その合議体による行為を自らの意志として認めることによって、群衆が一人格に統一されたかにみえるようにすることで平和と安全を維持できると主張する。この統一された人格こそ、「コモンウェルス」と呼ばれる。その人格を担う者は主権者と呼ばれ、「主権者権力」をもつとされる。ここに、彼は怪物リヴァイアサン（Leviathan）、すなわち「可死の神」（deus mortalis, mortal God）をみている。

　神はふつう、永遠で不死を特徴とするが、「巨大な権力」の象徴としてのリヴァイアサンは国家の魂の部分であり、国家自体は保護を実現する機械と化す。その意味で、それは朽ちる可能性を排除できない。そして、この主権者たる国家は人間の自由意志に基づいているという意味で、人間の主体の成立という問題に関係していることになる。主体性は二つの以上の選択肢から自由意志によって一つを選択するという形で実現される。この主体の確立がなければ、自由意志に基づく国家は存在しないことになる。ゆえに、国家は人間の主体性の確立という神話を国民に強制する。同時に、犯罪への刑罰を科すという暴力を支配下に置くことで、国家は自らの権力を堅持しようとする。

　このとき、国家は個人の復讐も集団の復讐も刑罰に転化しようとした。そのために、教会が1000年以上をかけて構築してきた、「罪というものを贖う（罪滅ぼしをする）ことではじめて神の報復を避けられるとする信念」、すなわち、贖罪意識を利用したのである（この問題は第8章で詳述する）。先取りして書いておくと、集団については、刑罰の制度化を通じて、復讐を報復や制裁に代替させることに成功したかにみえるが、個人の意識や集団的「無意識」のレベルでは、復讐心は生き残り、ウクライナ戦争のような非常時になると、この復讐心がむくむくと立ち上がり、復讐の実行を促すようになる。それが「制裁」と呼ばれるものだ（制裁については第7章で詳述する）。

国際法の「はじまり」

ここでは、カール・シュミット著『大地のノモス：ヨーロッパ公法という国際法における』(https://s3.amazonaws.com/arena-attachments/780536/d9298ae3fa958fa33ff47ca7de969b90.pdf)を参考にしながら、地政学上の空間分析という視点から考察する[2]。

まず、いわゆる「万民法」（ユス・ゲンチウム, jus gentium）は国際法とは呼べないという点を確認しておきたい。なぜなら、ポリス（都市国家）からコスモポリス（世界国家）をなすというヘレニズム時代の哲学的一般論は、トポス（方向性）を欠き、具体的な秩序をもたないので、無視することができるからである。これがシュミットの見方である。ただし、物理的に地球という球体が見出される以前にも国際法は存在した。「まさにローマ法は、国際法の実践において、さまざまな戦争、同盟、連合、外国領土を認めていた」から、「justus hostis（just enemy）を認識する、その能力はすべての国際法のはじまりである」と、シュミットはのべている[3]。とはいえ、それはあくまで「はじまり」にすぎない。

陸での「土地収用」

シュミットは、いわゆる「新大陸」の発見を契機に近代国際法としてのヨーロッパ公法が誕生するとみなす。それ以前には、海を知らない陸上だけの秩序が基本的に前提とされているだけだった。ローマ教皇の新宣教地授与は、陸と海の空間を区別することなく、等しく分割したのであり、ローマ教皇庁はすべての島々（シチリア島、サルディニア島、コルシカ島、イギリス）の領有権を主張したが、これらの領有権は、陸と海に基づく地球の分割ではなく、コンスタンティヌスの寄贈とされるものに言及していたという[4]。

シュミットは土地収用（land appropriation）をめぐる変遷に注目する。彼の本のタイトルに「ノモス」が出てくるのはそのためである。ギリシャ語で、その後のすべての測定の最初の尺度、空間の最初の分割と分類として理解される最初の土地占有、原初の分割と配分を意味する言葉がノモスだからだ。国際法の歴史もまた、土地収用の歴史である。ある時期には、海の占有もこの歴史の一部となり、そのとき、大地のノモスは、固い土地と自由な海の間の特定の関係にかかわることになる。

ローマ帝国のような帝国が登場すると、帝国間の関係、帝国内の民族

間の関係、帝国と単なる部族・民族との関係（ローマ帝国と同盟を結び帝
国領土を委ねられた放浪部族との関係など）の３種類の関係が生まれる。そ
こに、戦争と平和のための重要な法体系がつくり出されることになる。
帝国間については、相手となる帝国を「正義の敵」ないし「正当な敵」
として認める転換が容易にできず、帝国間の戦争は殲滅戦争として行わ
れるしかなかった。

　キリスト教・ヨーロッパ中世の帝国については、16世紀から20世紀
までの国家間ヨーロッパ国際法（ヨーロッパ公法）を生み出す前提条件を
提供した。それは、帝国と教皇庁に支えられた中世の空間秩序である。
大澤真幸の『〈世界史〉の哲学　近代篇２』にある説明を借りれば、中
世においては、人々の世界を支配する命令の正統性は、キリスト教会（カ
トリック）によってもたらされていたのであり、「中世の国際法からヨー
ロッパ公法への転換は、「神学的＝教会的な思考体系」から「法律的＝
国家的な思考体系」への移行に対応している」ことになる。

アクィナスとグロティウスの正戦論

　ヨーロッパ中世の正戦論として、トマス・アクィナスの正戦論を紹介
しておこう。アクィナスについてはすでに彼の贖罪論について説明した。
ここでは、彼の著書『神学大全』の第二部第40問（http://theahi.org/wp-
content/uploads/2013/10/thomas-aquinas-on-war.pdf）にある「戦争」につい
ての記述をみてみよう。

　「戦争をすることは常に罪深いことか？」という問いに対して、アクィ
ナスは「戦争が正義であるためには三つのことが必要である」と答えて
いる。①戦争が行われる命令には君主の権威が必要、②正当な理由が必
要（攻撃される者は何らかの過失のためにそれに値するから攻撃されるのでな
ければならない）、③交戦者は善の促進または悪の回避を意図するような
正当な意図をもつことが必要である――というのがそれである。

　その後、『戦争と平和の法』で知られるフーゴー・グロティウス（1583
～1645）はその第二巻において、「正義の戦争」（Just War）における正
義の理由として、「自衛、財産回復、懲罰」の三つの種類を想定した[5]。
人間間の関係は自然法の支配を受けており、それは人間集団としての国
家間にも適用されると考えたグロティウスは、論理の問題として、ある
いは「事案の性質上」、戦争はせいぜい一方の側にとってのみ客観的に

正当化されうると主張した。加害者の行為は、たとえ不当なものでなくとも（刑事司法の観点から免責されうるものであっても）不当であり、そのために損害の被害者に賠償が支払われなければならないのであり、罪のある侵略者とその共犯者は罰せられるべきことになる。このような正義の戦争の概念において、懲罰は戦争の正当な原因の一つである以上に果たすべき役割を担っている。グロティウスは、戦争の文脈における懲罰的正義の拡大を主張することで、今日普遍的刑事司法権と人道的介入と呼ばれるものを事実上正当化したのである。

　グロティウスは、悪人、被害者、そして人類共同体の観点から戦争における懲罰を正当化している。罰は加害者を矯正し、更生させるものであり、そのため加害者のために与えられる。さらに、懲罰は模範的で「公然かつ顕著」であることによって、すべての潜在的な攻撃者を抑止することができるとされている。ゆえに、注（5）で紹介したカルモノヴィッツの論文では、「グロティウスの刑罰に関する拡大解釈は、事実上、侵略者を普遍的な犯罪者に変えてしまったのである」と指摘されている。

　だが、『戦争と平和の法』第三巻では、普遍的刑事管轄権の強固な理解は本質的に取り消され、「厳粛な戦争」（Solemn War）という概念が提起される。主権国家間で正式に宣言された戦争が厳粛な戦争であり、戦争が「両国またはその主権者の合意」によって行われたことを証明するために、正式な宣戦が必要とされる。正式な宣戦布告の要点は、厳粛な戦争に特有の規則が適用されることを国際社会に宣言することである。これがなければ、不当な交戦者は、第三者からも刑事訴追を受ける可能性がある。

　厳粛な戦争において、刑罰が果たす役割は非常に限られている。このような戦争は、グロティウスによれば、大部分が免罪符によって構成されている、つまり、原則的に当然に刑罰から免除されているのである。正義の戦争の決定的な側面が、罪を犯した侵略者とその共犯者を罰することであるとすれば、厳粛な戦争の決定的な側面は、主権者の指揮下にある戦闘員は罰を免れなければならないということになる。

　この厳粛な戦争という見方こそ、「無差別戦争観」という国家間的国際法上の戦争概念の隆盛につながるのである。

「神学的＝教会的な思考体系」から「法律的＝国家的な思考体系」への移行

前述した「神学的＝教会的な思考体系」から「法律的＝国家的な思考体系」への移行が具体的に何を意味しているかについて明らかにしておこう。

西欧では、「神学的＝教会的な思考体系」はカトリック中心であったから、ローマ教皇庁がポルトガルやスペインが「発見」した新大陸の土地収用を認める勅令を出すというかたちで権威づけられていた。アフリカ大陸を南に下るポルトガルにその領有権を認める勅令は 15 世紀に何度か出されていたが、1492 年にクリストファー・コロンブスがいまの西インド諸島のなかのバハマ諸島の一島に到達したことで、この地の領有権をスペインが主張したため、ポルトガルとの間に領有権問題が生じる。当時の教皇アレクサンデル 6 世は 1493 年 5 月 4 日付の教皇勅令（「インテル・カエテラ」, Inter Caetera）で、海上を通過する子午線を分界線として、その東と西の各海域を、それぞれポルトガルとスペインの航海権益区域と定める。この分界線を、のちに 2 国間の交渉によりさらに西へ移動させたのがトルデシリャス条約（1494 年）である。1500 年にポルトガル人が到着した、いまのブラジル海岸は、この分界線の東側に位置するため、ポルトガル領となる。東回りでインド、中国への進出をはかるポルトガルは 16 世紀になって、同条約の改訂をスペインに求め、境界線の適用は大西洋地域に限り、東回りで発見された土地はポルトガルの領土とするサラゴサ条約が生まれる。

だが、国際法において教会が統括していた戦争の括りは、宗教戦争や内戦によってすでに破壊されつつあった。興味深いのは、シュミットが「宗教改革の結果の一つは、神学者が国際法を扱うことを禁じられたことである」と指摘している点だ。こうして、16 世紀以降、法学者が国際法の問題をさらに推し進めることになる。

教会から国家への移行が決定的になったのは、30 年戦争を終結させた、1648 年のウェストファリア条約である。各領邦国家の主権を認めたため、主権国家として各領邦国家が警察権を武器に君主の絶対主義化を促す。ドイツでは 1530 年、神聖ローマ帝国がヴォルムスの帝国議会で帝国警察規定を発布し、その補完として 1548 年、1588 年に警察規定が公布された。各領邦国家で警察法が制定されるようになっていたから、

1648年以降、警察権の強化を武器に絶対君主制が整えられるのである。幼児洗礼、結婚、埋葬、消防など生活にかかわる多くの場面に警察権がおよぶようになる。これは領主裁判権を領主（貴族）から、教会裁判権を教会勢力から、奪取して主権国家のもとに一本化させることを意味していた。まさに、「神学的＝教会的な思考体系」から「法律的＝国家的な思考体系」への移行が進んだのだ。

（2）ヨーロッパ公法の誕生と揺らぎ

ヨーロッパの新しい国際法（公法）

シュミットは『大地のノモス』において、「16世紀から20世紀までの400年間、ヨーロッパの国際法の構造は、新世界の征服という特殊な出来事によって決定されてきた」とのべている[6]。16世紀以降のヨーロッパ大陸の国際法は、もともと、国家間、ヨーロッパの君主間の法律であった。この時代の国際法の概念は、主権国家というただ一つの軸を持つものであり、中世の神聖な帝国や皇室を排除するものであった。

すでに指摘したように、主権国家の特徴として、シュミットは、①封建的、領土的、財産的、教会的権利を領土支配者の中央集権的な立法、行政、司法の下に置くことによって、明確な内部管轄を作り出した、②ヨーロッパの教会や宗教団体の内戦を終結させ、中央集権的な政治的統一によって、国家内の信条対立を中和した、③それ自体で、固定した境界線を持つ閉鎖的な領域を構成し、同様に組織された他の領域秩序との特定のタイプの対外関係を可能した――という三つをあげている。この結果として、ヨーロッパの国際法は国家間法、ヨーロッパ10カ国の秩序を守る取り決めとなる。

これが意味しているのは、ヨーロッパの共通の土地に住み、同じヨーロッパの「家族」に属する personae publicae（公人）として考えることができるようになったことである。こうして、それぞれが相手を正義の味方と認めることが可能になったのである。その結果、「戦争は決闘に似たものとなった」とシュミットは指摘している（決闘が正不正を問われないと同じように、国際法が「国家間」法であるかぎりは正戦も不正戦もありえない[7]）。すなわち、ヨーロッパの土地は、領土的に異なる道徳的人間の

間の武力衝突という戦争の舞台となる。政治的に認可され、軍事的に組織された国家が、すべてのヨーロッパの君主の監視のもとで互いにその力を試すことのできる閉ざされた空間が生じるのである。

　これは、どちらの交戦国も同じ政治的性格と同じ権利を持ち、お互いを国家として承認していたことを意味し、その結果、敵を犯罪者と区別することができることになる。敵という概念が法的形式をとることができただけでなく、敵は「消滅させなければならない者」でなくなったのである。こうして、敗戦国との平和条約が可能になった。このようにして、ヨーロッパの新しい国際法は、「国家という概念の助けを借りて、戦争を括弧書きにすることに成功したのである」と、シュミットは記述している。

　この新しいヨーロッパ公法においては、いわば諸国家が「自然状態において」対峙していることを意味している。シュミットは、『リヴァイアサン：近代国家の生成と挫折』において、この事実を最初に正確にのべたのはトマス・ホッブズであると記している。安定は国家の内にのみ存在し、「国家の外には安定はない」のであって、「国家間に国家はない」から、「それ故に合法的戦争も合法的平和もなく、法以前的・法外的な自然状態があるのみである」と、同書のなかで指摘している。

　この新しいヨーロッパの国際法（公法）は、正当な戦争のみを許可する。戦争の正義は、もはや神学的、道徳的、あるいは法学的規範の内容への適合に基づくものではなく、むしろ政治的形態の制度的、構造的特質に基づくものとなる。国家は互いに同じレベルで戦争を遂行し、互いに相手を裏切り者や犯罪者としてではなく、正義の敵／味方としてみなしたのだ。承認された主権国家は、ほかの主権国家との戦争においても、正義の敵／味方であり続けることができ、戦争は、たとえ恩赦条項を含む平和条約によって終結させることができるのである。だからこそ、ルソーは 1762 年刊行の『社会契約論』第 1 篇第 4 章「奴隷状態について」（https://sourcebooks.fordham.edu/mod/rousseau-contract2.asp）において、「そして、戦争は、人間と人間の間ではなく、国家と国家の間の関係であり、個人は、人間としてではなく、市民としてでもなく、兵士として、国の一員としてではなく、その防衛者として、偶然にのみ敵になる」とのべる。

　ただし、内戦も植民地戦争も、この括弧の外にとどまった。この時代のヨーロッパの陸上戦争だけが、双方が国家的に組織された軍隊によっ

て戦われたのである。戦争が反逆者、犯罪者、海賊に対してではなく、敵に対して行われたことから、多くの法制度が確立できた。とくに、「捕虜や敗者を、罰や復讐の対象や人質としてではなく、私有財産を、戦利品として扱わなくなり、自明な恩赦条項のある講和条約を締結することが可能になったのである」と、シュミットは指摘している。

　植民地については、ヨーロッパ側が「発見」によって土地を横取りするという形式が採用された。ローマ文明の「占領」概念が、自由な土地の横領の唯一の法的権利として認められるのである。

　注目すべきは、海戦の取り扱いであった。ヨーロッパでは、海戦は、交戦国の海軍力にとらわれない貿易戦争、経済戦争として一般に認識されていた。シュミットは『陸と海と』のなかで、つぎのようにわかりやすく説明している[8]。

　「これに対して海戦の根底には、敵の貿易、経済に打撃を与えねばならないという考え方がある。そのような戦争においては戦闘を行っている相手だけが敵ではなくて、敵国の国民すべて、そしてまた敵国と貿易を営み経済関係を結んでいる中立国すらも敵となる。陸地戦は勝敗を賭けた野戦となる傾向がある。海戦においてももちろん海上の戦闘は行われるのではあるが、その典型的な手段、方法は、敵国海岸の砲撃と封鎖であり、また敵国、中立国の商船を鹵獲（ろかく）権に従って拿捕することである。この典型的な海戦手段の本質のうちに、それが戦闘要員に対しても、また非戦闘要員に対しても向けられるということの基礎がある。ことに兵糧攻めともなれば、封鎖されている全地域の住民、軍人も一般市民も、男も女も、老人も子供も区別なくその対象となるわけだ。」

　こうした戦い方がいまのウクライナ戦争にまでつながっているのではないだろうか。

ヨーロッパ公法（国際法）への異論

　シュミットは前述の『リヴァイアサン』のなかで、「ところが周知のように、英米国際法論は大陸の戦争概念・敵概念を受け入れなかった」とのべている。その理由として、「イギリスが大陸諸国と同程度の「国家」とならなかったからである」と説明している。

　ここでは、ヨーロッパ公法が英米によってその性格が大きく変質する過程について、シュミット著『大地のノモス』をもとに説明したい。

　1856年のパリ会議で海賊が正式に廃止されるまで、国家が支援する私掠船（しりゃくせん）は海戦に積極的に参加していた。この私掠船こそ、国家の認可・命令・監督下に海軍旗を掲げて他国の商船拿捕や軍艦襲撃を行う武装船であり、とくに英国はこの私掠船を使って巨万の富を築く。この海賊はカトリック国（スペインなど）の船を略奪し、プロテスタントの国（英国）の君主にも大きな利益をもたらしたのである。とくに、蒸気船の登場で英国の優位は決定的となる。南北戦争ではすでに大砲を積んだ蒸気船が用いられており、「ここに近代的な産業戦争、経済戦争の時代が始まる」と、シュミットは『陸と海と』のなかで指摘している。

　英国は産業革命後、海上貿易を拡大するために自由貿易を推進する。重商主義の支柱として長い間貿易を制限してきた穀物法と航海法を撤廃、1860年にはフランスとの間にコブデン＝シュバリエ条約を締結し、自由主義経済思想と世界商業主義の旗手となる。英国は領事条約、通商条約、植民地条約における最恵国待遇条項を通じて、これまでのヨーロッパだけの国家圏から「非国家」、すなわち「植民地」の経済圏への拡大をめざす。これが意味していたのは、国内と国外の区別を尊重する本質的な国家間法とともに、ヨーロッパの国際法に、共通の経済法、国際私法（国境を越えた生活関係について、どの国の法を適用すべきかを定めることによって、生活関係の安全を保障し、それを促進しようとする法）が生まれたことであった。シュミットは、「イギリスのコモンローは、公法と私法の二元論も、ヨーロッパ大陸を規定する「国家」の概念も否定している」としたうえで、だからこそ、英国はヨーロッパのどの国家でも、私的で国家のない部分と直接関係を築くことができ、大英帝国の海の自由に基づく自由貿易・自由経済を前提とする国際法への道を拓くことが可能だったのである。

　いわゆる「西半球」（Western Hemisphere）という概念の登場によって、米国が特別の地位を勝ち得たことも指摘しておかなければならない。1823年12月2日、米大統領ジェームズ・モンローは議会への教書のなかで、米国とヨーロッパの相互不干渉の原則を表明し、ラテンアメリカ諸国へのいかなる干渉も米国に対する非友好的態度とみなすことを宣言する。いわゆる「モンロー・ドクトリン」の宣言にあたる。これ以降、

グリニッジ標準時の西経20度の大西洋を通る線で区切られた「西半球」という空間概念が、ヨーロッパ中心主義の世界観に対抗して、もはやヨーロッパ中心主義ではない新しい世界観を打ち出すのである。この動きは20世紀の新しい国際法（グローバルな国際法）へとつながっている。

ヨーロッパ中心の空間秩序の崩壊

19世紀、英、仏、独、伊、ポルトガルといったヨーロッパ諸国は、ヨーロッパ国家の一員として、勢力圏と利益圏の分割に関する条約を数多く締結するようになる。植民地の争奪戦の時代に突入する。そこで問題になったのが植民地や海外の土壌とヨーロッパ本国の国家領土の土壌との区別の問題だ。とくに、コンゴの取り扱いが問題化するのだが、ここでは詳しい説明は割愛する。重要なのは、ベルギーというヨーロッパの小国家が大国による承認にその存在と保護された地位を依存していたにもかかわらず、コンゴ地域を植民地として獲得するために「実効支配」を主張することで、ヨーロッパ公法の空間秩序から逸脱してしまうことだ。つまり、ヨーロッパの共通の土地に住み、同じヨーロッパの「家族」に属するという空間秩序を無視した個別主権国家の利害だけが優先されるようになるのである。これを、シュミットは、「19世紀末になると、ヨーロッパの列強とヨーロッパ国際法の法学者は、自らの国際法の空間的前提を意識しなくなっただけでなく、自らの空間構造と戦争の括りを維持するための政治的本能、共通の力を失ってしまったのである」と総括している。

この過程は、ヨーロッパ公法にとって重要であった、文明人、半文明人（野蛮人）、野生人（未開人）の区別を溶解させる。大陸空間関係の事実やヨーロッパ母国と海外植民地の土壌状態の区別と同様に、法的には重要ではなくなってしまったからだ。植民地の土壌は、ヨーロッパ諸国の土壌と同様に、国家の領土となったのである。ヨーロッパ中心の空間秩序という考え方が放棄されたのである。これは、国際法への見方そのものを変える。1890年ころまで、国際法の概念がそもそもヨーロッパ特有の国際法であるという見解が支配的だったが、そうした見方が時代遅れとなり、変革を迫られるのである。

非ヨーロッパ、非キリスト教国のオスマントルコは1856年、クリミア戦争を終結させたパリ講和会議で結ばれた講和条約のなかで、対ロシ

ア戦勝国仲間入りし、その領土尊重というかたちでヨーロッパ中心主義の国際法秩序に組み込まれた。日清戦争勝利後、日本は1900年、中国で起こった反キリスト教、排外主義の民衆蜂起である義和団の鎮圧のため、英米仏露など8カ国連合軍に参加、この段階で、日本もヨーロッパ公法のなかに位置づけられた。こうしたヨーロッパ公法の適用地域の拡大がその本来の特徴に変化をもたらすのである。

属人主義か属地主義か

同時に、急速に広がった植民地、その植民地と本国を結ぶ貿易の拡大、英国の自由貿易思想の広がりなどは、国際私法にも影響をおよぼす。国際私法は、国境を越えた生活関係について、どの国の法を適用すべきかを問題にする[9]。

この問題をわかりやすく説明しよう。実は、世界中の金持ちの多くは主権国家を信じていない。ゆえに、分散投資で資産を世界中に分散し、相続税対策をはかりながら、資産の維持・拡大に余念がない。こうした状況に対応するには、「属人主義」が便利である。米国の国民であれば世界中どこにいても納税の義務があるとされる。この属人主義の立場から、国籍または住所という人と恒久的関係を示す連結点を媒介として指定される法を「属人法」と呼ぶ。

これに対して、日本の税法は「属地主義」に立っている。このため、国籍の如何にかかわらず、日本の領土内に居住する個人・法人はそのすべての所得に対して納税義務が課されている。海外で得た利益であっても、日本の居住者は国内所得と合算して申告・納税しなければならないのだ。この属地主義の立場から、物の所在地、保護国、行為地など物や行為を場所と結び付ける要素を媒介として指定される法を「属地法」と呼ぶ。属地法では、非居住者になれば、海外での所得についての納税義務はなくなる。こうした方法による税逃れに対して、日本の国税庁は個別に厳しい徴税姿勢を示しているようだが、すでに一部の日本人は着実に資産を海外に移し、官僚支配の進んだ「泥船」日本から逃げ出している。そうであるなら、属人主義に税制を抜本的に改めるべきではないかという議論がもっと展開されていい。

ここで、主権国家が相次いで誕生した19世紀以降、個人を領地に結びつける封建的隷属と出生地主義がもともとあったことを思い出そう。

いわば、生まれた国に忠誠を誓うことが過去の遺制として当然視されたことになる。だが、それが1804年のナポレオン民法によって国籍に血統主義が導入される。これはアンシャン・レジームから脱却した新時代を生きる国民という意識の喚起につながった。とくに義務教育を通じて、こうした新時代の道徳観が植えつけられて、それによって主権国家体制の維持がはかられてきた。ただし移民の国としての米国は「出生地主義」を維持しつづけ、そこではより強い国家への忠誠が求められるようになる。ゆえに米国では国歌や国旗に対する忠誠が法律によって求められているのだ。一方、フランスは1889年、再び出生地主義に戻る（現在は出生地主義と血統主義の混合形態）。それは人口減少への対応や外国人の兵士への取り込みのためになされたのである。つまり、国家の都合で原則が簡単に変えられてしまうのだ。[10]

サヴィニーの居住地主義

　国際私法の創始者とされるドイツのフリードリヒ・カール・フォン・サヴィニーは居住地主義（住所地主義）をとり、各国の私法秩序が相互に等価であり、交換可能性をもつものであるから、いずれかの私法秩序を、優位性をもつものとしてはならないという見解であった。まさに、主権国家同士を尊重し合う時代のヨーロッパ公法の思想を受け入れていたことになる。だが、「19世紀後半、サヴィニーが当然視していた居住地主義が、数十年のうちにイタリア人によって国籍主義や市民権主義に取って代わられる」ことになるとシュミットは指摘する。この変化は、移動の自由と土壌との新しい関係への急速な移行を表している。シュミットによれば、国際条約の実証主義者は国際法と国内法の二元論、すなわち、国内法と国外法の二元論にばかり気を取られ、国家間政治法と国際経済法の二元論に気づかなかったことが国民の自由な移動を前提とする属人主義の隆盛をもたらすのである。わかりやすく言えば、この属人主義の隆盛は、自由主義経済を標榜する英国や米国の経済的隆盛や覇権獲得と結びつき、古くなってしまったヨーロッパ公法の無力化につながるのである。

　ヨーロッパの国家と国家の家族あるいは家に、ほかの非ヨーロッパの国家と国家があらゆる方面から入ってくるという事態こそ、ヨーロッパ公法の前提であるヨーロッパ中心主義を突き崩すことになるのだ。

（3）英国と米国によるヨーロッパ公法への浸食

第一次世界大戦

　先を急ごう。1914 年 8 月、旧来のヨーロッパ国家戦争として始まった戦争において、戦争当事国は、互いに自らを等しく合法的な主権国家であるとみなしていた。だが、この「第一次世界大戦」と呼ばれるようになる戦争は国際法の変質を決定づけ、戦争そのものの意味合いも変容させる。

　世界大戦を終結させ、世界平和を実現するために、1918 〜 19 年の冬にパリ講和会議が開催される。だが、それは、ヨーロッパの国際法上の講和会議（1648、1713、1814 〜 15、1856、1878、1885）とは異なり、ヨーロッパだけの会議ではなかった。世界中の国家が参加し、主要国である同盟主要国、すなわち英、仏、伊、日、米は、ヨーロッパ公法の主要大国と異なり、もはや共通の空間秩序で結ばれていたことになる。この講和会議について、「この会議は、世界を以前の無秩序な状態のままにし、かつての空間秩序の柱であったヨーロッパの二大国を排除し、ヨーロッパの領土を再分割したに過ぎない」と、シュミットはのべている。それまでの数世紀にわたるヨーロッパの会議が、大地の空間的秩序を決定していたのに対し、パリ講和会議では、初めてその逆が行われ、世界がヨーロッパの空間的秩序を決定することになった、というのが彼に見立てである。

ヴェルサイユ条約（1919 年）

　パリ講和会議の結果として、1919 年 6 月、ヴェルサイユ条約が締結され、1920 年 1 月に発効する。これ以前のヨーロッパ公法では、「戦争犯罪」は、とくに主として交戦国の軍隊の構成員によって敵対行為中に行われる犯罪を指す。17 世紀以降に生まれた新しいヨーロッパ公法上の戦争犯罪は、ハーグ陸戦条約（1899 年、1907 年改正）などの違反、「戦争における法」（jus in bello）（詳しくは後述）に違反する犯罪である。これらの規範は、戦争が許可され、双方が等しく正義であることを前提にしている。互いに主権を認め合い、戦争する権利を実践している国家間の戦争は、少なくとも刑事上の意味での犯罪にはなりえないのだ。つま

り、主権国家間の戦争自体は犯罪とはみなされていなかった。

　だが、ヴェルサイユ条約227条〜230条は「戦争における法」(jus in bello) 違反の意味での犯罪に関係しており、戦争犯罪にかかわっている。227条は、第7節の「罰則」見出しの下に置かれ、ある行為を犯罪として認定することが、見出しに明確に表現され、犯罪化が意図されているのだ。つまり、戦争自体が犯罪とされ、それを決断した者、その唯一の被告はヴィルヘルム2世であり、「最高の戦争犯罪」を問うかたちになっているのだ。これに対して、戦争責任条項である231条は、「罰則」ではなく「賠償金」の下に置かれた。したがって、この条文は刑事法学的な用語というよりも経済学的な用語として想定され、この条文は、勝者の財政的、経済的要求を扱っており、それは旧来型の戦争賠償ではなく、損害賠償請求、すなわち敗者の法的責任から導き出される法的要求であった。つまり、「ヴェルサイユでは、国際法に新たな犯罪を作り出そうとは誰も考えていなかった。彼らは、200年間認められてきた戦争の概念、そして戦争を追及し中立を守るためのあらゆる法的手続きを含む伝統的なヨーロッパ国際法全体の法的構造を決定してきた概念を破壊しようとはしなかったのである」と、シュミットは指摘している。

　米国はヴェルサイユ条約を批准せず、1921年8月にドイツと特別講和を結ぶ。

国際連盟の創設

　ヴェルサイユ条約発効とともに、国際連盟が創設され、その本部はジュネーヴに置かれた。前述した西半球からは、18カ国（米国の名はない）が加盟しており、全体の3分の1を占めていた。国際連盟は、ヨーロッパおよび非ヨーロッパ諸国の政府の正規の指示を受けた外交代表が、総会や理事会といった名称のもとに会議を行う国際会議の手続き的な手段にしかすぎなかった。とくに、すでに紹介したモンロー・ドクトリンによって、国際連盟が米国の問題に影響をおよぼすことは禁じられた（連盟規約［憲章］第21条）。他方で、西半球18カ国の参加は逆に国際連盟への米国の影響力を担保するものだった。キューバ、ハイチ、サントドミンゴ、パナマ、ニカラグアといった国々がメンバーとなり、米国は1903年5月にキューバと、同年11月にパナマと結んだ条約によって強い連携のもとに置かれていたのだ。

シュミットは『大地とノモス』のなかで、国際連盟の戦争観について、「一方では、連盟は伝統的なヨーロッパ国際法の国家間戦争、軍事戦争にこだわり続け、他方では、経済的、財政的圧力によって、新しい強制と制裁の手段を導入しようとし、それによって国家間国際法の非差別的戦争と、それによる以前の中立の権利が破壊されようとしたのである」と記している[11]。

新しい国際秩序の模索

1919 年から 1939 年までの 20 年間は、国際法の新しい秩序を模索することに費やされる。1919 年の国際連盟規約（憲章）には、戦争予防のための規定があった（10〜17 条）。国家は、一定の手続きを経ずに戦争に訴えた場合、平和を破壊することになる。このような平和の破壊に対する制裁として、ほかの加盟国による財政的、経済的、軍事的措置が予見された（第 16 条）。他方で、戦争の犯罪化については、何も語られていない。

1920 年から 1924 年にかけて、国際連盟の戦争防止システムを強化する試みが多くなされる。しかし、戦争や特定の種類の戦争が、特定の個人を罰する国際犯罪であるべきだという合意はなかった。しかし、国際連盟第五回総会で採決された、国際紛争の平和的解決に関するジュネーヴ議定書（1924 年 10 月 2 日）には、侵略戦争は国際犯罪であるという記述がある。ヨーロッパにとって、戦争が犯罪であるという考えを初めて目に見える形で表現したものであった。ただし、アルバニア、ベルギー、ブラジル、ブルガリア、チリ、チェコスロバキア、エストニア、フィンランド、フランス、ギリシャ、ハイチ、ラトビア、リベリア、パラグアイ、ポーランド、ポルトガル、スペイン、ウルグアイ、ユーゴスラビアの各国は署名したが、議定書を批准したのはチェコスロバキアだけであった。その主因は英国の反対である。1925 年 3 月、オースティン・チェンバレン外相が国際連盟理事会で反対を表明する。侵略行為にかぎって言えば、戦争の合法性または違法性、および戦争責任の問題に対処するのは容易に思えるが、チェンバレンは「征服や復讐のために意図的に行われる戦争」への恐怖に対して、議定書では効果的に鎮めることはできないとして、国際連盟との協力のうえでの特別の取り決めの作成による連盟規約の補完を主張したのである。

ここで注意喚起しておきたいのは、チェンバレンが侵略戦争（行為）と「復讐のために意図的に行われる戦争」を区別していた点である。この見解をとると、ウクライナ戦争を侵略戦争ではなく、復讐のための戦争だと言い張ることが可能となる。これは詭弁かもしれないが、日本軍によってパールハーバーを奇襲された米国政府が復讐のために太平洋戦争に突入した面がある以上、この太平洋戦争は米国にとって侵略戦争でなく、復讐のための戦争と主張することが可能となる。その意味で、侵略戦争を国際犯罪とみなすこと自体、そう簡単な話ではないのである。だからこそ、チェンバレンの英国はこの議定書に反対した。

　ジュネーヴ議定書は米国の市民グループによって発案されたもので、その中心にいたのがコロンビア大学のジェームズ・T・ショットウェルである。侵略戦争の非合法化をメインとする彼らの主張は、侵略戦争が犯罪であることを宣言し、この犯罪の唯一の加害者は国家であるというものだ。その提案には、侵略行為のより正確な定義と制裁（犯罪ではなく、主に経済的な性格を持つもの）がつづき、どの調印国も侵略国に対して強制的な措置を取ることができるとされた。罪を犯した国は、ほかの調印国に対して、その侵略行為に対する損害賠償を支払う義務を負った。

　これをもとに、ジュネーヴ議定書では、侵略戦争（war of aggression）を国際犯罪（international crime）とすることが宣言される。第 10 条において、「この規約またはこの議定書に含まれる約束に違反して戦争に訴える国は、すべて侵略者である」とされているのだが、犯罪の加害者として、国家元首、政府のメンバー、あるいは何らかの責任者といった特定の戦争の発端者については言及されていない。第 15 条では、「軍事、海軍または航空作戦の全費用ならびに文民または戦闘員のいずれかが受けたすべての損失および双方の作戦によって生じたすべての物的損害に対する賠償は、その能力の極限に達するまで侵略国が負担すべきものである」としているが、「ただし、規約第 10 条に鑑み、侵略国の領土保全および政治的独立は、いかなる場合にも、この議定書に掲げる制裁措置の適用の結果として影響を受けるものではない」と定めている。

　この議定書は侵略戦争を犯罪としながらも、主権国家自体の存続は認め、経済制裁と金融制裁（第 11 条）により、その能力の限界まで、すべての費用を負担すべきであるとしているだけだ。

米国の介入主義

　ジュネーヴ議定書の発効失敗にもかかわらず、アメリカの戦争違法化推進派は、1928 年に不戦条約（ブリアン・ケロッグ協定）の締結に成功する。フランスの外相アリスティード・ブリアンが米国に対し戦争放棄を目的とした仏米協定締結を提案、それを受けたアメリカ国務大臣フランク・ケロッグが、多角的な国際条約にする必要があると各国に働きかけ、同年 8 月、ドイツ、日本も含む 15 国が参加してパリで調印し成立する。翌年、ソ連を含む 63 カ国が批准し、発効した。とはいえ、この条約はわずか 3 条からなり、「締約国はその間に生ずるすべての紛争または対立、その性質または原因の如何を問わず、平和的手段によること以外に解決を求めてはならないことに同意する」というのが主要規定にすぎない。結局、不戦条約は第二次世界大戦の勃発を防げず、1945 年 8 月 8 日になって、米英仏ソがロンドン協定に調印する。これによって、連合国の合意が形成され、ニュルンベルクの国際軍事裁判（IMT）におけるナチス戦犯の裁判の基礎が築かれたのだ。

　ロンドン協定第 6 条には、三つの犯罪が規定されている。①平和に対する犯罪（侵略戦争もしくは国際条約・協定・保証に違反する戦争の計画・準備・開始・遂行、またはこれらの達成のための共同の計画もしくは陰謀への参加）、②戦争犯罪（戦争の法律または慣習に対する違反行為。この違反行為には、占領地域または占領地域の文民の殺害、虐待または奴隷労働その他の目的による追放、捕虜または海上の者の殺害もしくは虐待、人質の殺害、公有または私有財産の略奪、都市・町・村の乱暴な破壊または軍事上の必要により正当化されない破壊を含むが、これに限られないものとする）、③人道に対する犯罪（戦前または戦時中に、あらゆる民間人に対し行われた殺人・絶滅・奴隷化・国外追放その他の非人道的行為、または加害国の国内法に違反するか否かを問わず、法廷の管轄内にあるあらゆる犯罪の執行のためまたはこれに関連して行われた政治的・人種的・宗教的理由による迫害）——というのがそれである。

　こうしてみてくると、モンロー・ドクトリン以降、西半球において地歩を固めた米国は第一次世界大戦に際しても、参戦したのは 1917 年 7 月であり、事実上中立を保った。その後、米国は孤立主義から介入主義へと移行する。その典型が前述した 1928 年の不戦条約（ブリアン・ケロッグ協定）であろう。だが、その前段として、西半球において、新しい国際法の基準が生まれる。「トバール主義」だ。

これは、1907年にエクアドルの外相カルロス・トバールが提唱した、合法政府擁護の主張である。新政府の承認に際して、憲法違反および武力を用いて成立した政府の承認を拒否すべきというもので、同年12月、コスタリカ、グアテマラ、ホンジュラス、ニカラグア、サルバドールの平和友好条約で採用される。米国はこの「トバール・ドクトリン」を支持し、民主的な合法性と正統性が国際法の基準であることが重要視されるようになる。ウィルソン大統領は、西半球におけるこの民主的正統性の基準を、国際法上の原則のレベルまで引き上げる。それ以後は、民主的な憲法を持つという意味で合法的な政府だけが認められるようになるのだ。民主的、合法的といった言葉の実際の意味を定義・解釈・承認するのは米国ということになる。こうして西半球では、「中南米のあらゆる国の憲法や政府の変更を、米国がコントロールできるようになった」と、シュミットは指摘している。この経験が米国の世界的な介入主義の淵源となるのである。

　他方で、18世紀から19世紀にかけてのヨーロッパ公法は、反乱軍を交戦国、戦闘員として承認することを一種の法制度として発展させてきた。それは、ある主権国家がほかの主権国家の内政に介入しうるという問題を提起する。その典型的な例が、ヨーロッパの主要国によるギリシャの反乱軍の承認（1821年）である。衰退しつつあったオスマン帝国に対して、ジュゼッペ・ガリバルディ率いるイタリアの革命家（1859年）が交戦国として認められたのだ。これは、ヨーロッパの大国がヨーロッパの弱小国に対して行った政治の表れであったが、ヨーロッパ共通の国際法という空間秩序が崩壊するにつれて、そのような承認は意味をなさなくなる。このため、スペイン内戦（1936〜39）では、もはやどの国も交戦国として承認されることはなくなる。

　ヨーロッパ公法という空間秩序の衰退と米国による新しい国際法基準の隆盛とが第二次世界大戦を機に後者の圧倒的優位をつくり出し、それがロンドン協定から国際連合憲章へと曖昧なかたちでつながってゆく。

国連憲章

　国連憲章は1945年6月26日に署名され、同年10月24日に発効した。その前文のなかで、「共同の利益の場合を除くほかは、武力を用いないことを原則の受諾と方法の設定によって確保」することを記している。

さらに、第2条4項には、「すべての加盟国は、その国際関係において、武力による威嚇または武力の行使を、いかなる国の領土保全または政治的独立に対するものも、また、国際連合の目的と両立しない他のいかなる方法によるものも慎まなければならない」と定めている。あえて「戦争」という言葉を使わないことで、戦争という言葉を使わない武力行使なども射程に入れている。たとえば、プーチンのいう「特別軍事作戦」は明らかに武力行使であり、この規定に違反している。侵略戦争であろうと、復讐のための戦争であろうと、武力の行使は国連憲章に違反する。

国連憲章では、安全保障理事会に他国へ武力行使した国に対して「兵力の使用を伴わないいかなる措置を使用すべきかを決定することができ、かつ、この措置を適用するように国際連合加盟国に要請することができる」と定めている（第41条）。「この措置は、経済関係および鉄道、航海、航空、郵便、電信、無線通信その他の運輸通信の手段の全部または一部の中断ならびに外交関係の断絶を含むことができる」とされている。さらに、同理事会は、「第41条に定める措置では不充分であろうと認め、または不充分なことが判明したと認めるときは、国際の平和および安全の維持または回復に必要な空軍、海軍または陸軍の行動をとることができる」と規定している（第42条）。ここでいう措置は、報復なのだろうか。それとも制裁なのだろうか。あえて報復とか制裁という言葉を避けることで、ここでは報復／制裁について、その相違点を意図的に曖昧にしているように感じられる。

加えて、第43条1項により、「国際の平和および安全の維持に貢献するため、すべての国際連合加盟国は、安全保障理事会の要請に基きかつ一つまたは二つ以上の特別協定に従って、国際の平和および安全の維持に必要な兵力、援助および便益を安全保障理事会に利用させることを約束する」とされた。ただし、兵力を用いることに決定したときは、安保理は安保理以外の加盟国に対して「第43条に基いて負った義務の履行として兵力を提供するように要請する前に、その加盟国が希望すれば、その加盟国の兵力中の割当部隊の使用に関する安全保障理事会の決定に参加するようにその加盟国を勧誘しなければならない」と定められているので、「勧誘」その後の「要請」という緩い形式でしか兵力を集めることができない。「強制」や「命令」は不可能である。

朝鮮戦争の場合、1950年6月25日、北朝鮮軍が38度線を越え、韓

国に侵攻した。国連はこの攻撃を非難し、敵対行為の停止と北朝鮮軍の撤退を求める安保理決議（82）が可決する。6月27日になって、安保理決議（83）により、北朝鮮軍による大韓民国への武力攻撃が平和の破壊であるとし、敵対行為の即時停止を求め、北朝鮮当局に軍隊を38度線まで直ちに撤退させるよう要求した。さらに、平和と安全を確保するための即時かつ効果的な措置を求める大韓民国からの国際連合に対する訴えに留意し、国際連合加盟国が武力攻撃を撃退し、同地域における国際的な平和と安全を回復するために必要な支援を大韓民国に提供するよう勧告した。7月7日、安保理決議（84）により、米国が国連加盟国の軍隊で構成される統一司令部を設立、指揮することが認められ、その司令部が国連旗の下で活動することが承認される。

　だが、ウクライナ戦争で言えば、ロシアが安保理の常任理事国である以上、安保理としてこうした規定を実行に移すことは困難だ。前述した「特別協定」（special agreement）にしても、これまでに結ばれたことはない。つまり、平和に対する脅威、平和の破壊および侵略行為に関する国連の行動規定は事実上、十分機能しているわけでない。

ヨーロッパ公法（国際法）の骨抜き

　その意味で、現段階の国際法はどう評価すべきなのだろうか。ここまでヨーロッパ公法と表現したものは、シュミットの『大地のノモス』における記述では、ヨーロッパ国際法とされている。すでに説明したように、このヨーロッパ公法（国際法）は英国や米国によって着実に骨抜きにされてきた。この点については、大澤真幸が『〈世界史〉の哲学　近代篇2』においてつぎのように記している（281頁）。

　「新大陸の発見を契機にしてヨーロッパ公法が生まれたことを考慮すれば、海に進出し、海を取得したイギリスこそは、第二段階の第二段階たる所以を具現していると言える。が、同時に、イギリスが我がものとしているその海のエレメントを媒介して、ヨーロッパ公法を骨抜きにする第三段階への道が拓かれる。「イギリス的なもの」は「アメリカ」によって代表される第三段階に順接しているのだ。」

　大澤はこの第三段階の国際法を「グローバルな国際法」と名づけてい

る。このヨーロッパ公法からグローバルな国際法への移行は、何を意味しているのだろうか。この点についても、大澤がわかりやすく解説しているので、それを引用しておこう（307〜308頁）。

「伝統的なヨーロッパ公法の段階から、何かが根本的に変化したのだ。変化は、普遍的な「正義」の導入である。あるタイプの戦争が犯罪だとされるのは、「正義」の概念が前提になっているからだ。普遍的に妥当する——と当事者には見えている——正義が、積極的な内容をもつものとして、措定されている。その内容をもつ正義に照らして、（ある）戦争は犯罪と解釈される。その点では、ヨーロッパ公法の「無差別的戦争」概念より前の、宗教内内戦の時代と同じである。戦争そのものに、正当なものと不当なものとの差別が導入される。」

　このとき留意すべきは、グローバルな国際法が場所確定・場所限定という属地主義から離れ、属人主義に傾いている点だ。場所の限定なしに諸国家を同じ国際法のもとに包摂するということは、もはや諸国家がすべて基本的に同質であると認定したことを意味している。ヨーロッパの主権国家だけを前提とする空間秩序を守るためのヨーロッパ公法はここに完全に変質してしまったことになる。
　もう一つ重要なことは、この諸国家の同質性を保証するには、実質的な内容をもつ条件が必要になる。それこそが正義ということになる。「同一の正義へのコミットメント」が必須条件となる。
　この説明からわかるように、ヨーロッパ公法は第二次世界大戦後に完全に退潮する。他方で、正義を標榜するイデオロギーとして、米国の自由主義的民主主義とソ連の共産主義が対立する。ただし、「シュミットの観点からは、どちらも特殊な固有の信仰であって、普遍性には値しない」と、大澤は指摘している。
　その後、ソ連が崩壊したことで米国の正義が勝利したかにみえる。だからこそ、ソ連崩壊後の世界において、米国は介入主義を強めるのだ。それが旧ソ連圏での「色彩革命」であり、中東・アフリカでの「アラブの春」であった。だが、自由主義的民主主義や資本主義に普遍性があるかどうかについては疑義が残っている[12]。
　ここまでの説明をもとに私がもう一つ強調したいのは、英国や米国に

よるヨーロッパ公法の骨抜きは、戦争をめぐる国際法を変容させた点である。ふたたび正義なるわけのわからない基準が戦争犯罪か否かを決する時代にある。しかも、その正義を事実上決めているのはキリスト教国アメリカだ。そう考えると、いまのグローバルな国際法のもとでも、キリスト教神学の影響が色濃く残っているはずだという推測が可能となる（この点については第8章で論じる）。

（4）正戦論のいま

　この章の最後に、現時点でウクライナ戦争を正戦論からどのように位置づけることができるかについてまとめておきたい。論点整理のためである。

　キット・クリステンセン著『復讐と社会対立』によれば、伝統的な戦争理論には、「平和主義」と「正義の戦争理論」（正戦論）の二つがある。平和主義が「戦争は道徳的に間違っている」という信念に基づいており、紛争状況において他者への軍事的暴力を脅かさず、採用しない政治戦略として特徴づけられてきたのに対して、正戦論は、戦争は侵略に対する防衛の場合にのみ正当化されるという主張に典型的に帰結してきた。

　平和主義といっても、最近主張されているほとんどのバージョンは絶対主義ではなく、ある条件下ではこの道徳的禁止に正当な例外があるかもしれないことを認めている。平和主義者にとって復讐は、戦争禁止の道徳的ルールに対するもっともらしい例外の根拠となることはなく、正当な弁解の条件とさえならないから、復讐のために戦争をすることは、常に間違っているというのが平和主義のわかりやすい結論である。

　これに対して、復讐のための戦争が果たす役割について、正戦論の理論家がどのように考えるかは、一見して明らかではない。歴史的には、復讐を求めることは戦争に参加する理由としても、戦争を継続する理由としても、十分なものではないという点で一致する意見が多かった。

「戦争のための法」（jus ad bellum）
　正戦論には、第一に、戦争に突入することを選択するための開戦法規である「戦争のための法」（jus ad bellum）、第二に、戦争中の戦闘員の

行動に対する交戦法規である「戦争における法」（jus in bello）、第三に、戦争を適切に終結させて公正な平和への伝統を築くための「戦後の法」（jus post bellum）といった議論がある。

戦争に直接関与する決定を正当化するための必要かつ十分な条件としては、①提案された戦争は正当な理由のために行われなければならない、②戦争に踏み切る決定は正しい権威によってなされなければならない、③戦争に突入する国は正しい意思をもって行わなければならない、④戦争は最後の手段でなければならない、⑤戦争の結果、平和が出現する見通しがより高くなければならない、⑥引き受ける戦争行為の総悪は達成する善と比例しなければならない（つまり、得るべき善と正比例の総悪であること）——という六つがあるとされる。しかし、6条件への歴史的コンセンサスは決して安定しておらず、それらは今日もなお挑戦と再評価を受け続けている。

たとえば、第一条件にある「正当な理由」をもった戦争として、集団的自衛権の行使を目的とする戦争は報復的であるが、原則としては、その戦争の理由はその侵略者によるさらなる不当な被害を防ぐことであり、すでに受けた被害に対する「仕返し」ではないとされる。復讐のための報復戦争の場合を想定すると、侵略から守るための戦争でないかぎり、正当な理由を見出すのは難しい。復讐が絡む戦争には、失われたと思われる名誉を幻想的に回復するために極端な暴力を擁護する面が否めず、正当性に疑義が生まれるからだ。ウクライナ戦争では、ロシアによる侵略行為が前提にあるため、侵略に復讐するための報復戦争としてウクライナ政府が戦争で対抗したことに「正当な理由」を見出せるだろう。逆に、プーチンによる侵略行為は復讐という面をもっているが、侵略に対する報復戦争だと主張するには無理がある。

第二の条件では、「正しい権威」が問題になる。防衛戦争を進めるべきかの決定をするのはだれかが問われることになる。具体的には、戒厳令の宣言、動員令などの国家全体にかかわる決定をだれが行い、その行為をどう法律上位置づけるかが検討されなければならない。ウクライナでは、拙著『ウクライナ3.0』で詳述したように、さまざまな決定がゼレンスキー大統領によって発出されている。その多くがウクライナ国家安全保障・国防評議会（NSDC）の提案や決定を大統領が承認するという手続きで執行されている。しかし、NSDCの法的位置づけや構成員の

選出過程が不透明であり、ゼレンスキーがNSDCを隠れ蓑にして独裁的にふるまっているのではないかという疑いが存在する。その意味で、ゼレンスキーの政策に「正しい権威」があるとは到底思えない。

第三条件にある「正しい意思」は「正当な理由」と密接な関係がある。ここでの正しい意思は何らかの間違ったことを「糺す」意思を意味している。クリステンセンの解説によれば、「正義の戦争理論家の間では、過ちを糺すという意思は戦争を起こす動機としての復讐心を明確に排除するだけでなく、目的としての侵略者の処罰、とくに処罰の目的がさらなる侵略の防止ではなく報復である場合は除外するという意見が多数派であった」という。

ただ、ゼレンスキーに過ちを糺すという「正しい意思」があったとは思えない。第3章で説明したように、ゼレンスキーにはロシアへの復讐心はウクライナ戦争勃発以前からくすぶっていた。それどころか、ロシアを挑発して、戦争をはじめることで、クリミア半島を奪還する計画まで存在した以上、ウクライナ戦争そのものに「正しい意思」が働いていたようには思えない。

もちろん、プーチンについても、「正しい意思」があったとは言えない。オデーサ（オデッサ）の労組会館での虐殺に対する復讐は戦争をする「正しい意思」にも「正当な理由」にもなりえない。米国のネオコンのなかに、過去のロシアの「ポグロム」や「ホロドモール」に対する復讐という意思があったとすると、それも認められないし、戦争の「正当な理由」になりえない。

第四条件の「最後の手段」は、社会集団のために戦争を選択する立場にある人々に要求するもので、集団間の紛争解決のためのほかのすべてのもっともらしい手段をまず追求するという点で明確である。しかし、このルールの実際の適用はしばしば複雑だ。交渉、外交、国際法廷への訴え、経済制裁といった非暴力的（あるいは少なくともはるかに暴力的ではない）戦略が失敗と判断され、戦争が最後の手段とみなされるまでには時間がかかる。ウクライナ戦争の場合、ロシア軍の侵攻に即時に対応する必要があったため、ウクライナ戦争を「最後の手段」としての戦争とみなすことは難しい。ロシアの場合、戦争勃発を「最後の手段」とするかどうかの熟慮の時間は十分にあった。そのうえでの「特別軍事作戦」の開始となったのだろうが、ウクライナ政府や米国政府による挑発行為

があったとしても、戦争を「最後の手段」というすることに合意することはできない。諸外国への警告や協議など、まだまだやるべきことはあったはずだからだ。

　第五条件は戦争開始の成功確率を問うものだ。ここで注目されるのは、クリステンセンが「もう少し広く言えば、ここで言う「成功」とは、戦争に勝って軍事的に平和を強制する合理的な可能性がない場合、あるいは戦争に突入した後の実行可能な「出口戦略」がない場合、そのような状況で戦争を選ぶことは、たとえ「大義」があったとしても間違っているということも意味している」と指摘している点である。ウクライナ戦争の場合、まず、短期間でゼレンスキー政権を崩壊させて「非軍事化」と「非ナチ化」を実現しようとしたプーチンの計画は失敗した。[13]他方で、ゼレンスキーは、成功確率がきわめて低いという現実があるにもかかわらず、米国やその他のNATO加盟国がウクライナへの武器供与によって戦争を長引かせている面が濃厚だ。[14]戦争の長期化で、復讐心が相互に高まり、和平が極端に困難な状況となっている。

　第六の条件である、「比例性」は戦争によって達成される利益が、その結果として生じる傷害、トラウマ、死、破壊の程度よりも明らかに大きいことを要求するものである。クリステンセンのつぎの指摘は重要である。

　「言い換えれば、戦争によって達成されるとされる善は、「我々の側」だけでなく、すべての関係者におよぼす影響を考慮して、被る可能性のある悪の総量（負傷や苦しみという観点から理解する）を明らかに上回っているか？正直で経験的に十分な評価によって、その答えが「否」である可能性が高い場合、戦争に行くことは正当化されない。」

　ウクライナ戦争の場合、悪の総和が善の総和を上回る可能性も予見できたはずではないのか。そうであるならば、ロシアによる「特別軍事作戦」開始直後に別の対応をすべきであった。プーチンは、米国を中心とする欧米各国による対ロ制裁が悪の総和を猛烈に増やすとことを予想していなかっただろう。この誤算こそ、安易に戦争に踏み切ったプーチンの誤謬であったと思われる。

「戦争のための法」(jus ad bellum) の最後の説明として紹介したいのは、六つの条件のうち一つでも満たされないと、ほとんどの正義の戦争分析において、戦争に反対する場合の方が賛成する場合よりも強くなるという点だ。だが、マスメディアによってディスインフォメーション（意図的で不正確な情報）工作が行われている状況下では、6条件を満たすかどうかの判断自体が偏向する可能性を排除できない。復讐心を煽るような報道が「正当な理由」や「正しい意思」を歪めてしまいかねないのである。

　とくに、既存の権力者がマスメディアと結託し、情報操作（マニピュレーション）するケースが想定できる。

「戦争における法」(jus in bello)

　戦争行為の遂行方法を倫理的に正当化するための「戦争における法」(jus in bello) には、第一に、「差別」の原則がある。戦闘員と非戦闘員を道徳的に区別し、前者だけを暴力の対象とし、後者には可能な限り暴力を与えないように要求するものである。第二に、「比例」の原則がある。これは、目前のより具体的な軍事的目標を達成するために必要な以上の暴力は用いてはならないとするものである。ただし、これが求めている「比例」は、特定の戦闘行為ないし戦争全体に関して望ましい結果を達成するためにどの程度の暴力が必要かという問題に対するものにすぎない。

　ウクライナ戦争を報じる動画をみればわかるように、戦闘員による無差別の暴力がロシア側だけでなくウクライナ側からも行使されているようにみえる。実際の戦争では、復讐心が戦闘員の「一線を越え」て非戦闘員を故意に傷つけることにつながる可能性が高い。戦闘に巻き込まれた個々の兵士にとって復讐が動機となる場合、暴力が過剰になる可能性が非常に高いのだ。現に行われているウクライナ戦争でも、復讐の連鎖によって過剰な暴力の応酬が広がっていると指摘しなければならない。

　たとえば、2022年3月3日〜30日に行われたとみられるロシア軍によるブチャの民間人処刑、3月9日のマリウポリ産科病院へのミサイル攻撃、4月8日のクラマトルスク駅へのロケット弾攻撃、6月27日のウクライナ中部のクレメンチュクにあるショッピングモールへのミサイル攻撃、7月1日のオデーサ（オデッサ）近郊ホテルおよび住宅タワーへのミサイル攻撃、7月9日のドネツク州北部の村の集合住宅へのロケッ

ト弾攻撃などを思い出してほしい。ロシア側は言い訳をしているようだが、非戦闘員の殺害が敵意を呼び覚まし、復讐の連鎖につながりかねないのである。

「集団的な害を仇で返すために集団的に報復すると、標的となった集団の人々が復讐のために暴力で返すと同時に、敵対行為の成功はますます難しくなり、犠牲者は増え、他者に対する社会的に強化された憎悪が簡単に硬化して世代を超えるものとなっていく」というクリステンセンの指摘がウクライナ戦争にもあてはまりつつあると危惧される。

とくに心配されるのは「正しい権威」の暴走である。歴史をみれば、政治、軍事、または宗教の指導者たる「正しい権威」が復讐心から戦争を仕掛けたケースの多さに気づくだろう。第2章で指摘したように、プーチンもまた「非軍事化」と「非ナチ化」という戦争目的を掲げるなかで、後者を通じて、自らの復讐心を明確にしている。

このとき、戦争行為の動機が復讐である場合、使命感に燃えた戦闘への士気を鼓舞するため、敵として指名された人々の殺害を命じるといった過剰な命令が飛び交うことになる。ここで重要なのは、つぎのクリステンセンの記述である。

「もし私たちが「戦争のための法」（jus ad bellum）の制約を真剣に受け止め、戦争準備の意図的で計算高い性質を考慮するならば、復讐の戦争は、国民やマスメディアがどれほど「やり返せ」（Payback）と騒ごうとも、一部の軍人がどれほど「戦いたがって」いようと、「我々の側」による戦争を神聖にするあらゆる名誉の物語の魅惑力にかかわろうと、いかなる責任当事者にとっても決して道徳的に許しがたい（また、許されるものでも強制的でもない）のである。」

なお、戦争を適切に終結させて公正な平和への伝統を築くための「戦後の法」（jus post bellum）については、その具体的要件が何であるかについての意見の合意はえられていない。

いずれにしても、正戦論の一部の曖昧さは復讐のための戦争開始や戦争遂行の余地を残している。だからこそ、一度開始された戦争を停止し、和平を実現することがきわめて困難となるのである。復讐心という心理をどう制御すべきか。復讐を刑罰する転化メカニズムをどう機能させる

かという大問題に対する答えを人類はいま現在になっても、もっていないのである。

[第6章 注]

(1) Carl Schmitt, Der Leviathan in der Staatslehre des Thomas Hobbes, 1938=
長尾龍一訳『リヴァイアサン：近代国家の生成と挫折』福村出版 , 1972, p. 45.

(2) Carl Schmitt, The Nomos of the Earthin the International Law of the Jus
Publicum Europaeum, Translated and Annotated by G. L. Ulmen, Telos Press
Publishing, 2006. 陸海空サイバー空間の地政学的考察については拙著「サイ
バー空間と国家主権」（https://eprints.lib.hokudai.ac.jp/dspace/bitstream/211
5/61163/1/02Shiobara.pdf）を参照。

(3) Schmitt, 2006, pp. 51-52.

(4) コンスタンティヌスの寄贈は、皇帝コンスタンティヌスが 321 年にローマ教
皇シルヴェステルにローマ帝国の西半分を贈ると明記した文書、すなわち「コ
ンスタンティヌスの寄進状」を指している。寄進書が教皇の西欧所有の根拠と
なり、神聖ローマ皇帝も国王も諸侯も教皇から統治を委託されているだけの存
在となる。だが、15 世紀になって、これが偽物であることが判明する。

(5) Pablo Kalmanovitz, "Hugo Grotius on War, Punishment, and the Difference
Sovereignty Makes" , in Morten Bergsmo and Emiliano J. Buis (editors),
Philosophical Foundations of International Criminal Law （https://www.legal-
tools.org/doc/6191e9/pdf/）, 2018.

(6) Schmitt, 2006, p. 101.

(7) 20 世紀初頭になると、「主権国家は、排他的な国際的人格であり、つまり国
際法の主体である」と、国際法学者ラサ・オッペンハイムによって主張される
までに至る（篠田英朗『「国家主権」という思想：国際立憲主義への軌跡』勁
草書房 , 2002, 105 頁）。こうして戦争は主権国家間の戦争として位置づけられ
るようになり、戦争自体の正しさや不正は問われなくなるのだ。なぜなら国家
間の戦争は各国家の国事行為としてなされるもので、その正当性は各国内の秩
序原理に基づいているから、国際関係上の問題として問うことはできないので
ある。あるいは、国家間戦争を法的に認める条件は国家という適格者による決

闘という条件であり、この資格をもつ国家間の正・不正は問題にはならないのだ。

(8) Carl Schmitt, Land and Meer: Eine weltgeschichtliche Betrachtung, Reclam Verlag, 1954＝生松敬三・前野光弘訳『陸と海と：世界史的一考察』慈学社, 2006, 100 ～ 101 頁。

(9) この項では、木棚照一著「国際私法学とわたくし」(https://core.ac.uk/download/pdf/144439373.pdf) を参考にした。

(10) 日本の場合、封建的連続の遺制として納税においては属地主義が残り、国籍は血統主義が継続されている。こちらは、むしろ、緩和して重国籍を認める方向に舵を切るべきではないか。平野啓一郎が書いた近未来小説『ドーン』では、2033 年ころの状況で、世界最大の無領土国家である「プラネット」の二重国籍をもつ米国国民が 3000 万人を超えていると想定されている。2021 年現在、世界の人口の過半数は重国籍をもつことを認められており、実際に重国籍者は数千万人にのぼるとみられている。

(11) Schmitt, 2006, p. 246.

(12) たとえば、民主主義の虚妄については、拙著『プーチン 3.0』の第 7 章第 2 節で論じたことがある。

(13) 詳しくは本書第 2 章第 4 節を参照。

(14) 私は実際の戦争たる戦闘行為には関心はない。それでも、要塞と塹壕があれば、防衛は比較的容易であり、攻撃には一般に、防衛の 3 倍の兵力がいることくらいは知っている。ウクライナ軍が米国や NATO の兵器供給を受けながら、一度占領された地域を奪還しようとしても、それは決して容易ではない。その意味で、米国やその他 NATO 加盟国によるウクライナへの武器供与は露骨な戦争長期化策としか映らない。復讐の連鎖をもたらすだけの愚行であると思われる。

(15) ただし、本書第 3 章第 1 節で紹介したアムネスティ・インターナショナルの報告書が指摘しているように、ウクライナ軍が民間人を危険にさらしている現実があることは間違いない。

(16) Christensen, 2016, p. 233.

第7章　復讐・報復・制裁

（1）復讐と報復

　この章では、復讐、報復、制裁が国際法や正戦論の変容のなかで、どのように位置づけられてきたかを論じる。

　まずは復讐と報復の関係をみてみたい。チャールズ・バートンは、復讐についてつぎのようにまとめている[(1)]。

　「復讐とは個人的な報復的懲罰であり、一般的には被った過ちに対する憤り、怒り、恨みの感情を伴い、それを煽るものである。つまり、復讐とは、自分の個人的な関心領域で受けた過ちに対する報復的な正義の要件とそれに対応する個人的な必要性を満たすために、報復的な個人的理由で科される刑罰の一形態なのである。もしこれが正しければ、報復と正義の原則に関する先の議論は、裁判上の報復と同様に、復讐にも適用できる。司法による報復、あるいは自警団による報復と同様に、復讐は、犯罪者に対する正義の関連原則が尊重されているかどうかによって、正義にも不正義にもなりうる。」

　先に紹介したキット・クリステンセン著『復讐と社会対立』では、「復讐の欲求は常に「個人的」であり、集団は人でもなければ欲求も持たないので、非常に現実的な意味で、隠喩、空想、仮想現実、知的抽象の領域の外には集団の復讐など存在しない」と説明されている。

　さらに、復讐の本質として、クリステンセンはつぎの七つの特徴をあげている。①復讐とは、意図的に報復を行う戦略である、②復讐を求める動機は、非難されるべきと考えられる者に加えられた損害によって、被害者またはその関係者側の（広義の）感情的満足を達成することである、③復讐は常に意図的なものであり、決して偶発的なものではない、④復讐には常に意図されたターゲットが必要であり、⑤認識された犠牲者が必要であり、⑥復讐する者、すなわち犠牲者自身または犠牲者の代理人（この場合の復讐者は感情的に中立であってもなくてもよく、たとえば家族ではなくプロの殺し屋であってもよい）が必要である、⑦復讐の支持者、

つまり、復讐は実際に追求されるべきであると決定し、それを実行するように他者を説得する者（殺されたギャングの悲しむ母親の場合のように）、あるいは熟考の結果、自ら復讐者になることを選ぶ者も必要となる――というのがそれである。

報復とは何か

　どうやら復讐は個人にまつわる報復の一種ということらしい（すでにのべたように、本書ではこうした見解をとっていない。復讐は個人だけでなく、第8章で詳述する集団的「無意識」として文化のレベルでキリスト教世界に息づいている）。それでは、「報復」とは何か。バートンは、報復（retribution）を、「負の返済の問題として、悪事を働いた者に負わされるものである。それは、彼らの悪事の直接的、道徳的、論理的帰結であり、彼らの行為の道徳的重大性に比例して道徳的に値するものである」とのべている。他方で、クリステンセンは、報復（retaliation）が「ある種の瞬間的反射反応ではなく、計画的なものである」としたうえで、「報復の場合、やはり焦点は常に、悪いことをした人がどんな損害を受けるのがふさわしいかということにあり、悪いことをされた側のニーズや正当な報酬とは無関係である」と指摘している。

　いずれにしても、この段階でバートンやクリステンセンの説明の当否を論じるつもりはない。ここで彼らの説を紹介した理由は、復讐という個人的報復が人類の歴史のなかで刑罰の制度化とともに変質してきたという彼らの主張を理解してもらうためである。

　簡単に言えば、復讐の連鎖を避けるため、被害者からその復讐権（revenge rights）のようなもの（復讐する権利）を「法の支配」（rule of law）に従って公的機関に移し、刑罰の執行で代替するようになるのだ。これは、個人レベルにおける復讐についてどう法規制すべきかという問題を提起する。その際、私的復讐自体を認めたうえで、その復讐権を規制するのか、それとも復讐権のようなものをすべて認めない立場にたって、刑罰の制度化をはかるのかといった問題が生まれる。いわば、復讐を刑罰に転化するメカニズムづくりをどう進めるかが問われている。その際、①犯罪者にその罪を償わせる、②被害者への補償をどうするか――という二つが重要な課題となる。

　ここで注意喚起しておきたいのは、復讐を合理化・制度化するために

報復を刑罰に代替させるということと、復讐の刑罰への転化は違うということだ。なぜなら復讐と報復とは異なっているからである。「復讐は他人の苦痛を喜ぶという特定の感情を伴うが、報復は感情を伴わないか、あるいは別の感情、すなわち正義がなされることの喜びを伴う。したがって、復讐の渇望者はしばしば復讐者が苦しんでいる状況を経験（見る、立ち会う）したいと思うのに対し、報復の場合はその苦しみの高まりを目撃することに特別な意味はない」というロバート・ノージックの主張（第5章第3節を参照）は重要である。

国家間の報復

これとは別に、集団レベルにおける報復についても検討が必要になる。国家間の戦闘である戦争以外に、国家とテロ集団をめぐる戦闘といった複雑化する世界情勢のなかで、被害を受けた国家や国家集団がどう対応することが求められているのかも重要な論点となりうる。

ゆえに、個人に対しても集団に対しても刑罰を執り行う権限をもつようになる主権国家のあり方が重要となる。主権国家においては、その主権国家の権限を委託された公務員たる官吏が被害者に代わって刑罰を科す。近代国家はそれぞれの主権国家を相互承認することで、主権国家として国家を運営するための諸制度を整備している。その典型がすでに説明したヨーロッパ公法であり、そのもとで国際法上の報復が位置づけられるようになる。そして、それはグローバルな国際法のもとで変質を余儀なくされている。

(2) 国際法上の報復

国際法上の報復への一般的理解を深めるために、ここではシェーン・ダーシー著「報復行為（retaliation）と報復（reprisal）」を参考にしたい[2]。

まず、ダーシーは、「報復行為や報復の概念は、国際関係における武力行使を規定する法律において、周縁的な存在であった」としたうえで、「その正確な意味と範囲はしばしば不明確であり、関連する国際条約がこの問題に関して明らかに沈黙しているにもかかわらず、報復行為や報復による武力行使は一般に違法であるという意見が圧倒的多数を占めて

いる」と解説している。

　もちろん、報復には長い歴史がある。「その始まりは私的報復の慣行にある」というのがダーシーの見立てである。中世には、「他国の臣民から受けた損害や損失に対して、私人が補償を受ける」ことができたという。17世紀の終わりまで、「平和時の報復行為（retaliation）は、ほとんどの場合、私人の苦情を解決するために使用される武器であり、かなり厳格で均一な規制の対象となり、受けた損害の範囲内で損害賠償を達成することに限定されていた」というイヴリン・スパイア・コルバートの見方が紹介されている。⁽³⁾

　重要なのは、私的な報復が国家の役割の増大と国家責任の出現によって許容されなくなり、公的な報復が違反した国家に正義を行わせるための強制的な手段として登場したことであると記されている。本書ですでに説明した趣旨に合わせてみると、これは、敵を犯罪者と区別することができるようになったことを意味している。敵という概念が法的形式をとることができただけでなく、敵は「消滅させなければならない者」でなくなり、殲滅戦争はここに終了する。ただし、これは基本的に陸上戦にだけ適用された。すでに解説したように、海戦では違う原理が働いていたのである。

　海戦での武力報復は、公海上での財産や船舶の差し押さえ、さらには過去の過ちに対する砲撃や領土の占拠から構成され、こうした措置は戦争には該当しないと考えられていたという。これこそ、特別報復（special reprisal）と一般報復（general reprisal）という二つの報復の違いとして問題化する。

特別報復と一般報復

　国際法上の特別報復は、平時の措置で、私人が主権者から報復状を受け取って、外国人から敵国の臣民の財産に対する損害賠償を請求することを許可されたものである。特別報復では、外国の財産の差し押さえが特定の人が被った損害とその回復に要する費用の範囲に限定されるのに対し、一般報復にはそのような制限がない。戦時の措置として、12〜13世紀ころ、奪われた財産は奪い返してもよいという政府（君主）の許可証をもらった船である「私掠船」（privateer）が地中海を中心に活動した。公海上など支配者の管轄外での強制的な行動を可能にすることも一

般的になると、13世紀から15世紀にかけて、特別報復の慣行は次第に規制されるようになる。

　ランダル・レザッファー著「報復に関するグロティウス」（https://brill.com/view/journals/grot/41/2/article-p330_330.xml?language=en）によると、「18世紀から19世紀にかけての国際法の著者は、一般に、一般報復の使用を、公然かつ宣言された戦争の状況に限定するか、戦争行為とみなしていたが、国家は時として、公然戦争（open war）とは呼ばずに一般報復に訴え、この名目で私掠船に依頼したのである」という。この点については、英国政府が私掠船を利用して巨万の富を稼いできたという話と符合する。

国際法上の「相互主義」

　国際法上の戦争法の基礎には、「相互主義」という大原則がある。ここで相互主義と翻訳したのは、英語では "reciprocity" であり、本書で互酬性としてきた概念と基本的に同じである。ここでいう相互主義は第6章で考察したヨーロッパ公法（国際法）に基づいている。

　たとえば、1880年に国際法研究所が採択したオックスフォード・マニュアル（Manual）第84条は、つぎのように定めている。

　「損害を受けた側が、その悪事が、敵に法の尊重を思い起こさせる必要があるほど重大なものであるとみなす場合、報復（reprisals）に訴える以外の手段は残されていない。

　報復は、罪のない人が罪人のために苦しむべきでないという衡平の一般規則の例外である。」

　この相互主義の原則は、条約法における重要な二次的規則として長い間認識されてきた。相互主義は、条約の拘束力、解釈、運用に条件を付す原理のようなものであった。ショーン・ワッツ著「互酬性と戦争法」によると、国際法体系における報復措置の適用については二つの原則についてコンセンサスがあるという(4)。

　第一に、「報復（reprisals）は反応的制裁（reactive sanctions）である」であるというものだ。ここでいう報復とは、「国際法のほかの主体による不正な侵害に対応して行われる国際法の侵害」を意味している。この

とき、正当な報復は当該国に悪影響を与えた違反に対応するものでなければならない。ここに、相互主義の原則が適用される。注意すべきは、あらかじめ攻撃されることを予想して、その前に報復措置をとるという、予期報復の権利はまったく認められていない点である。

報復措置の行使のための第二の前提条件は、国際法的な人格である。国際的な法体系のなかで行動することを認められた主体のみが報復を行うことができるというものだ。古典的な国際法理論では、国家は唯一ではないにせよ、主要な法的主体であると考えられている。現代では、国際機関も報復の実践に参加しうる存在として含めるべきかどうかが問題になっている。現代の理論では、国際法における個人の役割がますます支持されているが、個人が個人の資格で報復を行うことを認める既存の理論はない。政策的な問題として、報復を承認する権限は通常、利用可能な最高国家機関に留保されている。たとえば、先に紹介した1880年のオックスフォード・マニュアルでは、報復を「最高司令官」による承認に限定している。

ワッツ自身は、もっとも重要なのは、「報復が違反された規則の再度の遵守を誘導または強制するためにのみ行うことができる」という点であるとしている。つまり、報復はこの限定的な目的によって大きな制約を受けていることになる。そのうえで、報復は、①補助的でなければならない、②報復を誘発する違反行為に比例したものでなければならない——という二つの条件によっても制約を受ける。

「補助的である」とは、国家が報復に訴える前に、外交的抗議など、より抜本的でない強制手段を尽くすことを求めるものである。これは、国際法違反による動機の誤認を減らすという重要な機能を果たす。報復の脅威または警告は、実際の報復の前提条件とみなされる。ウクライナ戦争勃発前に、米国がウクライナへの侵攻があれば報復すると宣言していたのはこの手順に従っていたことになる。

違反行為への「比例性」は、いわば国際法上の相互主義の原則に則った考え方に基づいている。報復には、懲罰的な要素も含まれているが、違反がエスカレートするようなサイクルを抑制することを意図しているのである。報復はあくまで法令遵守（コンプライアンス）を復活させることを目的としているのだ。

報復への規制

　こうした特別報復と一般報復の混乱の後、国際法上、「報復」（reprisal）が話題となった有名な出来事として、アンゴラにおける事件がある。1914年末、植民地アンゴラで起きたポルトガルとドイツの国境戦争の過程で、アンゴラのナウリラ要塞で3人（ドイツ人将校と役人）がポルトガル兵に殺害されるという事件だ。隣接するドイツ南西アフリカのドイツ植民地軍は、「報復」と称してアンゴラ国内のポルトガル国境要塞6カ所を攻撃し、破壊した。1928年のナウリラ事件仲裁判決では、この殺害は誤解によるものであり、「報復の対象となった国による国際法上の規則の違反」には当たらないと判断した。「報復とは、加害国によって行われた国際法に反する行為に対して、満たされない要求の後に応える、被害国による自助行為である……その目的は、加害国からその違反に対する報償を得るか、さらなる違反の回避によって合法性を回復させることである」として、合法的報復（lawful reprisal）の要件、①国際法に反する先行行為、②不正行為者とされる者への賠償要求が満たされていないこと、③報復の比例性——を定式化したうえで、ドイツ側の不備を認めた。この仲裁の背景には、ドイツが第一次世界大戦の国際的責任を認められ、ヴェルサイユ条約の下で賠償の義務を負ったこともある。

　先に紹介したダーシーの論文によれば、武力行使の制限は、国際連盟規約やブリアン・ケロッグ協定に顕著に規定されたが、これらの文書には明示的な禁止が含まれていないとしている。そのうえで、「新しい規則が報復の手段を制限していたかどうかは不明である」とのべている。

　このアンゴラ事件後、武力行使とその他の非強制的措置からなる「報復」という語彙は、つぎの二つの異なる概念（自衛［self-defence］および対抗措置［countermeasures］）に取って代わられるようになる。前者は、一時的に武力行使を容認するが、武力攻撃の発生を条件とする（トム・ルイズ著「制裁、報復行為、対抗措置：概念と国際的な法的枠組み」［https://www.ohchr.org/sites/default/files/Documents/Issues/UCM/ReportHRC48/Academia/submission-tom-ruys-2.pdf］を参照）。後者は、均衡性その他の一定の要件を満たす場合に適用される。たとえば、国際法違反国に対する輸出入禁止は、通常、GATT/WTOなどの諸規定（特に数量制限の禁止、最恵国待遇）に一旦は抵触するように思われるが、対抗措置として、均衡性その他の一定の要件を満たす場合には、合法になる。制裁措置の原

因行為につき責任を有する者（個人、企業・団体）が制裁国内に有している金融資産の凍結（および入国拒否と査証の発給停止）についても、「国際法違反に対する対抗措置として容認されうる」という。

第6章で紹介した国際連合憲章は、国際関係における武力行使を規定する重要な国際条約であり、武力報復の原則に訴えることを禁止したとの見方が大勢を占めている。ただし、51条において、「この憲章のいかなる規定も、国際連合加盟国に対して武力攻撃が発生した場合には、安全保障理事会が国際の平和および安全の維持に必要な措置をとるまでの間、個別的または集団的自衛の固有の権利を害するものではない」とされている[6]。つまり、自衛権は認められている。なお、武力行使の禁止が報復または報復行為を対象とするかどうかについては、1970年に国連総会が決議2625で「国家は、武力の行使を伴う報復行為（acts of reprisal）を控える義務を負う」と宣言された。

だが、報復の位置づけに関する国際法上の学説が一致しているわけではない。とくに重要と思われるのは、イアン・ブラウンリー著『国際法と国家による武力行使』において、「いかなる非欧州系の国ないし小国も強制的な報復や海上封鎖に訴えたことはない」と記されている点だ[7]。「イアン・ブラウンリーは、報復を大国の国策追求のための武器であるとのべた」と、ダーシーは論文のなかで指摘している。さらに、ブラウンリーは著書の第六版後の2000年に、同書の再検討として書いた論文（http://classic.austlii.edu.au/au/journals/AUYrBkIntLaw/2000/2.html）のなかで、NATOモデルによる人道的介入政策を明確に批判している。紹介したコソヴォ空爆のような武力行使は、「報復と懲罰が真の動機であるとの印象が強い」とし、「NATOのコソヴォへの介入は、あからさまにアルバニア人寄りであった」とまでのべている。

本書の趣旨に合わせて言えば、ヨーロッパ公法が消滅し、その後に隆盛したグローバルな国際法によって位置づけられた報復は、いわば米国や米国を主導するNATOなどのキリスト教文明諸国による偏った正義を世界全体に振り回しているだけのようにみえてくる。

（3）報復と制裁

　すでに指摘した「報復（reprisals）は反応的制裁（reactive sanctions）である」という命題に絡んで、報復と制裁との関係について説明しておきたい。ウクライナ戦争で頻繁に耳にするようになった「制裁」という言葉の位置づけが気にかかる。実は、制裁という広く単一の定義に基づいて語られている概念ではない。私は「論座」において、「対ロ制裁を歴史的に洞察する：制裁は覇権維持のための道具」（https://webronza.asahi.com/politics/articles/2022022600004.html）という論考を 2022 年 2 月 28 日に公開したことがある。そのなかでも、「「制裁」という言葉には、一般的に合意された定義はない」（https://www.europarl.europa.eu/RegData/etudes/STUD/2020/653618/EXPO_STU(2020)653618_EN.pdf）という欧州議会の報告書の指摘を紹介しておいた。

　ただ、制裁という言葉は三つの方向から定義づけられようとしてきたと、前述のルイズは指摘している。ここでは、彼の説明を紹介しておきたい。

　第一のアプローチは目的志向であり、制裁を国際法に従わせるため、あるいは国際法の違反に対して罰するために国家に対して取られるあらゆる措置としてみなす。この際、国際法は国内法ではないから、国際法は違反者に対して強制力のない措置をとることによって、国家による自助努力の余地を残していると言わざるをえない。このような自助努力がどの程度まで許されるかは、国際法委員会（ILC）が 2001 年に発表した「国際的に不当な行為に対する国家の責任に関する条文（ARSIWA）」および「国際組織の責任に関する条文案（DARIO）」とそのそれぞれの解説、特に「対抗措置」の規則を成文化したセクションにおいて、ある程度詳細に定義されている。

　第二のアプローチは当該措置の作成者の身元に焦点を当て、この概念を国際機関が採択した措置に限定するものである。たとえば、前述した ILC の作業では、「制裁」（sanctions）という言葉はほとんど見られず、代わりに「報復行為」（retorsions）と、とくに「対抗措置」（countermeasures）に焦点が当てられている。法理論においても、「制裁」の概念を国際機関の行為に限定し、個々の国家の行為は「対抗措置」という言葉でくく

られる傾向がみられる。欧州連合（EU）の場合、伝統的に制裁を「制限的措置」（restrictive measures）と呼んできたことが知られている。

　第三のアプローチは制裁を措置の種類によって定義し、特定の国に対する輸出入制限や、特定の個人・団体を対象とした資産凍結などの経済制裁を指すと解釈するものである。ただ、このアプローチでは、国際機関が加盟国に対して行う、たとえば除名や議決権停止などの制度的制裁は除外されてしまう。

　いずれにしても、制裁の定義が曖昧なために、制裁自体の法的根拠もよくわからないのが現状なのではないか。そこにつけこんで、復讐心の発露としての制裁さえまかり通っているようにみえてくるのである。

敵に対する報復としての復讐

　「報復（reprisals）は反応的制裁（reactive sanctions）である」とすれば、敵を想定した報復としての復讐は、報復であり、制裁でもありうる。前述したように、「報復と懲罰が真の動機である」武力行使がNATOによってなされた可能性がある以上、その報復が復讐そのものであった可能性を捨てきることはできまい。

　そこで問題になるのは、敵を、「正義の敵／味方」の区分の結果として位置づけるのか、それとも「犯罪者」とみなすのか、という点だろう。すでに本書で解説したように、ローマ法では、その適用をめぐる国際関係において、「正義の敵」（正当な敵）を認識する能力をもっていた。だが、ローマ帝国のような帝国間においては、相手となる帝国を正義の敵として認める転換が容易にできず、帝国間の戦争は殲滅戦争として行われるしかなかった。そこでは、戦争行為を犯罪とみなし、敵を犯罪者として処罰する視線が育つ。

　暴力によって被害を受けた側がその相手を敵とみなし、復讐したり、報復したり、制裁したりする場合、それを犯罪としてどう位置づけるかについては第5章で考察した。そのなかで、「復讐は伝統的に学者や道徳理論家によって、正義の逆転、文明の進歩とともに廃止される原始的衝動とみなされていた」との見方を紹介した。血の復讐のような復讐は、文明のゆっくりとした進歩によって、まず紛争を解決するための形態としての暴力が制限され、最終的には根絶されるとみなされるようになったのである。

とはいえ、文明化は18世紀以降の話であり、それまでにキリスト教神学による贖罪思想が罪と罰の関係を決定づけてきた。罪というものを贖う（罪滅ぼしをする）ことではじめて神の報復を避けられるとする信念が形成され、それが、犯罪を処罰するという世俗国家の刑罰にまで適用されることが当然とみなされるようになったのである。こうして、復讐の刑罰への転化という近代メカニズム自体のなかに、キリスト教神学でいう贖罪の考え方が挿入されたことになる。

米国、復讐を含む報復を制度化した刑罰制度

第5章では、「復讐を刑罰に転化するメカニズムをうまく機能させるには、報復的正義と補償的正義を主権国家が担うシステムの構築が必要となる」と指摘した。そのうえで、国家に罰する権利を認めることはその国家の国民の尊厳を守ることに必ずしもつながらないのではないかという問題を提起した。とくに、報復的正義は暴力を暴力で返すという正義を認めることになり、国際法上の武力行使の正当性をめぐる議論につながっている。

ヨーロッパ公法が定式化されるようになる17世紀以降、戦争自体は犯罪とみなされなくなる。だが、ヴェルサイユ条約やロンドン条約を経て、グローバルな国際法のもとで戦争犯罪という概念が明確化する。しかし、その戦争犯罪かどうかを決める判断基準として導入されたのは、「普遍的な「正義」」にすぎない。しかも、その正義は決して普遍的なものではない。これを導入した米国や英国が勝手にそう信じているものにすぎない。それは、キリスト教神学の想定する「神の正義」に近いのである。既得権益側は権力を利用するための正義にほかならないのである。

こう考えるとき、第5章第4節で紹介したジュディス・ケイ著『神話を殺す：死刑の背後にある物語』における考察がきわめて興味深く思えてくる。彼女は、米国人が、罰は悪い行いを正し、苦しみは間違った行いの代償となり、被害者の復讐心は自然で避けられないという考えを幅広くもっていると主張している。そのうえで、私は第5章において、つぎのように書いておいた。

「米国の刑事司法制度は、犯罪者の処遇が現実を反映し、すべての人を同じように扱うという真の客観性と公平性を期待させるものとしてあ

る。そこにあるのは、死刑を含む報復が正義を実践する超越的な普遍性であるという幻想である。復讐を含む報復を制度化した刑罰制度がいまの米国の刑事司法制度であるにもかかわらず、復讐を排除しているかのように主張しているところに悲劇があると考えていることになる。」

　これと同じことがいま、グローバルな国際法のもとで広がっている。復讐を含む報復や制裁が少しも普遍的ではない「正義」のもとで行われているのである。

（4）二次制裁への批判

　そこで、制裁についてもう少し掘り起こしてみることにしよう。先に紹介した欧州議会の報告書「貿易・投資に対する治外法権の制裁と欧州の対応」をもとに説明したい。
　報告書では、制裁の定義を出発点としている。ジャン・コンバカウの定義、「国際法に反すると主張する他国の行動に対して、国家が単独または他国と共同してとる措置」が紹介されている[8]。ほかにも、国際的に不正な行為に対して、権限のある社会機関が承認する強制的な対応といった定義がある[9]。ここでいう社会機関とは、国連安全保障理事会や欧州連合理事会のようなものだ。
　こうした例をあげたうえで、報告書では、「しかし、最近の慣行では、制裁は、制裁を科す主体である個々の国家や国際機関が、たとえそれが違法と成文化されていなくても、好ましくないと考える行動に対して科されるものと広く理解されてきている」とのべている。
　そのうえで、EU の制裁へのアプローチが記述されている。EU の制裁措置には、三つの特徴がある。第一に、EU は国連安保理の委任がない場合、独自に制裁を決定し、実施する。第二に、国連安保理が決定した制裁体制を実施することもある。第三に、EU はしばしば、国連安保理決議の文言を超えた制裁措置で国連安保理体制を補完する。
　ロシアによるウクライナ侵略に対しては、国連安保理は、ロシアが常任理事国であることから、事実上機能していないから、EU が独自に決定する形式をとっている。2022 年 4 月 8 日に公表された欧州

議会の資料「ロシアのウクライナ侵攻に伴う制裁について」(https://www.europarl.europa.eu/RegData/etudes/IDAN/2022/699526/IPOL_IDA(2022)699526_EN.pdf) によれば、制裁は外交政策の手段であり、欧州連合条約第29条に基づいている。EU域外の個人や企業を対象としているが、EU域内の当局、EU域内に所在する企業や個人、EU域内で事業を行っている個人を拘束する[10]。

二次制裁

興味深いのは、EU議会の報告書において、米国による二次制裁が批判されている点だ。パトリック・テリー著「一方的な二次制裁を科すことによって、米国の外交政策を強制する：国際公法における「力」は正しいか？」(https://digitalcommons.law.uw.edu/cgi/viewcontent.cgi?article=1854&context=wilj) によれば、一方的な制裁は、世界的にますます一般的な政策手段となってきている。この背景には、①国連規約（憲章）第41条に基づく国連安全保障理事会による多国間制裁の実施が困難（5常任理事国の意見対立のため）、②経済制裁は武力行使よりも望ましい行動であるとする意見が多く、場合によっては経済制裁に代わる唯一の有効な手段とみなされる——ことなどがある。実際には、主に米国が自国の管轄区域内の対象への「一次的制裁」以外に、対象国との貿易を継続する第三国の行為者に対して二次制裁を科すことが増加している。

米国は世界的な基軸通貨であるドルを管理・運営する権利を利用して、制裁の域外適用を試みてきた。外国人はしばしば米国の金融システムを利用しているため、米国の法律で訴追されやすいという状況を逆手にとって、金融制裁を科すのだ。

欧州に進出した米国企業の子会社に対する米国の経済制裁の適用は、1961年から65年にかけてリンドン・ジョンソン政権がフルーホフ・セイモア・グループのフランス子会社に対中貿易禁止を課そうとしたケースにまでさかのぼることができる。

米国の制裁政策が受け入れがたいほど押しつけがましくなったのは、1980年代に入ってからとされている。1980年代初頭、米国がポーランドに戒厳令を敷いたソ連を罰するために、アルストム・アトランティックなどの欧州企業に「シベリア - 西ヨーロッパ天然ガスパイプライン」の建設中止を求め、共産圏への西欧技術の輸出を防ごうとしたときにも

この問題が再燃した。1982年、レーガン大統領は、米国の対ソ制裁を拡大し、米国企業の海外子会社と米国の輸出許可のもとで活動するすべての企業を制裁対象に加えた。1996年には、キューバ、イラン、リビアへの投資を阻止するために、第三国の企業や個人を対象とした「キューバ自由民主連帯法」(通称「ヘルムズ・バートン法」)と「イラン・リビア制裁法」(通称「ダマート法」)が発効されるに至る。

問題は、二次制裁が域外管轄権におよぶとの主張が主権平等の国際的な大原則に反している点にある。制裁国は自国の領域内で行われない行為について、第三国の個人や企業に対して二次制裁を科すのは内政への不法な介入と言えまいか。このため、テリーは、「米国は第三国の国民や企業を標的にすることで、第三国の外交・貿易政策を弱体化させようとしている。米国の制裁政策は、このように他国の外交政策を支配しようとする試みである」と批判している。

欧州議会報告書でも、米国が第三国とその企業に影響を与える「域外」または「二次」制裁と呼ばれる措置を導入したことについて、「主権的権限の適切な行使に関する国際法の規則のもとでは、たしかにほとんど正当化することができない」と指摘している。ゆえに、「国連総会は28年連続で、「ヘルムズ・バートン法」として知られる1996年3月に公布された法律や規制など、「他国の主権、その管轄下にある団体や個人の正当な利益、貿易と航行の自由に影響を与える域外効果」の撤廃を求めてきた」と紹介している。2019年には、187カ国の圧倒的多数がそれぞれの決議を支持し、米国、ブラジル、イスラエルだけが反対票を投じた事実はきわめて重大だ。米国の二次制裁を利用した覇権主義は非難されるべきであり、ドルを使った金融制裁の背後にユダヤ系の人々の金融支配への野望があることも肝に銘じておくべきだろう[11]。

だが、EU官報に掲載された文書(https://eur-lex.europa.eu/legal-content/EN/TXT/?uri=uriserv%3AOJ.LI.2022.259.01.0076.01.ENG&toc=OJ%3AL%3A2022%3A259I%3ATOC)によると、EU理事会は第八次制裁パッケージ決定により、制裁の対象となるカテゴリーを拡大し、「規定の回避に対する禁止の侵害を容易にする自然人または法人、団体」が含まれることになった。これまでは、ウクライナの「領土保全、主権、独立」の侵害に直接的または間接的に関係している者(たとえば、ウクライナを不安定にする行動から利益を得ている個人、ウクライナの不安定化に責任を負うロシア政府に多

額の収入をもたらす分野で事業を行う企業など）だけが制裁対象であったが、制裁の新しい基準が追加されたことで、どの国の企業や国民も、ロシアの個人が欧州の規制を回避するのを助けたとして、EU の制裁リストに載せられる可能性が出てきたことになる。たとえば、EU がロシアへの輸出を禁止している機器の供給や、EU で凍結されるべき資産の非 EU 法人への移転への関与などが考えられる。これにより、EU 自体が二次制裁に踏み出すことになり、いわば、これまでの政策を 180 度転換したことになる。

制裁の政治利用とトランプ

1977 年 12 月 28 日のカーター大統領の法律署名によって、「敵国取引法」（1917 年 10 月 6 日制定）を戦時中に限定する修正がなされる。もはや平時の緊急事態宣言だけではこれまでの国民経済への緊急権行使ができなくなる。だが、同時に議会は、「国際緊急経済力法」（IEEPA）という新しい法律を成立させ、旧法の第 5 節（b）の規定のほとんどを復活させた。大統領は平時には敵国取引法を行使できなくなったが、ほぼ同じ権限を IEEPA に依存できるようになったのである。ただ、議会はいくつかの制約を加えた。IEEPA のもとで、大統領は外国の財産を「凍結するが、押収はしない」ことができるが、純粋な国内取引を対象とすることはできず、新しい緊急事態宣言を出す前に議会と協議しなければならなくなった（実際には、これらの制限はほとんど意味をなさなかった。1980 年代の三つの事件で、最高裁は IEEPA による行政権の制限の多くを無効としたからである）。

2018 年公表の論文「敵国取引法の 1 世紀」には、「印象的なのは、これまで行政府は「敵国取引法」を最も深刻な状況以外では使いたがらなかったが、大統領は「IEEPA」を大胆に使ってきたことである」と指摘されている[12]。緊急規則制定プログラムが正式化されたことで、議会との調整がうまくできるようになったためだ。「2018 年 2 月現在、28 の活発な制裁プログラムがあり、ほぼすべてが IEEPA に従って宣言された国家緊急事態に少なくとも部分的に基づいている」という。

トランプ政権下では、2018 年 12 月 1 日に米国の対イラン制裁を回避するための詐欺と詐欺行為の謀議でアメリカの引渡請求により、カナダのバンクーバーに到着後拘束されたファーウェイ・テクノロジー社の

CFO、孟晩舟の事件が有名である。二次制裁によって、刑事事件の逮捕者まで出すことができるというのは、大きな脅しになっている。

(5) 帰結主義に傾く欧米

　欧州議会の報告書にある、「制裁を科す主体である個々の国家や国際機関が、たとえそれが違法と成文化されていなくても、好ましくないと考える行動に対して科されるものと広く理解されてきている」制裁がいま、ウクライナ侵攻をはじめたロシアに対して相次いで発動されている。そうした制裁はいわば、政治的決定に基づく判断にすぎず、その一つ一つの制裁に法的根拠があるのか否かもはっきりしない⁽¹³⁾。
　こうしたなかで懸念されるのは、反応的制裁（reactive sanctions）たる報復（reprisals）が復讐の一環となっていないかという点である。本書で指摘した復讐を刑罰に転化させてきたメカニズムが機能していないのではないか、という疑問がわく。政治指導者による恣意的な意思決定によって、制裁という報復が行われるなかで、実際には復讐の連鎖が幾重にも広がっているのではないか。こんな心配が私の心のなかにある。別言すれば、制裁に大義はあるのかということである。

規範倫理学：帰結主義と非帰結主義
　この問題を論じる前に、帰結主義（consequentialism）と非帰結主義（non-consequentialism）の話をしなければならない。ウクライナ戦争を通じて行われている「制裁合戦」を批判するために、規範倫理学（normative ethics）の観点からの説明をしたいからである。
　制裁が事実上、政治的決定として恣意的に行われている現状をみるにつけて、そこに復讐心が宿っていると強く感じる。このままでは、せっかく近代化の過程で復讐を刑罰に転化するメカニズムが不完全とはいえ、機能しつつあったのに、ウクライナ戦争によって再び文字通りの「目には目を」という復讐の時代に戻ってしまいかねない。ゆえに、いまの行き過ぎた制裁状況を批判するために、ここでは帰結主義と非帰結主義について説明し、結果に重きを置きすぎることで、事実上の復讐がなされているのではないかという危惧について論じたいのだ。

　一般に、規範倫理について真剣に考えることは、もっとも基本的には、この世界で私たちがどのようにお互いを扱うべきかということに関係している。そこには、主として三つのアプローチがある。

　たとえば、困っている人を助けるべきことが明らかだとする。功利主義者（utilitarian）は、そうすることで得られる帰結（結果）が幸福を最大化するという事実を指摘し、義務や規則を重視する義務論者（deontologist）は「自分がされるように、他人にもする」という道徳的なルールに従って行動しているという事実に注目し、美徳倫理家（virtue ethicist）はその人を助けることが慈善あるいは博愛につながるという事実を指摘する。つまり、人間の行動をめぐる規範倫理学には、主としてこの三つのアプローチがある。

　ただ、美徳倫理（virtue ethics）について説明したスタンフォード大学のサイト（https://plato.stanford.edu/entries/ethics-virtue/）をみると、美徳倫理家だけが美徳に焦点を当てるということではなく、帰結主義者（ここでは、前述の功利主義者を帰結主義者とみなしている）だけが帰結に注目し、義務論者だけが規則にスポットを当てるということでもないという指摘がある。「帰結主義者が美徳を良い帰結をもたらす特質と定義し、義務論者が美徳を、義務を確実に果たす人がもつ特質と定義するのに対し、美徳倫理家は美徳をより基本的とされるほかの概念で定義しようとする試みに抵抗する」という。いずれにしても、美徳、帰結、規則を考慮するなかで、人間行動の「正しさ」を根拠づけるようとする方向性が示されていることになる。

　前述したように、功利を最大化する行為のみが正しいと考える最大化功利主義を帰結主義に含める以外にも、一定の帰結が行為の正しさを決定する要因になっているとみなす主張も帰結主義とみなすことができる。いずれにしても、帰結を重視するのが帰結主義だ。この立場に立つと、ウクライナ戦争の場合、戦争を開始したロシアだけが正しさに欠ける「悪」ということになる。だが、拙著『プーチン3.0』や『ウクライナ3.0』で指摘したように、ウクライナ戦争をはじめたのはたしかにロシアだが、その過程では、米国のネオコンに挑発があったのは間違いない事実である。あるいは、ウクライナのゼレンスキーは米国のネオコンの目論見に従うことで、自らの権力強化をはかるためにロシアに対する挑発に加担していた。帰結主義の立場に立つと、戦争に至るまでのこう

した過程が無視されてしまいかねない。

　悪いのはあくまでロシアだから、戦争をはじめたロシアへの報復として制裁なるものを科すという行為がいま現実に行われている。帰結主義に立つと、ネオコンやゼレンスキーの挑発や、そのなかに含まれているかもしれない復讐心も、まったく無視されてしまう。いわば、侵略戦争をはじめたプーチンだけを「悪」として排除することで、ネオコンやゼレンスキーらの行動は不問に付されてしまっているようにみえる。

　私は、こうした帰結を重視する帰結主義の立場には立たない。「正しさ」の根拠として美徳や規則を重視する非帰結主義の立場に立ちたいと思う。

非帰結主義

　それでは、帰結主義ではない非帰結主義はどう考えるのか。非帰結主義には、義務論者と美徳倫理家がいる。いずれの場合も、ある行為の道徳的正しさを決定するために、その結果よりも重要でより基盤となる、原則、規則、価値がつねに存在するとみなす。それが道徳的義務であるとするのが前者であり、美徳とするのが後者ということになる。

　たとえば、不当な殺人の場合、非帰結主義的評価では、殺された人やその他の関係者の利益よりも不利益が大きいから悪いと判断するのではなく、不当であるとか、神の意思に反するとか、生存権を侵害するとか、普通の人間ならだれもがもっていると思われる道徳的感性に反するとかといった点が評価されることになる。

　その意味で、非帰結主義は帰結という結果だけを行動の正しさの基準としているわけではない。このため、ウクライナ戦争の背後にあるネオコンやゼレンスキー政権のとってきた政策への疑問から、ロシアだけに過剰とも思える制裁を科している現状をもう一度検討し直すことが可能となる。同時に、ロシアに制裁を科すにしても、その制裁のあり方や条件について、深い洞察と実践を要求することになるだろう。

過去の「失敗」を隠そうとする欧州

　いま痛切に感じるのは、帰結主義が隆盛する米国だけでなく、欧州の政治指導者までもが帰結主義に傾いている哀しい現実である。そうすることで、欧州の過去の指導者の「失敗」を隠蔽できるとでも思っている

のだろうか。帰結として悪事をなしたロシアだけを批判するだけで、ウクライナ東部の問題を解決するために締結されていたミンスク合意が7年以上も放置されてきたことへのフランスやドイツの政治指導者の責任をまったく問おうとしない。あるいは、第1章で説明した2014年に起きた米国主導のクーデターに対して、フランスもドイツもダンマリを決め込み、ウクライナ戦争の大元の原因を隠蔽してきた。それがウクライナ戦争の「はじまり」となったとみなせば、この過去のダンマリを封じ込めるために欧州の多くの国々が帰結主義に傾くことで、過去に目を瞑ろうとしているように映る。

　その結果として、米国のネオコン主導の制裁に欧州諸国も追随しているように思える。しかし、その制裁に大義があるとは思えない。帰結主義に基づく制裁は過去を封じ込めるだけであり、ウクライナ戦争の真相に蓋をするだけなのだ。そんなことをしたところで、ウクライナ戦争を引き起こした本当の原因を除去することは不可能なのである。むしろ、復讐の連鎖が広がり、戦争を長引かせるだけの話だ[14]。しかも、闇雲に映る大義なき制裁による欧州の打撃はきわめて大きい。制裁政策とロシアのエネルギー資源を放棄しようとするEUの意向により、2023年には欧州に最大1.6兆ユーロのコストがかかると、コンサルティング会社Yakov & Partners（旧マッキンゼー・ロシア）のアナリストが計算しているほどだ。

（6）制裁の大義に疑問

　非帰結主義の立場からみると、ロシアによるウクライナ侵略の開始だけを非難することに大きな疑問符がつく。したがって、ロシアだけを狙い撃ちにした欧米、それに追随する日本の対ロ制裁はその具体的内容に疑義をいだかざるをえない。

EU、罰としての制裁

　EUの制裁は、実にわかりにくい。説明しよう。先に紹介した欧州議会の資料（https://www.europarl.europa.eu/RegData/etudes/IDAN/2022/699526/IPOL_IDA(2022)699526_EN.pdf）には、「制裁は、それ自

体、懲罰を主目的とするものではなく、制裁対象者に経済的コストを課すことで行動を抑止し、行動を変化させるものである（制裁の目的の概要については、こちらを参照されたい）」と記されている。そこで、誘導された参照文献、「制裁は何のためにあるのか？専門家が解説する」（https://www.weforum.org/agenda/2022/03/what-do-sanctions-help-achieve-an-expert-explains/）にアクセスすると、「制裁を科す主な目的は、悪い行いを抑止し、対象国に経済的な罰（punishment）を与え、その国に更生ないし行動の変化を迫ることである」という説明書きがある。この二つの記述は何を言わんとしているのか。

　最初の文は制裁が罰を主目的にしていないと書いている。二番目の文章では、制裁の目的は制裁対象国に「更生ないし行動の変化を迫る」ことであるという。そのための手段として経済的な罰として制裁を科すと言いたいのだろう。最初の文に戻れば、制裁という罰は主目的ではなく手段だと言いたいのだろうと想像される。いずれにしても、制裁は罰として位置づけられている。

　そうであるならば、その罰は法的に明確に規定されるべきではないか。前述した欧州議会資料では、「制裁は外交政策の手段であり、欧州連合条約第29条に基づいている」と書かれている。だが、29条は、「理事会は、地理的または主題的な性質を有する特定の事項に対する連合の考え方を定める決定を採択するものとする。加盟国は、自国の国内政策が連合の見解に合致するようにしなければならない」と定めているだけだ。

　要するに、罰としての制裁の法的な位置づけがよくわからない。すでに紹介した「対抗措置」と「制裁」との関係も不明確であると指摘しなければならない。

ロシア産石油や天然ガスの禁輸という制裁は疑問

　2022年3月8日、バイデンはロシア産の原油、天然ガス、石炭と関連製品の輸入を全面的に禁止すると発表した。同日に大統領令に署名し、即日発効した。まず米国単独で禁輸に踏み切り、英国も年末までにロシアからの原油輸入を停止することになった。この措置は、米国のネオコンがウクライナ戦争に深くかかわっているという、本書のような非帰結主義からの批判をかわす一方で、とにかく戦争をはじめたロシアが悪いのであって、ロシアを徹底的に懲らしめなければならないという風潮を

広げるのに役立った。それだけではない。これを契機に、石油や天然ガスなどの資源・エネルギー価格が高騰し、資源産業を支配下に置くユダヤ系資本が大いに潤ったのである。

　米国にとって、そもそもロシアから輸入していた石油も天然ガス（LNG）も微々たるものだったから、この措置が米国経済に直接与える打撃は軽微であった。問題は、同じ措置を欧州諸国にも求めた点にある。3月25日には、バイデンとウルズラ・フォン・デア・ライエンEU委員長は、欧州がロシアとのエネルギー関係を完全に崩壊させるための共同タスクフォースを立ち上げると発表した。米国は、①2022年中にEU市場に150億㎥相当のLNGを供給するよう努力する、②2030年までに、米国から年間500億㎥相当のLNGをEU市場向けに確保する——などを約束したのである。これは裏を返すと、ロシアのもつこれまでの欧州ガス市場のシェアを米国企業が横取りする話であり、トランプ時代からつづく米国政府の悲願の実現ということになる。

　これは、制裁を名目にした米国政府主導の「恐喝」であり、エネルギー分野での影響力を欧州にもつことで、米国の覇権をより強固にしようとしているだけにみえる。それも、ユダヤ系資源産業のビジネス上の支配圏を欧州まで広げ、彼らの「権益」拡大によるビジネス繁栄を政府の力で支援しようとしているようにみえてくる。

　非帰結主義の立場からみると、ウクライナ戦争の背後には、明らかにネオコンによる煽動や挑発がある。そうであるならば、少なくとも彼らを利するような政策はとるべきではないだろう。それどころか、ネオコンを政府の要職から一掃し、彼らと共謀関係にあるユダヤ系資本に対する「罰」も必要だろう。だが、残念ながら、ウクライナ戦争に際して、欧州には優れた政治家はいない。バイデン政権による「恐喝」や「脅迫」に抗するのではなく、ただただ基本的に従うことしかできないでいる。

　2014年のウクライナ危機に際しては、ドイツにアンゲラ・メルケル首相がいた。彼女は米国主導のクーデターこそウクライナ危機の本質であることをよく知っていた。ゆえに、危機後のロシアによるクリミア併合に対する対ロ制裁において、制裁を科すという点では基本的に米国に同調しながらも、米国と異なる制裁措置をとることにした。安易に米国に同調しなかった。これは、当時の安倍晋三首相も同じである。彼もまた、米国主導のクーデターによるウクライナでの政権交代に問題がある

ことを知っていた。だからこそ、北方領土交渉を理由に、あえて欧米の対ロ制裁とも違う緩やかな制裁しかとらなかったのである。

　天然ガスをめぐっては、EU理事会は8月5日、加盟国が2022年8月1日から2023年3月31日の間に、自らの選択による対策で、過去5年間の平均消費量と比較してガス需要を15％削減することに合意したと発表した。「ガス需要削減の目的は、エネルギー供給を武器にし続けるロシアからのガス供給が途絶える可能性に備え、この冬に向けて節約をすることである」と説明（https://www.consilium.europa.eu/en/press/press-releases/2022/08/05/council-adopts-regulation-on-reducing-gas-demand-by-15-this-winter/）されている。欧州委員会の初期の試算では、最大450億㎥の削減になるとしている。

　これを機に、ロシアのガスプロムはまさにバルト海底に敷設されているガスパイプライン「ノルドストリーム」を通ってドイツに輸出されているガス量をガスポンプの修理などを名目として減らしはじめる。8月31日から9月2日の3日間、この稼働を停止した。その後、ロシアは停止期間を延長している。その背後には、ロシア産の原油や石油製品への上限価格導入問題（後述）やドイツ政府のウクライナへの追加の軍事支援がある。[15] 9月26日、ノルドストリームで2カ所（2本あるラインの各1カ所）、ノルドストリーム2で1カ所（2本あるラインの1カ所）、パイプラインが爆破された。何者の犯行かは執筆時点（11月1日）では、判然としない（プーチンは10月12日、国際フォーラム「ロシア・エネルギー・ウィーク」全体会議で講演し、ノルドストリームの妨害工作の黒幕として、「ロシアとEUの関係を永久に断ち切り、ヨーロッパの政治的実体を永久に損ない、殺し、その産業の潜在力を弱め、市場を手に入れたいと考えている人物」をあげ、その受益者として、「エネルギー資源を高値で供給できるようになった米国」を名指しした）。この合計4本のライン建設に要した費用は約170億ユーロとみられており、復旧に要するコストは2億ユーロ、悲観的なシナリオでは最大6億〜7億ユーロになるとの試算もある。

　この事件が起きる前までは、行き場を失った天然ガスがロシアとフィンランドとの国境近くで燃やされてきた。BBC（https://www.bbc.com/news/science-environment-62652133）が伝えたところでは、毎日約434万㎥のガスが燃やされ、大量の二酸化炭素（毎日約9000トンの二酸化炭素に相当）と煤を撒き散らしていたというのである。とくに、「排出された

ブラックカーボンが北上し、雪や氷に付着して融解を著しく促進する」ことが懸念されていた。こんな状況がつづくと、復讐による負の連鎖で、結局、地球上のすべての生物まで打撃を受けてしまうのではないかと絶望的な気持ちになる。

場当たり主義への疑問

2014年に比べると、2022年のウクライナ戦争勃発後の対ロ制裁は、バイデン政権の主導により欧州でも日本でもよく似た内容になっている。2014年の米国主導によるクーデター隠蔽に事実上成功した米国政府は、帰結主義の立場から、戦争をはじめたロシアだけを攻撃する戦法に打って出たことになる。クーデターの事実さえ知らない多数の国民をかかえる欧州や日本では、ウクライナ戦争勃発の事実のために、非帰結主義的アプローチをとろうにも、それは難しかった。なぜなら欧州や日本の主要マスメディアは2014年のクーデターをクーデターと報じておらず、ロシアによるクリミア併合を批判するばかりであったからだ。

こうしてバイデン政権によるやりたい放題の制裁がはじまる。それは、ネオコンのロシアへの復讐心に関連づけられた、そして、自らの利益拡大につながる制裁を、期限を曖昧にしたまま科すというものであった。

ここで、ヌーランド国務省次官が次官補だった2014年2月に盗聴された会話のなかで、「ファックEU」と語っていたことを思い出すべきだろう（詳しくは拙著『ウクライナ・ゲート』を参照）。ネオコンの彼女にとって、EUなど唾棄すべきどうでもいい存在であり、EUを痛めつけてユダヤ系米国人が得をすればそれでいいと思っているのではないか、とすら思えてくる。

米国の言い分に疑問

米国では、現在、バイデン大統領が恣意的な対ロ制裁を主導している。議会では、個別に制裁法案の審議が行われてきたが、実際の制裁は、すでに説明した国際緊急経済力法（IEEPA）や「制裁を通じた米国の敵対国（イラン、ロシア連邦、北朝鮮）への対抗法」（CAATSA）に基づく大統領権限を政治利用している。CAATSAは2017年8月2日に当時のトランプ大統領が署名して成立した法律である。

米国政府が科している対ロ制裁の大義名分については、財務省の

ウォーリー・アデイモ財務副長官の米上院歳出委員会金融サービス・一般政府小委員会での証言（https://home.treasury.gov/news/press-releases/jy0815)が知られている。2022年6月14日の証言で、つぎのように話した。

　「財務省は、この残虐な戦争の選択についてロシアの責任を追及するため、迅速かつ大胆な行動をとっている。我々は二つの目的のために制裁を用いてきた。それは、ロシア経済の下支えや軍事投資に必要な資源へのクレムリンのアクセスをできないようにすることであり、ロシアの力を誇示する能力を低下させることである。1月以来、我々は千を超える個人と団体を制裁し、何十億もの資産を凍結またはブロックしている。我々は、ロシアの中央銀行の準備金の大部分を動員不能にする前例のない措置を取り、プーチンがまさにこのシナリオのために何年もかけて築いた軍資金を無力化した。米国の制裁により、彼の努力は数日のうちに水の泡となった。また、プーチンの戦争マシンを解体するため、プーチンの軍産複合体の主要拠点を標的にし、その重要なサプライチェーンを分断する追加措置をとり続けている。」

　この発言はもっともらしく聞こえるかもしれない。だが、米国が主導する制裁の「副反応」として、原油やガソリンなどの石油製品の価格や、天然ガスや窒素肥料などの価格が急騰するばかりか、小麦などの食糧価格、さらには、気候変動対策の緩和措置など、プーチンやロシア国民だけでなく、世界中の人々を巻き込んだ「損害」が生じている現状は看過できない（ただし、石油やガスの対ロ依存を減らすことが再生可能エネルギーの容量の増加につながる面もある）。そもそも、地球上のすべての生物に損害をもたらしかねない制裁をなぜ米国政府が科す権限があるのだろうか。ウクライナ戦争を引き起こす要因をつくった米国のネオコンは何の責任もとることなく、むしろ、この原油高や食糧価格を利用して懐を潤しているのではないか。ユダヤ系米国人だけが得をしているのではないか（前述したエクソンなどの利益拡大の話を思い出してほしい）。そんな疑惑が浮上する。

　ロシア産肥料の話も紹介しておきたい。拙著『プーチン3.0』に書いておいたように、米財務省外国資産管理局（OFAC）は2022年3月24日付で、ロシアの肥料や有機肥料を制裁の可能性から事実上除外する新

たな一般許可を発表した。肥料価格の高騰による米国内の農民からの反発を恐れた米国政府はちゃっかりロシア産肥料の輸入を認めることにしたのだ。同じく、EU 理事会は 8 月、EU 加盟国によるロシア産肥料購入を認めた。ヨーロッパの港でブロックされてきたロシアの肥料のブロックを解除したのだ。しかし、欧州諸国の港を通して、アジア、アフリカ、ラテンアメリカの市場にロシア産肥料やベラルーシの肥料を供給することは（少なくとも 9 月 16 日現在）禁止されたままとなっている。不可思議なのは、ロシア産石油や天然ガスの輸入規制には熱心なのに、ロシア産肥料を購入するのは矛盾であり、EU 加盟国以外の他国へのロシア産肥料の輸送・供給を EU が妨害している点である。

　制裁の不可解さは、欧米諸国によるウクライナへの武器供与という軍事支援と合わせて考えると頂点に達する。罰としての制裁というのなら、その罰は「復讐の刑罰への転化」という歴史的変遷を考慮すれば、法的に明確なメカニズムにおいて科されなければならない。現実には、そんなメカニズムは存在しない。バイデン政権の打ち出す恣意的制裁に、スキャンダルから逃れるためにウクライナ戦争を政治利用していた英国のボリス・ジョンソン首相（当時）が追随し、さらにほかの NATO 加盟諸国がそのあとに従うだけだ。しかも、こうした制裁は欧米諸国によるウクライナへの軍事支援と同時並行的に行われている[17]。こうなると、欧米の制裁は軍事支援を補佐する罰であり、そこに復讐という行為が組み込まれているのではないかと想像できるのである。

制裁に参加しない国々

　欧米の正義は決して世界の正義ではない。すでに説明したように、グローバルな国際法のもとでは、米国の正義が世界の正義であるかのような介入主義がはびこり、それが「普遍的な「正義」」であるかのようにふるまっている。だが、現実はこれを真っ向から否定している。2022 年 8 月 25 日付の The Economist（https://www.economist.com/leaders/2022/08/25/are-sanctions-working）は、「最大の欠点は、世界のGDP の 40％を占める 100 カ国以上の国々が全面的あるいは部分的な禁輸措置をとっていないことだ」と指摘している。米国政府要人のなかにいるネオコンの復讐のために、いわゆる先進国だけ対ロ制裁を科しているのだとすれば、こんな復讐劇をいつまでもつづけていいはずはない。

制裁の最終的なねらいは、他国の戦争行為を抑止するらしい。そうで
あるなら、他国に民主主義を輸出しようとしてクーデターまがいの行為
を支援する米国の外交戦略自体についても俎上に載せるべきだろう。そ
の結果として、シリアでもイエメンでもイラクでも戦闘が起きてしまっ
たのだから。

復讐としての制裁

　ユダヤ系資本が露骨に復讐をしようとしていると思われる制裁があ
る。それは、2022 年 12 月 31 日からはじまる、石油輸送市場を支配し
ている EU と英国の保険会社がロシアの貨物を積んだタンカーにサービ
スを提供することを禁止する措置である[18]。多くの港湾や運河では、原油
流出のリスクがカバーされない場合、船舶の通航が許可されない可能性
がある。つまり、ロシア産原油や石油製品をインドや中国に運ぶ場合で
も、輸送ルートが確保できずに輸出ができなくなる可能性が高まるのだ。
EU は、2022 年 12 月にロシアからの海上原油、2023 年 2 月に石油精製
品の購入を停止することをすでに約束しているが、EU 以外の国に輸出
する場合にも、この保険会社の措置はロシア側に大きな打撃を与えるこ
とになるだろう。

　ところが、今度は 2022 年 9 月 2 日に G7 財務相会議で、ロシア産石
油の輸入価格に上限を設ける措置を 12 月 5 日に、ロシア産石油を精製
したガソリンなどの石油製品の輸入に同じく上限価格を 2023 年 2 月 5
日に導入する措置をとることが合意された。これにともなって、上限価
格を上回るロシア産の原油および石油製品の海上輸送を可能にするサー
ビスなどの「サービスの包括的な禁止」を最終決定し、実施するという
共同の政治的意図が確認された。つまり、上限を上回るロシア産石油の
海上輸送に保険を付保しないように保険会社に義務づけるというわけ
だ。この措置にともなって、EU は、第 6 次制裁措置パッケージとして
2022 年 6 月 3 日に採択したなかにある、「EU の事業者がロシアから第
三国への原油または石油製品の輸送（特に海上輸送）を保証または融資
することを禁止する」という規定を改める必要が生まれ、再び 27 カ国
すべての合意を取り付ける必要がある。上限価格以内の取引には、保険
付保を認めるというものだからだ[19]。10 月 6 日、EU 理事会は上限価格設
定を含む第八次制裁措置パッケージを正式に承認した。

　同日、ジャネット・イエレン財務省官は、この措置が「ロシアの財政に大きな打撃を与え、ウクライナでのいわれのない戦争の妨げとなり、ロシア経済の悪化を加速させることになる」と説明した。その一方で、「この価格キャップは、インフレに対抗し、世界的混乱による将来の価格高騰から米国および世界の労働者とビジネスを保護するための最も強力な手段の一つである」と言うのだが、本当だろうか。

　米国政府は、ロシア産原油に価格上限を設ける協力体制を７月のG20財務相・中央銀行総裁会議などで構築しようとしてきた。価格上限体制下では保険制裁の例外とし、禁輸措置をとっていない国にはロシアの原油を大幅に値引きして販売することが可能になる。上限価格をかなり低く設定すれば、ロシア側が値引きされた石油の出荷を拒否し、代わりに油井に蓋をして生産を停止するように仕向ける可能性もあるというのである。しかし、市場をまったく無視したこんな方法にG20全体が合意するはずもなく、この話は頓挫した。そこで、G7という先進国だけで上限価格導入に舵を切ることに決めたのだ。

　これに対して、ロシア国営のガスプロムは、G7がロシアの石油に価格上限を設けると発表した数時間後、ノルドストリームのコンプレッサーステーションで油漏れが発見されたとして、９月３日に予定されていたガスパイプライン再開を延期すると発表した（その後、爆破事件が起きたことは前述した）。さらに、プーチンはこの上限価格設定を行う国への石油輸出停止を打ち出した。

　これでは、制裁という名目で繰り広げられる復讐の連鎖がつづいているだけではないか。そこには、一刻も早くウクライナ戦争を停戦に持ち込んで世界中の人々の生活を守るといった発想自体が感じられない。しかも、驚くべきは、本来、市場経済の尊重こそ重視しているはずの米国政府が率先して市場を無視した上限価格の導入をしようとしている点である。さらに、ユダヤ系資本が支配する保険業界を関連させることで、「ロシアをやっつけるためなら何でもやる」という私憤のようなものを感じざるをえない。復讐心に満ちた制裁を米国政府が行ってきた証左と言えるのではないだろうか。

押収をめぐる疑問

政治的で恣意的な制裁のなかで、押収という手続きにも大きな疑問が

ある。そこでまず、何度か紹介している欧州議会資料にあるコラム「資産の凍結（freezing）と押収（seizing）」の記述を参考にしながら、凍結・押収・没収（confiscation）について整理してみたい。

　資産の凍結と押収は二つの異なる概念である。理事会規則（EU）No 269/2014（ウクライナの領土保全、主権、独立を損なうまたは脅かす行為に関する制限的措置を定める）は、（経済資源または資金の）凍結を定義しているのだが、それは、資金、物品またはサービスを得るための経済資源の使用について、資金の移動、譲渡、変更、使用、アクセス、または、ポートフォリオ管理を含む、資金の量、金額、場所、所有権、所持、性質、目的地、その他資金の使用を可能にするような変更をもたらすような方法での資金の取り扱いを妨げることであるとしている。つまり、凍結は「資金に対する所有者の処分を阻止することができ、一時的なもの」ということになる。[21]

　これに対して、押収や没収は、「元の所有者が押収された資産を使用する（処分する）ことができなくなる」という、占有離脱（dispossession）を意味している。その資産は、別の事業体に引き継がれることになる。このdispossessionは、裁判所の決定を必要とする場合があり、即効性には限界がある。凍結と没収は、不正に得た資源が犯罪者によって使用され続けることを防ぐために広く使われている手段である。

　欧州委員会は、2016年12月に凍結・没収命令の相互承認に関する提案を初めて提示した。同規則は、2018年11月に理事会と欧州議会で正式に採択された後、欧州連合官報に掲載された。これにより、2020年12月19日から、凍結・没収命令の相互承認に関する規則が適用されるようになっている。つまり、EUの一国で下された刑事事件に関するすべての司法判断は、通常、ほかの加盟国によって直接承認され、執行されることになった。犯罪収益の凍結と没収の両方を対象とする国際協力のための包括的な枠組みを確立することを意図したものだ。

　だが、この規則は、あくまで司法判断、すなわち、加盟国が刑事訴訟手続きの枠組みのなかで発した凍結・没収命令に適用されるのであり、押収や没収が簡単にできるわけではない。欧州委員会は、2022年3月、ロシアおよびベラルーシのオリガルヒ（政治家と結託した寡頭資本家。詳しくは拙著『プーチン3.0』や『ウクライナ3.0』を参照）に対する制裁を実施するために、EUレベルでの協調を確保する目的で、タスクフォー

ス「凍結と押収」を設置した（資料［https://ec.europa.eu/commission/presscorner/detail/en/IP_22_1828］を参照）。米司法省の「KleptoCapture」と呼ばれるタスクフォースとも協力してゆく。

　タスクフォース「凍結と押収」の活動もあって、EUは押収や没収をしやすくする体制づくりを急いでいる。欧州委員会は5月25日、EUの対ロシア制裁の違反を犯罪とすることを提案した。ロイター電によれば、EUの対ロシア制裁を破ることは、EU加盟12カ国で刑事犯罪となっている⁽²²⁾。13カ国では行政犯罪または刑事犯罪であり、2カ国では行政犯罪としてのみ扱われているという。欧州委員会の今回の提案は、このようなアプローチを統一し、27カ国からなるEUの全加盟国において制裁金逃れを重大な犯罪とすることを目指しているとされる。こうすることで、刑事裁判に持ち込みやすくしようというわけだ。もちろん、資産を没収するためには刑事上の有罪判決が必要という大原則は崩れていないが、EUの場当たり的な対応はそもそもの対ロシア制裁の正当性への疑問をねじ伏せたうえで、政治的にロシアを蹂躙するための政策を急いでいるようにしかみえない⁽²³⁾。欧州委員会のディディエ・レインダース司法担当委員は7月、早ければ10月にも、制裁が回避された場合にロシアの資産を押収し、押収した資産をウクライナ復興基金に回すことを認める指令を欧州委員会が採択するだろうとのべている。さらに、欧州理事会は10月21日、欧州委員会に対し、ウクライナの復興支援のための凍結資産の使用を目的としたEU法および国際法に沿った選択肢を示すよう要請することで合意した（https://www.consilium.europa.eu/media/59728/2022-10-2021-euco-conclusions-en.pdf）。この時点で、EU域内でロシアの凍結資産は少なくとも174億ユーロに相当すると推定されていた。

　よく似た現象が米国でも起きている。とにかく、ロシアのオリガルヒの資産を凍結するだけでなく、押収・没収するための制度の整備を急ごうとしているのだ。4月28日、バイデン米大統領は、ホワイトハウスの声明のなかで、プーチン大統領のウクライナに対する戦争の責任をロシア政府とロシアのオリガルヒに問う米国政府の権限を強化する包括的な立法パッケージの提案を送付する予定であることを明らかにした⁽²⁴⁾。そのなかで、オリガルヒ資産を押収（seize）・没収（forfeit）するための合理的な行政権限の確立として、①制裁を受けたロシアのオリガルヒが所

有し、特定の違法行為に関連する米国内の資産を没収するために、財務省と司法省が関与する新しい合理的な行政手続を創設する、②ロシア政府との腐敗した取引から直接得た収益を故意または意図的に保有することを違法とする新たな刑事犯罪を創設する——ことが計画されている。さらに、ロシアの侵略による被害を是正するために、没収されたクレプトクラート（窃盗政治家）の財産のウクライナへの移送を可能にすることも計画されている。

　対ロ制裁体制を執行・監督するために設置された政権の省庁間特別ユニットの責任者であるアンドリュー・アダムスは7月19日、上院司法委員会の公聴会で、米司法省がロシア人の押収した財産の収益をウクライナに補償するために送金する権限を要請したことを明らかにした。8月になって、「アメリカ合衆国は、制裁を受けたロシアのオリガルヒであるアンドレイ・スコッチが所有・管理するエアバス A319-100 を、ニューヨーク南部地区連邦地方裁判所からの押収令状により、連邦マネーロンダリング防止法違反の相当の理由に基づき、押収（seizure）・没収（forfeiture）することが認められた」と、米司法省のサイトが伝えた。[25]

ロシアの狙い撃ちに疑問

　これだけみると、真っ当な政策に映るかもしれない。だが、米国の政策もロシア政府を狙い撃ちにした「政治工作」にすぎないのではないか、と私には思われる。世界的に「クレプトクラート」と呼ばれる政治家の資産を凍結・押収・没収してその政治家が盗んだ資産を母国に返還する必要性については、数年前から世界の潮流になっていた。この動きの延長線で、クレプトクラート全般について、こうした体制整備をするというのであれば、誠に望ましいことであると、私も賛意を表したい。だが、こうした潮流をまったく無視して、ロシアを狙い撃ちにすることで、米国の政治指導者、とくにネオコンのような人々の責任を隠蔽しようとしているようにみえるのだ。

　是非とも知ってほしいのは、そもそも、2003年10月に国連総会で採択された、国連腐敗防止条約の第32条に「凍結、押収および没収の手続き」が規定されていることである。第57条には、「資産の返還と処分」という規定もある。はっきり言えば、こうした反腐敗のための規制を長

年にわたって蔑ろにしておきながら、ウクライナ戦争を機にロシアだけ
を狙い撃ちにすることに欧米諸国は何の良心の呵責も感じないのか。

　ウクライナ戦争という帰結だけに目をやることで、それを招いた過去
の政治家たちの責任を不問にするかのようなやり方は大いに批判されな
ければならない、と私は考えている。

　そんな私からみると、制裁という名前で欧米諸国および日本などが科
しているのは報復であり、そのなかには復讐という感情も含まれている
のではないかという気がする。こんな私にとって、ハンガリーのヴィ
クトール・オルバン首相の言葉として紹介されているツイート（https://
twitter.com/zoltanspox/status/1540023611490181123）は心に響くものがある。

　「平和にはイエスだが、さらなる制裁にはノーと我々は言う。ウクラ
　イナでの戦争に加えて、経済問題の主な原因は制裁である。戦争による
　インフレの唯一の解毒剤は平和であるのだから、いま必要なのはさらな
　る制裁ではなく、平和である。」

　拙著『ウクライナ3.0』で指摘したように、ウクライナもロシアも腐
敗しきっている。そんな政権に武器を供与して、戦争を長引かせて、あ
るいは、今後、ウクライナ復興と称して資金支援をしても、大丈夫な
のだろうか。すでに、「ファイナンシャル・タイムズ」（https://www.
ft.com/content/bce78c78-b899-4dd2-b3a0-69d789b8aee8）は、NATOとEU諸
国がウクライナに供給された武器の追跡調査を強化するよう求めている
ことを報じている。犯罪グループがウクライナからヨーロッパの闇市場
へ武器を密輸しているとの懸念があるためだ。7月5日付のロシアの報
道（https://www.rbc.ru/politics/05/07/2022/62c498979a79479781bd7feb?from=
from_main_11）によれば、ウクライナ経済安全保障局のヴァディム・メ
ルニク局長によると、同局は欧米の武器や人道的援助の売却をめぐり、
約10件の刑事事件を起こしたという。

　こうした「現実」を知ったうえで、ウクライナ戦争について再考しな
ければならないのだ。

（7）「移行期正義」という視角

　この章の最後に、「移行期正義」をとりあげたい。グローバルな国際法は「普遍的な「正義」」を基準とするようになったと指摘した。だが、そうなると、「正義の移ろい」が問題化する。この問題意識は近年、「移行期正義」（transitional justice）という概念に対する議論の広がりにつながっている。

　ニューヨーク大学法学部のルティ・テイテルはその論文「編集ノート：グローバル化した移行期正義」（International Journal of Transitional Justice, Volume 2, Issue 1, March 2008）のなかで、「「移行期正義」とは、1991年に私が造語した表現であり、ソヴィエト崩壊と、1980年代後半のラテンアメリカの民主化への移行を受けてのことである。この用語を提案するに際して、私の目的は、過去の抑圧的な支配に続く急進的な政治的変化の時期に関連して、正義の独特の概念が自意識的に構築されていたことを説明することだった」とのべている。いわば、移行期正義は、紛争や国家抑圧からの移行期における正義を達成するためのアプローチで、「大規模な人権侵害の遺産を是正するために、さまざまな国によって実施されてきた一連の司法および非司法的措置を指す」と、国際移行期正義センターのホームページ（https://www.ictj.org/）には書かれている。

　ただ、ドナルド・トランプ大統領からジョー・バイデン大統領への政権移行期の混乱を目の当たりにするにつけて、ごく普通の民主国家においても、移行期正義の実現が課題となっているようにみえる。こうした幅広い視野のもとで、この節では、移行期正義という観点から、復讐の問題を論じてみたい。

「移行期正義」とは？

　まず、移行期正義とは何かについてもう少し考えてみよう。国際連合は、2004年に公表した事務総長報告「紛争・紛争後の社会における法の支配と移行期正義」（https://www.un.org/ruleoflaw/files/2004%20report.pdf）のなかで、「移行期正義」を、「説明責任を確保し、正義を果たし、和解を達成するために、過去の大規模な虐待という遺産と折り合いをつけようとする社会の試みに関連したプロセスとメカニズムのすべての範囲を含んでいる」と説明している。これらには、国際的な関与のレベル

が異なる（あるいはまったく関与しない）司法的・非司法的メカニズムおよび、個別の起訴、賠償、真実の探求、制度改革、審査と解任、あるいはそれらの組み合わせが含まれるかもしれないと指摘している。

なお、ここで国連がいう「正義」は、「権利の保護・擁護、過ちの防止・処罰における説明責任と公正さの理想」と定義されている。別言すると、「正義が意味しているのは、被告人の権利、被害者の利益、社会全体の幸福を尊重するということだ」としている。

いずれにしても移行期正義を司法制度に関連づけて理解しようとしていることになる。他方で、洪惠子著「移行期の正義（Transitional Justice）と国際刑事裁判」（https://mie-u.repo.nii.ac.jp/?action=repository_action_common_download&item_id=6967&item_no=1&attribute_id=22&file_no=1）によれば、冷戦後、国際社会の関心が暴力や人権侵害が再び繰り返されないような社会への脱皮を支援するというかたちで変化しており、こうした社会の変化という方向性を強調しているのが「移行期の正義」という概念である、という。

洪は、「現在では、移行期の正義とは、旧政権時代に行われたことに対して新生の民主的政権がどのように対応すべきか、換言すれば法の支配を確立し、人権が尊重される社会を作るための様々なメカニズム（または道具［tool］）を示し、またそれらに関する議論の枠組みを意味している」とのべている。

洪の場合、「移行期の正義」を司法制度だけでなく、政治的な関係をも含んだかたちで論じようとしているようにみえる。こうした概念を移行期正義に適用すると、その関心はもっぱら中南米や東欧での独裁政権とその崩壊後における移行にあてられている。その典型が国連大学出版部によって2012年に刊行された『圧制の後で：中南米と東欧における移行期の正義）』（After Oppression: Transitional Justice in Latin America and Eastern Europe［https://collections.unu.edu/eserv/UNU:2500/ebrary9789280812008.pdf］）であろう。

こうした関心を旧ソ連地域に転じることもできる。ソ連が主導した社会主義体制が崩壊したことで、資本主義体制への移行が進む過程で、移行期正義が問われる機会が増えた。だからこそ、2020年10月になって、弁護士のニコライ・ボブリンスキーと歴史家のスタニスラフ・ドミトリエフスキーによる報告書ロシア語の厖大な報告書「復讐と忘却の間で：

ロシアにおける移行期正義の概念」（https://trjustice.ilpp.ru/index.html）が公表されている。これを本（https://trjustice.ilpp.ru/trjustice.pdf）にしたものも読むことができる。

　移行期正義を構成するさまざまな様式は、通常、「癒し」の修復的司法措置（真実と和解の委員会）と懲罰的司法（主に、もっとも重大な犯罪の主犯とその直接の加害者のための）の並列システムを組み合わせている。あるいは、移行期正義を実現するには、①残虐行為、人道に対する罪、戦争犯罪の責任を問われた個人に対する法的裁判、②真相究明委員会、③賠償といった組織的対応が必要となるだろう。また、移行期の司法介入は、法の支配を回復することで社会制度を改革し、司法を長期的に機能させることを目的としている。同時に、移行期前の犯罪が不問に付されることがないようにすることも目的としている。

報告書「復讐と忘却の間で」

　このロシアの報告書には、ロシアにおける犯罪が制度的に罰せられないことが引き起こす法的課題に関する研究結果を提示されており、移行期正義における不利益な結果に対処するための措置が提案されている。この報告書の内容のうち、興味深い点を紹介したい。

　報告では、移行期正義の目的について、つぎのように記述している。

　「移行期正義は、以前に処罰されなかった重大な人権侵害や当局が認めた法の支配に対するその他の重大な侵害に対して、効果的かつ合法的な対応を確保することを目的としており、そのような侵害の状況を明らかにし、責任者を裁判にかけ、法的かつ公正な処罰を適用し、被害者に与えた被害を救済し、不法な攻撃が繰り返されないように保証することを目的としている。」

　こうした観点から、将来、ロシアが民主的な法治国家を築く道に戻ることを期待して、前もって移行期正義が計画されるべきであるとの立場から、「ロシアにおける将来の移行期正義のモデルを準備し、その議論のために提案する」ことをめざしたという。

　こうみてくると、本報告書では、司法を中心に移行期正義を論じようとしていることがわかる。報告書の構成は、移行期正義の理論、対外的・国際的実践、その法的・方法論的枠組み（序章）、ロシアにおける移行期正義施設の選択の根拠（第1章）、およびその特徴（第2～6章）につ

いての説明が含まれている。報告書の主要部分は、移行期正義の法律概念（第8章）とその制度的枠組み（第9章）である。

序章第3節「移行期正義に関する一般的な情報」

まず、序章第3節「移行期正義に関する一般的な情報」について紹介し、報告書が規定する「移行期正義」についての理解を深めてほしい。

報告書では、移行期正義が、政治的な理由で処罰されないままになってしまった大規模な人権侵害への法的対応と、その被害者への賠償を主な目的としている、と指摘されている。同時に、被害者の権利とニーズに焦点を当てることが提案されている。ただ、こうした主目的に加えて、法の支配の回復、新たな民主主義秩序の保護、国民和解といった政治・制度構築に関連する問題と移行期正義との間には結びつきがあるから、移行期正義は決して司法問題だけにとどまらないとの立場をとっている。

これに関連して、「近年、いくつかの国では、汚職関連の犯罪や経済的抑圧の結果に対処するために移行期正義を利用しようとしている」という指摘は興味深い。前述したように、単なる政権交代であっても移行期正義という観点からの正義の追求が求められているのだ。

重要な「一般的な情報」

つぎに、移行期正義にかかわる「一般的な情報」として重要であると思われるものをそのまま引用してみよう。

「とくに国連で広く使われている認識によると、移行期正義が含む主要なメカニズム（制度）はつぎのものである。すなわち、刑事訴追、事実調査、賠償、繰り返さないという保証（それらのなかで禊［みそぎ］が通常もっとも問題になる）である。」

「移行期正義の現代の研究者はその例を古代史に見出す。しかし、共通の目的によって結ばれ、理論的根拠によって支えられた一連の法的措置としては、それは20世紀の80～90年代の変わり目にしか形成されていない。ラテンアメリカでの軍事政権の崩壊とその後の市民的平和と民主主義を回復させようとする努力は、旧政権が犯した犯罪への法的対

応の問題点を明らかにした。これらの問題は国際人権団体の活動家や人権研究者の注目を集めている。彼らは正義と、合法的な民主的秩序の構築にかかわる利益との間の最適バランスを模索しはじめた。この点で、「移行期正義」という言葉が使われるようになったのである。」

　「現在、移行期正義のさまざまなメカニズムが世界の数十カ国で働いている。この分野で比較的最近はじまった包括的プログラムとして言及すべきなのは、チュニジアでの真理と尊厳の委員会、ウクライナでの非共産化および権力浄化に関する法律、コロンビアでの武力紛争犠牲者に関する政府と、コロンビア革命軍（FARC）との間の合意である。」

　「ロシアでは、これまで、それらはソ連国家のテロという重大なる遺産を克服するための象徴的な措置に主として限定されていた。1991年の「政治的抑圧の犠牲者更生に関する法律」は、反対意見と良心の自由を抑圧することを目的としたソ連刑法典のいくつかの条項の更生と破棄に加えて、補償、没収財産の返還、政治的抑圧のケースの調査・検討に参加した者の刑事責任追及、抑圧された者のロシア市民権の回復に関する規定を含む。しかし実際には、これらの規定の適用はほとんど限られたものでしかない。ポスト共産主義のヨーロッパで普及するようになった、禊、政治警察公文書館へのアクセスの公開、国有化された財産への所有権の返還のような移行期正義のメカニズムはロシアではほとんど知られていない。」

　「移行期正義は抑圧的な権威主義から民主主義への社会の変革のなかでしばしば現れる二つの極端、すなわち復讐と忘却の対極にある。」

　ここから、「復讐と忘却の間で」というタイトル名が決められたことになる。この第一の極端さが生じるのは、正義を長く奪われてきた被害者（あるいはその代弁者）が自らの手に正義を得て虐殺を行うときである。古典的例には、アルメニア人大虐殺の主催者や加害者に対してアルメニア革命連盟が行った「ネメシス作戦」、1956年のハンガリー蜂起時の国家保安機関員への街頭処刑、チャウシェスク夫妻の射殺などがある。ほかにも、本書で紹介した「ポグロム」や「ホロドモール」も復讐心を燃

えたぎらせることになるだろう。

　第二の極端では、犯罪加害者は処罰されず、生存者はすべてを忘れるように促される。このような場合、無修正のまま刑罰を免れていることは新しい処刑人を鼓舞するのだが、社会は新たな形態で復活する傾向にある独裁政権に対する必要な「予防接種」を受けていない。例として含まれているのは、ポストソヴィエトのロシア、アゼルバイジャン、中央アジアの旧ソヴィエト共和国などである。

　以上から、移行期正義は第一の極端（復讐）と第二の極端（忘却）との間において位置づけられるべきものということになる。

復讐と赦しの間

　だが、移行期正義が「復讐と忘却の間」にあるとする見解を鵜呑みにすることはできない。

　ハンナ・アーレント著『人間の条件』(志水速雄訳, 376 〜 377 頁)では、「許し（ママ）は復讐の対極に立つ」とされている。復讐は、最初の罪に対する反活動のかたちでなされる活動で、罪に対する当然の自動的反応であると、彼女は指摘している。これに対して、赦しは、それを誘発した活動によって条件づけられずに新しく予期しない仕方で発動し、「したがって、赦す者も赦される者をもともに最初の結果から自由にする唯一の反応である」としている。さらに、「許しの反対物どころか、むしろ許しの代替物となっているのが罰である」とのべている。赦しと罰は、際限なくつづくかもしれない復讐を終わらせようとする点で共通しているというのだ。

　なお、このとき重要なのは、神だけが赦しの力をもっているわけではないことである。ゆえに、アーレントはつぎのように記述している（375頁）。

　「つまり、イエスの主張によれば、許しは、神が人間を媒介にして許すという類のものではない。むしろ、人間が神によって許されることを望むなら、その前に、人間がお互い同士許し合わなければならないのである。」

　マーサ・ミノウ著『復讐と赦しの間で：ジェノサイドと大量殺戮の後、歴史に直面する』によれば、集団的暴力を分析するなかで、復讐（vengeance）は、「悪事に対する道徳的対応の重要な要素を具現化するも

のであり」、「悪いことをされたときに、その仕返しをしたいという衝動である」と指摘している。さらに、「復讐は、法の支配に導かれた罰よりも、代価を支払った者、あるいは刑期を終えた者を赦すという目的に沿った罰よりも、さらに多くの反応を引き起こす可能性がある」とものべている。

これに対して、赦し（forgiveness）については、「赦すという行為は、加害者と被害者を再び結びつけ、関係を築いたり更新したりすることができ、悲しみを癒し、新しい建設的な同盟関係を築き、暴力の連鎖を断ち切ることができる」と記している。注意すべきは、「赦しは、刑罰に代わるものである必要はない」という点だ。復讐するよりも赦せというキリスト教の伝統的な呼びかけでさえ、神を通じて復讐が行われるという信仰を伴っているとすれば、赦してもなお何らかの罰はありうる。

ただし実際には、「赦しはしばしば刑罰の免除をもたらす」という。とくに政府機関が犯罪者に対して寛容な態度をとる場合、その手段はしばしば恩赦や恩赦というかたちをとる。ミノウは、「これは忘却を制度化するものであり、前に進むための短期的な努力のために正義を犠牲にしている」と指摘し、忘却を批判している。

とくに重要だと思われるのはつぎの記述である。

「正義への障害、とくに戦争犯罪訴追の文脈では、「赦し」は「忘却」の言い訳にすぎず、「赦し」は「記憶喪失」の同義語ではないかという疑念を生じさせる。忘却と記憶喪失は、加害者が記憶を消し去り、罰を免れることを可能にするため、大量殺戮に対応する呪い（アナテマ）のようにみえる。皮肉なことに、忘れようとする被害者や証人は、犯罪について沈黙を守ることによって加害者を助けることになるかもしれない。暴力についての沈黙は、加害者と被害者を文字通り、そして心理的にも否定という残酷な約束（pact）に閉じ込める。」

このようにみてくると、移行期正義であろうとなかろうと、正義を「復讐と忘却の間」だけに限定してしまう理由は十分な説得力をもっているとは言えない。

読者に理解してほしいのは、復讐と忘却、あるいは復讐と赦しとの間で正義は守られるべきであり、そのためにはしっかりとしたメカニズム、

すなわち制度が必要となる。そこで、ここでは、刑罰を免れるという「インピュニティ」という概念について考察してみたい。このインピュニティによって復讐や刑罰、あるいは赦しや忘却までが妨げられかねないからだ。同時に、インピュニティとするかを決める側が大きな権力を手に入れることになることを忘れてはならない。

(8)　復讐を阻む「インピュニティ」

インピュニティの概念は、「犯罪者を裁判（刑事、民事、行政、懲戒）にかけることが法的または事実上不可能であることを意味し、そのような人物については、起訴、逮捕、裁判にかけられ、有罪が確定した場合には、犯した犯罪の被害者に適切な刑罰と補償が課せられる可能性のある手続き上の措置がとられていないことを意味する」と、前述のロシアの報告書は指摘している。そこで、同報告書では、インピュニティを、「犯罪の加害者を起訴しない、および／または被害者の権利を回復するための賠償を行わないというかたちで、犯罪に対する法的対応が不十分なことをさす」としている。

インピュニティは、①法執行機関が犯罪を特定していない（犯罪学でいう、自然潜伏）、②法執行機関は犯罪に気づいたが、刑事事件の着手を不当に拒否（同隠れた犯罪）、③時効による刑事責任の消滅により、刑事事件の提起が拒否され、または終結、④刑事責任の対象となる者が刑事訴追からの免責を有しており、それを克服するために必要な条件が満たされていないことを理由に刑事手続が開始されず、⑤刑事事件が起訴されたが、犯罪者が特定されていないか、捜査から逃げた、⑥罪を犯した人が刑事責任から解放されたり、恩赦のもとで刑罰から解放されたりしている、⑦実際に罪を犯していない者が刑事責任を問われる――などのケースで発生する。

被害者側からみると、インピュニティは、①損害賠償の法的根拠なし、②時効の経過、③損害賠償が裁判所によって不当に拒否される場合、③法律で定められた補償、または裁判所が命じた補償が明らかに被害の性質に不釣り合いである場合、④犯罪者が特定されていない場合、⑤害の補填決定が執行されない――といった場合に生じてしまう。つまり、被

害者にとって、インピュニティは復讐を刑罰に転化させてきたメカニズムの機能を停止し、その結果として鬱々たる復讐心をたぎらせることにつながる。

　もちろん、国際刑事裁判所はこうしたインピュニティを克服する必要性を認めており、同裁判所は、管轄権を有する国が捜査を行っている（または起訴を放棄している）刑事事件であっても、その国が適切な捜査または起訴を行う意思がないか、または行うことができない場合には、その訴訟手続きを認めることができる。インピュニティの適用を認めない基準としては、侵略、戦争犯罪、人道に対する犯罪、大量虐殺といった国際犯罪がある。これは、制度としてないよりはましだが、その実際の執行過程が煩雑で、時間がかかりすぎるという欠陥がある。他方で、国内の政権移行時のような場合にも何らかの措置が想定できないかという課題も提起しておきたい。これはあくまで私の意見だが、正義が達成されないことで、復讐心のマグマを高めるくらいなら、政権移行後に前政権の罪を問うことはきわめて当然であると主張したい。

時効

　インピュニティを時効によって発生させないようにするためには、その見直しが課題となる。ロシアの場合、刑事訴追可能な期間は犯罪の重大性に応じて2年から15年で、テロリズム、人質の奪取、人類の平和と安全に対する犯罪には時効は適用されない。ただ、「移行期正義」の立場にたてば、時間的に吸収されない（時効のない）犯罪として、①国または公人の命を狙った行為、②司法を行う者または予審を行う者の生命に対する攻撃などを加えたり、さらに、汚職、公務上の犯罪を加えたりすることを検討すべきだろう。

　圧政から民主政治への移行という「移行期正義」を広義に解釈すれば、民主国家で起きる政権交代期に前政権の「悪」が暴かれる可能性が高まる以上、前政権にかかわった大統領、首相、大臣などに時効とは無関係に「正義の鉄槌」を下せるように制度を整えることは当たり前のことではないか。その意味で、時効の見直しはきわめて重要である。

　その際、政治家や官僚による贈収賄事件についても、時効期間を大幅に延長することが求められる。たとえば、日本政府は外国政府への贈収賄に適用される時効を5年からもっと長く延長するように経済開発協力

機構（OECD）から何度も求められている。移行期正義という発想があれば、時効を 20 年とか 30 年にしてもいいはずであり、むしろ早急にそうしなければならない。

恩赦

恩赦もまたインピュニティを発生させる。恩赦法には、その法律が採択される前に犯した特定の犯罪（恩赦法でも指定されている）に対する責任や刑罰を免除される人のカテゴリーのリストが通常、含まれている。移行期正義の立場からすると、前政権下で、憲法上の人権・市民権・自由に対する例外なくすべての犯罪や、権力の流用・保持を目的とした犯罪行為にかかわった者が恩赦を通じてインピュニティとならないようにすることが求められる。

たとえば、トランプは 2020 年 11 月、マイケル・フリン元大統領補

表 7-1　大統領別の恩赦・減刑・慈悲措置

Trump has used clemency power less often than any modern president

Clemency statistics, by president

President	Term	Pardons	Commutations	Other	Total clemency	Total requests	Requests granted
Trump	2017-present	28	16	0	44	10,051	<0.5%
Obama	2009-17	212	1,715	0	1,927	36,544	5
G.W. Bush	2001-09	189	11	0	200	11,074	2
Clinton	1993-01	396	61	2	459	7,489	6
Bush	1989-93	74	3	0	77	1,466	5
Reagan	1981-89	393	13	0	406	3,404	12
Carter	1977-81	534	29	3	566	2,627	22
Ford	1974-77	382	22	5	409	1,527	27
Nixon	1969-74	863	60	3	926	2,591	36
Johnson	1963-69	960	226	1	1,187	4,537	26
Kennedy	1961-63	472	100	3	575	1,749	33
Eisenhower	1953-61	1,110	47	0	1,157	4,100	28
Truman	1945-53	1,913	118	13	2,044	5,030	41
FDR	1933-45	2,819	488	489	3,796	13,541	28
Hoover	1929-33	672	405	121	1,198	4,774	25
Coolidge	1923-29	773	773	145	1,691	8,046	21
Harding	1921-23	300	386	87	773	2,461	31
Wilson	1913-21	1,087	1,366	374	2,827	7,454	38
Taft	1909-13	383	361	87	831	2,111	39
Roosevelt	1901-09	668	363	68	1,099	4,513	24
McKinley	1897-01	291	123	32	446	1,473	30

Note: "Other" refers to remissions, which reduce financial penalties, and respites, which are temporary reprieves often granted for medical reasons. Requests under Trump include only those received through the end of fiscal 2020; pardons and commutations under Trump are through Nov. 23, 2020. Totals for McKinley include fiscal 1900 and 1901 only.
Source: U.S. Department of Justice.

PEW RESEARCH CENTER

（出所）https://www.pewresearch.org/fact-tank/2020/11/24/so-far-trump-has-granted-clemency-less-frequently-than-any-president-in-modern-history/

佐官（国家安全保障問題担当）に恩赦を与えると発表した。連邦判事は12月8日、トランプ大統領の恩赦を受けてマイケル・フリンの起訴を棄却したが、元国家安全保障顧問がトランプ大統領就任前にロシア政府との会談について連邦捜査局（FBI）捜査官に嘘をついたことの無実を意味するものではないとのべたと、WPは伝えている[29]。

　フリンに対する恩赦は、フリンが大統領選の候補者であったトランプ自身にかかわる犯罪行為に関連していた以上、移行期正義からは認められない。だからこそ、こうした事態を避けるために、恩赦についても移行期正義に沿った制度の見直しが必要なのである。

　なお、表7-1に示したように、米大統領による「寛大な処置」（clemency）には大きな差がある。バラク・オバマは8年間で1927件も寛大な処置を行った。うち212件は恩赦であり、1715件は減刑であった。これに対して、トランプは2020年11月23日で、28件の恩赦と16件の減刑、合計44件の寛大な処置を行ったにすぎない（その後、12月22日に米大統領選介入疑惑をめぐる捜査で有罪となった元側近ら15人に恩赦を与え、5人を減刑対象とした。12月21〜24日に49人もの恩赦・減刑をしたとNYTは伝えている[30]）。こうした結果をみると、むしろオバマのやり方に規制をすべきではなかったかと思えてくる。いずれにしても、大統領による寛大な処置は、移行期正義の立場からみると、厳しく制限されなければならないはずだ。

選挙

　選挙期間中、全国各地で選挙管理委員会のメンバーが特定の政党に有利な投票結果の改竄を広く使い、警察が改竄を見て見ぬふりをし、捜査機関や司法機関が関連する苦情の検討を拒否するといった事態は権威主義的な専制国家などでよく見られる現象だ。あるいは、政治的敵対者に対する刑事事件を開始したり、無理やり逮捕したり、候補者登録名簿に収載させないといった方法も権力者側の常套手段である。さらに、既存の権力側が公的立場を利用して選挙集会への参加を強制したり、一部の政党や候補者の選挙運動を支援したり、ほかの政党や候補者の選挙運動や選挙資料の配布を妨害したりすることもある。

　選挙関連のインピュニティ発生を抑えるためには、選挙結果に対する不服申し立て権の見直しが必要だろう。ロシアの場合、不服申し立て権

は選挙に登録して参加した候補者および選挙人団にのみ帰属する。その申し立て期間は投票日から3カ月に限定されている。

　移行期正義の枠組みでみても、選挙に関する不服申し立て権が無制限に認められることはないだろう。ただ、3カ月ではなく1年とすることは可能なはずだ。あるいは、選挙結果の取り消しを求める行政請求権を移行期の司法当局に認めるといった工夫はありうる。さらに、移行期正義の立場から、選挙後の新選挙管理委員会にも選挙不正の捜査を可能とすることも「あり」かもしれない。その際、デジタル時代に合ったソーシャルメディア関連支出の開示などの選挙関連法の改正も必要だろう。

　このように、移行期正義という視点からみると、民主国家内の司法制度であっても、まだまだ改正すべき点があるように思えてくる。

　いずれにしても、移行期正義さえうまく実現できていない主権国家が寄り集まってみても、世界全体に対するリヴァイアサンの役割は果たせるはずもない。しかも、それを担っているのが米国だとすれば、なおさら懸念をいだいて当然なのだ。

［第7章　注］

(1) Charles K.B. Barton, Getting Even: Revenge as a Form of Justice, Open Court, 1999, p. 80.

(2) Shane Darcy, Retaliation and Reprisal, Oxford Handbook on the Use of Force, Oxford University Press, 2013.

(3) Evelyn Speyer Colbert, Retaliation in International Law, King's Crown Press, 1948, pp. 3-4.

(4) Sean Watts, Reciprocity and the Law of War, https://www.resarchgate.net/profile/Sean-Watts-2/publication/28317441_Reciprocity_and_the_Law_of_War/links/56bb50d108ae0c9607e093a0/Reciprocity-and-the-Law-of-War.pdf.

(5) 第4章注（18）と同じく、長い注になるため、私の運営するサイトに公開した「「消極的相互主義」（negative reciprocity）をめぐって」（https://www.21cryomakai.com/%e5%ad%a6%e8%a1%93%e9%96%a2%e9%80%a3/1453/）を参照。

(6) プーチンの論理構成では、いまのウクライナ政権は2014年のクーデターによって誕生した以上、本質的に非合法であり、この非合法政権に自衛権を行使することは51条で認められていると考える。その意味で、2014年2月の事態、すなわちクーデターを看過した欧米諸国の責任はきわめて大きいと言わざるをえない。

(7) Ian Brownlie, International Law and the Use of Force by States, Oxford University Press, 1963.

(8) Jean Combacau, Sanctions, in R. Bernhardt (ed), Encyclopedia of Public International Law, 1992, p. 313.

(9) Georges Abi-Saab, The Concept of Sanction in International Law, in Gowlland-Debbas, V. (eds.), United Nations Sanctions and International Law, 2001, p. 39.

(10) EU理事会は2022年9月14日、個人・法人への制裁措置の有効期間を2023年3月15日まで半年間延長した。この時点での個人対象者数は1206人、法人数は108社。日本の場合、制裁は主に「外国為替及び外国貿易法」上の経済制裁措置として発動されているが、ときに出入国管理難民認定法で対応するなど、包括的な制裁法が未整備である。ロシアでさえ、2023年7月から「非友好的」な国・地域に課せられる「報復的」制裁の違反に対する罰則を定めた対制裁法が組織的に施行される予定であることを考えると、日本の制裁法令はお粗末すぎるという議論があって然るべきだろう。

(11) ウクライナ戦争勃発後、対ロ制裁による「副反応」に悩むユーロは売られ、アベノミクスの低金利から脱却できない日本は金利を上げられず、いずれも対ドルで軟調がつづいている。いわばドル高絶好調となっている。しかし、これはドルの借り入れ返済を困難にし、とくに対外債務の多い途上国の経済を圧迫している。他方で、ドル建て金融がもつ地政学上の支配力を目の当たりした中国はドル支配から脱却する手段として、デジタル人民元（e-CNY）の普及に努めている。こうした通貨をめぐる覇権争奪はユダヤ資本の金融支配を揺るがしかねないことを知っておく必要がある。基軸通貨のドルと地政学上の今後を論じた、連邦準備制度（FRB）のシニアエコノミストでコリン・ワイスの論文「地政学と米ドルの基軸通貨としての未来」（https://www.federalreserve.gov/econres/ifdp/files/ifdp1359.pdf）が話題になっている。「地政学的な要因だけで米ドルの基軸通貨としての優位性が失われることはないだろう」というのが結論だが、「非伝統的準備通貨の金融市場の深化」などの米ドルのシェアを低

下させる要因への注意喚起を促している。

(12) Benjamin A. Coates, The Secret Life of Statutes: A Century of the Trading with the Enemy Act, https://www.cambridge.org/core/journals/modern-american-history/article/secret-life-of-statutes-a-century-of-the-trading-with-the-enemy-act/77DD7CF528D3190CFC8CF8FF6DDAACB0.

(13) 2022 年 8 月 の 情報（https://www.forbes.ru/investicii/474279-nrd-protiv-evrosouza-smozet-li-depozitarij-cerez-sud-razmorozit-aktivy-investorov）では、ロシアの個人および法人が制裁リストに掲載されたことを不服として、EU 司法裁判所に 34 件の訴訟を提起している。そのなかで注目されているのは、ロシア最大の預託機関 National Settlement Depository（NSD）が欧州連合理事会を相手取って 8 月 12 日に起こした訴訟（https://eur-lex.europa.eu/legal-content/EN/TXT/HTML/?uri=CELEX:62022TN0494&from=EN）である。事実上、NSD は 6 月に制裁を受けたが、欧米の主要な預託・決済機関であるユーロクリアとクリアストリームが同機関との関係を打ち切り、口座閉鎖を行った結果、モスクワ証券取引所で外国証券を購入していたすべての投資家などが売却できなくなったのだ。ロシア中央銀行は、500 万人以上の外国資産が口座で封鎖されたと推定している。ロシア居住者が保有する合計 6 兆ルーブル相当の外国証券が NSD で凍結されているとみられている。このため、NSD は、ウクライナの領土保全、主権、独立を損ない、脅かす行為に関する制限的措置に関する規則（EU）No 269/2014 を実施する 2022 年 6 月 3 日の理事会実施規則（EU）2022/878（1）およびウクライナの領土保全、主権、独立を損ない、脅かす行為に関する制限的措置に関する決定 2014/145/CFSP を修正する 2022 年 6 月 3 日の理事会決定（CFSP）2022/883（2）に関して、それらを無効とするよう求めたのである。

争点には、①争われた行為が適切な理由を述べる義務に違反している（EU 機能条約第 296 条の第 2 部に違反する。この条約では、すべての EU 規制は十分に動機づけられていなければならず、あいまいであってはならないとされている）、②理事会が依拠した事実は、根拠がなく、事実誤認であり、根拠がない、③争われた行為から生じた影響が、特に EU 基本権憲章の第 16 条および第 17 条によって保護されている申請者の基本的権利の不釣り合いな制限を構成する、④理事会が必要な証明基準を満たせなかったため、原告に対する個別の制裁は違法である――という四つがある。つまり、これほど制裁そのものに法理論上の問題点があるのだ。

(14) 復讐の連鎖は、スティルウィルらの研究（Arlene M Stillwell, Roy F Baumeister, Regan E Del Priore, We're All Victims Here: Toward a Psychology of Revenge, Basic and Applied Social Psychology, 2008）によれば、多くの場合、復讐を受けた者が復讐の余波を不公平と否定的な結果として認識する。そのため、復讐する側とされる側の認識が異なるため、復讐する側とされる側の双方が満足し、肯定的で、公正であると考える方法で復讐の連鎖に終止符を打つことが難しくなるのだ。要するに、一方が公平だと思うことを、もう一方は行き過ぎだと思う結果、復讐の連鎖がエスカレートし、公平性を回復しようとする試みがスパイラル状に続くことになるというのである。

(15) 2022年8月23日になって、オラフ・ショルツ独首相は5億ユーロを超える新たな武器パッケージをウクライナに提供することを明らかにした。短距離空対空ミサイル（IRIS-T）システム3基、装甲回収車、ロケットランチャー、精密弾、ドローン防護システムなどを追加支援する。別の情報（https://www.kommersant.ru/doc/5608335）では、10月11日、ドイツは約束のIRIS-T防空システム4基のうち1基をウクライナに引き渡したという。ショルツは2月27日の段階で、ドイツ軍の強化計画を発表し、2022年の予算のうち1000億ユーロ（当時のレート換算で1127億ドル）を充てると約束し、5月、政府と野党は1000億ユーロの支出で合意した。さらに、10月、2022年予算のもと、安全保障能力向上イニシアティブのための資金が総額20億ユーロに増額された。この追加資金は、主にウクライナ支援に使われる。10月25日、フランク＝ヴァルター・シュタインマイヤー大統領はついにウクライナを訪問した。ロシアに宥和的であるとしてウクライナ政府から入国を拒絶されてきた彼の訪問は、ドイツ政府がウクライナを経済的、政治的、軍事的に支援しつづけることを強いられているように映る。

(16) プーチンは2022年9月7日、東方経済フォーラムに出席し、このなかで、ウクライナからの穀物を積んだ船87隻のうち、国連世界食糧計画向けの穀物を運んだのはわずか2隻、約200万トンのうち6万トンだったとした。彼の見解では、食糧がもっとも貧しい国々の支援に回っていないというのだ。このため、「このルートでの穀物など食糧の輸出先を制限することも考えるべきかもしれない」と発言し、トルコのレジェップ・タイイップ・エルドアン大統領とは必ずその話をするとした。この黒海輸送協定に関する問題については、私の運営するサイトに公開した「黒海輸送協定をめぐって」（https://www.21cryomakai.com/%e5%ad%a6%e8%a1%93%e9%96%a2%e9%80

%a3/1492/）を参照してほしい。

(17) この実態については拙著『ウクライナ3.0』を参照。最近の動きとしては、2022 年 9 月 8 日、4 月にドイツで開かれたウクライナ国防協議会、すなわち、ウクライナに軍事・人道支援を行う 40 カ国以上が一堂に会した会議（「ウクライナ防衛コンタクトグループ」）の第五回において、ロイド・オースティン米国防長官は、バイデンがウクライナに対する 6 億 7500 万ドル相当の新たな軍事支援を承認したことを明らかにした（10 月の第六回会議では、2 月 24 以降の米国の軍事支援額が 168 億ドルにのぼったと明らかにした。バイデンは 10 月 14 日、7 億 2500 万ドルの追加軍事支援を承認し、ウクライナ政府に対する米国の安全保障支援の総額は 176 億ドルに達するとみられている）。105 ミリ榴弾砲、高機動ロケット砲システム（HIMARS）マルチロケットランチャー用弾薬、高速対レーダーミサイル（HARM）対レーダー航空機ミサイル、ハンビー車両、装甲救急車などを供与する。同じ日、アントニー・ブリンケン米国務長官は、キーウを訪問した際、米国はウクライナとロシアの侵略の危機にある他の 18 カ国に対し、さらに 20 億ドルの長期軍事支援を送る意向であると議会に通告する、とのべた。バイデンは 5 月 21 日、401 億ドルのウクライナ軍の武装化と経済・人道支援を目的とした支援パッケージに署名した。ロシアの侵攻に対抗するために 米国が約束した総額は、3 月に通過した小規模な支援と合わせると、およそ 540 億ドルとなった。さらに、2022 年 9 月 27 日付の NYT［https://www.nytimes.com/live/2022/09/27/world/russia-ukraine-war-news#us-legislation-would-give-12-billion-more-in-aid-to-ukraine］によると、アメリカのトップクラスの議員たちは、9 月 26 日の夜、ウクライナに新たな大規模な緊急支援を設定する、一時的な資金調達パッケージを提案した。ウクライナ軍への訓練・装備・武器・情報支援に 30 億ドル、ウクライナ政府の機能継続を支援するための経済支援基金に 45 億ドルを確保する予定で、120 億ドル強の追加軍事・経済援助になる。他方、EU 外相は 10 月 17 日、5 億ユーロ（4 億 9000 万ドル）の軍事支援を新たに約束し、2 月末のロシアの侵攻以来、この種の支援は合計 31 億ユーロに達するという（NYT［https://www.nytimes.com/live/2022/10/17/world/russia-ukraine-war-news#the-eu-expands-military-support-of-ukraine-with-funding-and-training]）。

(18) 最近では、米財務省はカード業界への圧力を強めている。2022 年 9 月 15 日、同省は、国家決済カードシステム（National Payment Card System , NPCS）の責任者であるウラジーミル・コムレフを、米政府機関 Office of Foreign

Assets Control（OFAC）が発行する、ドル取引禁止リスト（SDN リスト）に入れた。NPCS 本体と、同社が運営する決済システム「ミール」（Mir）はまだブラックリストに登録されていない。にもかかわらず、米国当局は第三国の金融機関に対し、決済システムとの協力関係を拡大しないよう公式に警告している。3 月に国際決済システムのマスターカードとビザがロシアから撤退したため、ミールカードはロシア人が海外でカードを使う数少ない方法として残ってきたものだ。ロシア中央銀行は 2030 年までにミールカードを利用できる国を、いまの 11 カ国から 35 カ国に増やしたいと考えていることから、これに対する牽制をしているのだ。9 月 20 日付の「コメルサント」（https://www.kommersant.ru/doc/5570721）によれば、ロシア人海外旅行者にもっとも人気のあるトルコの複数の銀行（Is bankasi と Denizbank）がミールカードの取り扱いを中止しているという。

(19) 第 4 章注（18）と同じく、長い注になるため、私の運営するサイトに公開した「海事保険をめぐる注」（https://www.21cryomakai.com/%e5%ad%a6%e8%a1%93%e9%96%a2%e9%80%a3/1450/）を参照。

(20) 第 4 章注（18）と同じく、長い注になるため、私の運営するサイトに公開した「天然ガス価格の上限価格設定について：長期契約とスポット契約」（https://www.21cryomakai.com/%e5%ad%a6%e8%a1%93%e9%96%a2%e9%80%a3/1440/）を参照。なお、補論として「ロシアは輸出できなくなった対欧州向け天然ガスをどうするのか」をつけている。

(21) ウクライナのデニス・シュミハリ首相は 2022 年 9 月 27 日、閣議で、欧米では最大 5000 億ドルのロシア資産が凍結されているとのべた（https://lb.ua/economics/2022/09/27/530771_zahodi_zamorozheno_500_mlrd.html）。同年 7 月 12 日には、ディディエ・レンデルス司法担当欧州委員は、ロシアがウクライナへの侵攻を開始して以来、EU 加盟国はこれまでに 138 億ドル相当のロシア資産を凍結しているとしていた。凍結額の大きな差の理由は不明。

(22) https://www.reuters.com/world/europe/eu-make-breaking-sanctions-against-russia-crime-seizing-assets-easier-2022-05-25/.

(23) たとえばドイツでは、2022 年 9 月に入って、ロシア国営の石油会社ロスネフチのドイツ国内精製資産を 6 カ月間管理することを決定した。ドイツ経済省がロスネフチの精製資産の管理を州の連邦ネットワーク庁に移管するよう命じたのである。二つの製油所の少数株主と、ロシアからの石油パイプライン（ドゥルージバ）による供給を前提としてきたシュヴェート（Schwedt）製油所の支

配権を取得することになる。これは、ロシアの石油会社である RN Refining & Marketing GmbH と Rosneft Deutschland GmbH が、バイエルノイル（フォブルク・アム・ドゥアン）28.57%、MiRO（カールスルーエ）24%、PCK（シュヴェート）54.17% の製油所の株式を所有しているドイツの組織に関するもので、ロスネフチは、この組織を通じて製油所の株式を所有してきた。2022 年 5 月以降、ロスネフチはロシアの石油会社ガスプロム・ネフチとともに、ウクライナでの戦闘を理由に EU のブロック制裁の対象になっており、ロスネフチの資産を州ネットワーク庁に信託管理させることで、ロスネフチが製油所の株式を保有することによる製油所の事業運営の支障を除去することをねらいとしている。経済省が特定した脅威が 6 カ月以内に取り除かれない場合、同省はエネルギー安全保障法第 18 項に基づき、当該企業の国有化を決定することができる。10 月 13 日になって、ロスネフチはライプチヒの連邦行政裁判所に Rosneft Deutschland と RN Refining & Marketing を連邦ネットワーク庁に移管したことをめぐりドイツ政府を訴えた。ロスネフチは、ドイツ政府の決定が「市場経済の基本原則、私有財産の不可侵の原則の上に築かれた現代社会の文明的基盤のすべてに違反している」としている。

(24) https://www.whitehouse.gov/briefing-room/statements-releases/2022/04/28/fact-sheet-president-bidens-comprehensive-proposal-to-hold-russian-oligarchs-accountable/.

(25) https://www.justice.gov/opa/pr/united-states-obtains-warrant-seizure-airplane-sanctioned-russian-oligarch-andrei-skoch-worth.

(26) 世界銀行、ウクライナ政府、欧州委員会は 2022 年 9 月、共同で作成した報告書（https://documents.worldbank.org/curated/en/099445209072239810/pdf/P17884304837910630b9c6040ac12428d5c.pdf）を公表した。5 月 30 日から 7 月 30 日までの期間に収集された 2022 年 6 月 1 日時点のデータに基づいて作成された被害額や復興費用にかかわる報告書だ。2021 年 12 月 31 日の為替レートードル＝ 27.28 フリヴニャを使用した換算によると、2022 年 6 月 1 日現在、直接被害額は 970 億ドル以上に達し、住宅、運輸、商工業が最も被害が大きい分野となっている。6 月 1 日現在、復興・復旧ニーズは約 3490 億ドルと推定され、これは 2021 年のウクライナの GDP の 1.6 倍以上に相当する。10 月 12 日になって、ゼレンスキーは IMF と世界銀行に対して、ウクライナの暗い財政状況に対処するため、570 億ドルを要求したという（https://www.nytimes.com/live/2022/10/12/world/russia-ukraine-war-news#zelensky-says-ukraine-needs-

57-billion-to-rebuild-and-pay-its-bills）。このうち、380 億ドルは、年金、社会サービス、医師や弁護士の給与に充てられるという。ロシアが破壊した学校、病院、交通システム、住宅などウクライナの基盤の重要な部分を再建するために 170 億ドル、さらにヨーロッパへの輸出拡大とウクライナのエネルギーインフラの復旧のために 20 億ドルが必要だというのだが、その信憑性はどこにあるのだろうか。戦争を継続すればするほど、復興にかかわる費用は膨張する。10 月以降、ロシアによる発電所や暖房システムといったインフラ攻撃でますます復興費が急拡大している。だからこそ、即時停戦および和平協議が必然だと思う。にもかかわらず、こうした主張が真剣に語られることがあまりにも少ない。マスメディアによる情報操作（マニピュレーション）が強く疑われる事態が世界中に広がっている。

他方で、プーチンは、欧米諸国はアフガニスタンに与えた損害を補償し、戦争で荒廃した経済を再建するべきだと提案している点に注目してほしい。ウクライナ復興に際しては、ロシアだけでなく、ウクライナに武器を供与しつづけている欧米諸国にも大きな責任があることを忘れてはならない。

(27) Martha Minow, Between Vengeance and Forgiveness: Facing History after Genocide and Mass Violence, Beacon Press, 1998, p. 15.

(28) ibid., p. 336.

(29) https://www.washingtonpost.com/local/legal-issues/michael-flynn-case-dismissed/2020/12/08/31abb5de-0975-11eb-a166-dc429b380d10_story.html.

(30) https://www.nytimes.com/2020/12/24/us/politics/trump-pardon-power.html.

第8章　西洋・キリスト教世界への疑問

(1) 西洋文明を問う

　ここで、西洋・キリスト教文明について論じてみたい。すでに紹介したように、「文明」(civilization) という概念は、18 世紀後半以降、「文明」と「野蛮」の概念を対比させながらヨーロッパの思想界で広がるようになる。この野蛮の典型例として「血の復讐」といった事態がイメージされていた。レオ・ザイバート著「刑罰と復讐」(https://www.academia.edu/9553020/Punishment_and_Revenge) において、「復讐は「心ない」(mindless)、ないし野蛮で非合理的なものであり、したがって正当化できない。一方、刑罰は「合理的」、あるいは文明的、啓蒙的なものであり、したがって正当化できる」とのべている[1]。こう考えると、復讐という行為を刑罰に転化するメカニズムを構築した西洋は野蛮とは対極の文明を実現したことになる。

　だが、その内実は、説明してきたように、「合理化された復讐」を刑罰制度に隠蔽させることに成功しただけであったのだ。暴力的犠牲 (violent sacrifice) という「暴力」を刑罰において正当化するということは、暴力を是認することを意味している。しかも、その暴力はかつての「血の復讐」を思わせる暴力行為を含んでいる。

　ここで、ジャーナリストのロバート・カプランの書いた『地政学の復

讐』において、「実際、文明のうわべの下には、人間の情熱という最も荒涼とした力が潜んでいる」と指摘していることを紹介しておこう。ウクライナ戦争のような非常事態は、ヨーロッパのキリスト教文明によって文明の名のものに覆い隠されてきた「合理化された復讐」という感情を垣間見せるのだ。それを実行に移しているのが「制裁」というわけのわからない手段ということになる。おそらく神に「赦し」を求める行為を繰り返すなかで、この「合理化された復讐心」が個人レベルで醸成されて、それが戦争のような非常事態を契機に一挙に表出するのではないか。それだけではない。刑罰の制度化を通じて、集団的「無意識」のなかに留め置かれてきた復讐心も動き出す。だからこそ、集団全体がヒステリー状態に陥り、キリスト教文明の正体、すなわち「血の復讐」さえ厭わないような暴力行為に加担するようになるのだ。

　こうした西洋文明に潜む「罠」について、もう少し論じてみよう。ここで参考になるのは、ダグラス・ヘイらによって編集された『アルビオンの運命の木 18世紀イングランドの犯罪と社会』にある「財産・権威・刑法」という論文である。そのなかで、ヘイは、「刑法は、服従と恭順の絆を維持し、現状を正当化し、財産から発生しその利益を保護する権威の構造を絶えず再生産するうえで決定的に重要であった」と主張している。ゴリンジは、刑法がその儀式、判決、感情の伝達において、宗教の最も強力な精神的構成要素の多くを反映しているというヘイの見解を評価したうえで、「宗教が刑法と、財産と社会階級の象徴的な祭典を支えているのである」との意見をのべている。

　他方で、アンセルムスを源流とする教義はキリスト教世界に絶大な影響をおよぼしつづけている。ゴリンジは、「この教義が文化的な血流に乗り、教会の聖堂に描かれた十字架の絵や、聖餐式のたびに朗読され、賛美されるようになると、神自身がその子の死を要求したために地上の罰が要求されるという、独自の影響構造をつくり出したのである」とまで指摘している。つまり、西洋文明では、神学が懲罰的な刑事司法の実践を支え、そうすることで社会的な現状を支えるという構造が生まれたのではないか、と考えられるのだ。この構造は復讐心を、後述する集団的「無意識」に押しやることに成功したが、復讐心をもつこと自体を否定しなかった。ゆえに、復讐はあくまで個人レベルの問題として意識されるようになる。しかし、実際には、集団的「無意識」のレベルにおい

ては、復讐心はいまでも燃えたぎっている。この重大な事実は忘れ去られてきたが、いま法的根拠さえ曖昧な多種多様な対ロ制裁を通じて、「合理化された復讐心」の体現を含む制裁がキリスト教文明を中心に科されているようにみえてくる。それは、個人的報復としての復讐だけでなく、集団レベルでの報復をというかたちをとっており、後者も復讐と考えることができる。

フロイトの文明観

　ジークムント・フロイトは 1929 年に「文化に潜む不満」（Das Unbehagen in der Kultur）（https://www.projekt-gutenberg.org/freud/unbehag/unbehag.html）を書き、1930 年には、英語版の「文明とその不満」（Civilization and its Discontents）が刊行される（後述する柄谷行人著『憲法の無意識』では、「不満」を「居心地悪さ」と訳している[5]）。そのなかで、「文明の第一の必要条件は、正義、つまり、いったんつくられた法律がある個人のために破られることがないという保証である」と指摘している。その必要条件のためには、文明が本能の放棄の上に成り立っていること、文明がまさに強力な本能の（抑制、抑圧、その他の手段による）不満をどれほど前提としているかを見過ごすことはできないとのべている。「この「文化的欲求不満」が人間同士の社会的関係の大きな場を支配している」として、この本が書かれたことになる。

　フロイトは、文明がそれに対抗する攻撃性を抑制し、無害化し、おそらくは排除するために、個人の発達の歴史において生じる変化に注目する。それは攻撃性を内向化、内面化することによって果たされる。攻撃性は内面化されて、それは元の場所に送り返される。そこで自我の一部に引き継がれ、超自我として自我の残部に対抗するように設定される。この超自我は「良心」というかたちで、自我がほかの無関係な個人に対して満足させたいと思うような厳しい攻撃性を、自我に対して実行に移す準備をするようになる。この超自我とそれに従う自我の間の緊張を、フロイトは「罪悪感」と呼び、その罪悪感は罰の必要性というかたちで表現される[6]。そのうえで、「したがって、文明は、個人の危険な攻撃的欲求を弱め、非武装化させることによって、また、征服された都市の守備隊のように、攻撃的欲求を監視する機関を個人のなかに設置することによって、支配権を獲得するのである」と、フロイトは書いている。

人は、「悪いこと」とわかっていることをしたときに罪悪感をもつ。あるいは、人は実際に悪いことをしたわけではなく、それをする意図を自分のなかで認識しただけであっても罪悪感にさいなまれるかもしれない。このとき、悪いこととは、多くの場合、自我を傷つけことや危険なことではなく、それどころか、自我にとって好ましく、楽しいことである場合がある。このため、ここには外的な影響が働いており、何が善いか悪いかを決めるのはこれである。人はこの外的な影響に服従する動機があったに違いない。そのような動機は、「愛の喪失への恐れと指定するのがもっとも適切であろう」とフロイトは言う。したがって、はじめに悪いとされるのは、愛の喪失の危機を招くものである。その喪失を恐れて、人はそれを避けなければならない。この危機を招きやすいのが権威であり、権威に従うことで愛の喪失を防ごうとすることになる。

　超自我の成立によって権威が内面化されて初めて、大きな変化が起こる。そのとき、良心の現象はより高い段階に到達する。新しい権威である超自我は罪深い自我を苦しめ、外界から罰を受けさせる機会をうかがうようになる。不満を前提する文明が生み出す罪の意識は、多くの場合、無意識のままであるか、あるいは一種の倦怠感、不満として現れるにすぎない。それでも、宗教は、文明において罪悪感が果たす役割を見過ごすことはなかった（第5章第1節で紹介したアーレントの指摘、「宗教においては、罪は主として不服従として理解されるという重要な原則が生まれる」は、神の命令という権力の存在を示唆している）。しかも、彼らは人間を罪と呼ばれる、この罪の意識から救済すると主張している。キリスト教では、この贖罪が一人の人間（イエス・キリスト）の犠牲的な死によって達成される。

　内的権威である個人的超自我だけでなく、文化的超自我のようなものも生まれる。これは、集団の文化的発展と個人の文化的発展が連動するために生じる。これが、フロイトの主張だ。これこそ、フロイトの卓見だろう。

柄谷行人の『憲法の無意識』

　ここで、集団的「無意識」について論じておきたい。柄谷行人著『憲法の無意識』の記述が参考になる。まず、なぜ無意識部分にカッコをつけているかを説明したい。この無意識は「意識されていない」程度の「潜

在意識」のことを意味するのではないからだ。柄谷の説明によれば、フロイトは前意識［潜在意識］に対しては宣伝・教育などによって操作可能だが、「超自我」は無意識に属するものなので、外から働きかけることができないと考えた。本書でいう無意識とは、こうしたものを意味している。

　フロイトは「自我とエス」（1923年）で、超自我という概念を提起した。それまで無意識を「エス」と呼んでいたのだが、そこに超自我を加えたのである。「超自我は、死の欲動が外に向けられて攻撃性としてあらわれたのち、何らかの契機を経て内に向かうことによって形成されたものだとフロイトはいいます」、と柄谷は説明している。これは、親などを通して子どもに内面化される社会的規範のような自己の外からくる他律的な「検閲官」ではなく、自分自身の内面に生じる自律的、自己規制的なものを超自我としていることになる。

　そのうえで、本書を書くうえで大いに役立った記述がある（15頁）。

　「このような考えの転回は、狭義の精神分析理論でよりもむしろ、彼の文化論においてより明快に示されています。後期フロイトの考えを典型的に示すのは『文化のなかの居心地の悪さ』（1930年）です。ここでフロイトは、超自我は個人だけでなく集団にもあるという。というよりむしろ、超自我は集団（共同体）のほうにより顕著にあらわれる、と書いています。そして、彼は、文化とは集団における超自我であると考えました。」

　この部分の柄谷の説明に対応するフロイトの説明を紹介しよう。そこに、イエス・キリストも登場するからだ。やや長い記述だが、ご容赦願いたい。[7]

　「文明の過程と個人の発達の道との間の類似性は、重要な点で拡張されるかもしれない。共同体もまた、超自我を進化させるのだと断言することができる。超自我の影響のもとで、文化的な発展が進む。人類の文明を知るいかなる者にとっても、このアナロジーを詳細に追うのは魅力的な作業となるだろう。ここでは、いくつかの印象的な点を挙げるにとどめることにする。ある文明の時代の超自我は、個人のそれと同じよう

な起源を持っている。それは偉大なリーダー、すなわち、圧倒的な精神力の持ち主、あるいは、人間の衝動のひとつがもっとも強く純粋に、それゆえしばしばもっとも一方的な形で表現された人たちの人格が残した印象がベースになっている。多くの場合、その類推はさらに進み、これらの人物は生前（いつもとは言わないまでも、しばしば）、他人から嘲笑され、虐待され、さらには残酷な方法で処刑されることさえあった。それと同じように、原初の父が神格化されたのは、彼が暴力によって死を迎えてからずっと後のことである。この運命的な結合のもっとも印象的な例は、イエス・キリストの姿に見ることができる。もし、その姿が神話の一部でないなら、神話はその原初的な出来事の不明瞭な記憶からそれを生み出したのである。文化的超自我と個人的超自我のもう一つの一致点としては、後者と同様に、前者は厳しい理想の要求を掲げ、それに背くと「良心の呵責」に襲われることである。」

文化的超自我と文明

フロイトの見解では、文明の過程で文化的超自我が進化をたどる。それは、個人的超自我が個人の発達の過程で生まれるのと類似している。個人的超自我は内面の良心のような規範をもたらすが、文化的超自我も同じだが、フロイトはその文化的超自我の発する具体的な「文化的命令」として、「自分のように隣人を愛せよ」という命題に注目している。

個人の神経症のケースについて、フロイトは自我、エス、超自我の葛藤としてとらえてきた。一方にエスの欲望、他方に超自我の命令があるために、葛藤が生じてしまう。「エス」対「超自我」以外にも、「エス」対「自我」という葛藤も起きうる。そうであるならば、集団レベルたる文化や文明のレベルでも、「自分のように隣人を愛せよ」という文化的超自我の命令が集団のエスたる集団的「無意識」との葛藤に直面してもおかしくない。この集団的「無意識」こそ、本書でのべてきた「罪というものを贖う（罪滅ぼしをする）ことではじめて神の報復を避けられるとする信念」なのではないか。

キリスト教神学によって培われたこの信念は、罪滅ぼしとしての刑罰という思想につながっている。本書で何度も紹介したゴリンジ著『神の正義の復讐』において、「西洋の刑罰理論の発展にとってきわめて重要なことは、旧約聖書において刑法と罪滅ぼしの必要性が一体となってい

ることである」と記述されていることをもう一度指摘しておきたい。罪滅ぼしは暴力的犠牲（violent sacrifice）という「暴力」を伴ってなされるのであり、いわば「暴力への暴力による贖い」という応報主義をそのまま受け入れている。ゆえに、刑罰の制度化によって復讐を刑罰に転化したようにみえても、「罪というものを贖う（罪滅ぼしをする）ことではじめて神の報復を避けられるとする信念」が集団的「無意識」として働いている以上、そこに復讐心の火はまだくすぶりつづけていることになる。

　したがって、「自分のように隣人を愛せよ」という文化的超自我との葛藤が生じるのである。「汝の隣人を汝自身のように愛せよ」という命題は、人間の攻撃性に対する最強の防御策だが、この戒律を果たすことは不可能である、とフロイトは明言している。「もし、攻撃性を防御することが、攻撃性そのものと同じくらい不幸をもたらすとしたら、攻撃性は文明にとってどれほど強力な障害になることだろう」とも書いている。

　文明はそもそも個人の危険な攻撃的欲求を弱め、攻撃的欲求を監視する機関を個人のなかに設置することによって支配権を獲得しようとしてきた。そのために、攻撃性を抑制し、無害化する手段の一つとして、文化的超自我は、復讐を禁止し、復讐を刑罰に転化する法的メカニズムを構築しようとしてきた。文明国たる国では、復讐は全面的に禁止されたのである。だが、その制度化は人間の内部に向かい、実現できそうもない「自分のように隣人を愛せよ」という文化的超自我の命令を生み出すに至るのだ。

（2）西洋文明の「咎」

　本書で紹介したエジプトの正義と真実の化身である「マアト」（マアトは通常、太陽神レの娘と言われている）の羽根ないし小像と、死者の心臓を天秤に載せるという発想は、その後、ギリシャ神話の女神テミス（ウラヌス［天］とガイア［地］の娘であるタイタンの女神）やその娘（ディケ）による正義の「按配」という問題につながっている。

　テミスはオリンピックの神々が支配的になると、デウスの第二夫人となり、ホライ（季節）、モイライ（運命）、エウノミア（秩序）、ディケ（正

義）、エイレネ（平和）を生む。テミスはゼウスが何をすべきか、何を残すべきかという点で、ゼウスの助言者にもなったとされる。ディケはテミスのようにゼウスの顧問の役割を果たし、人間のすべての行動をゼウスに伝え、それを注意深く観察する。ジャック・ドゥ・ヴィル著「神話と正義のイメージ」（https://core.ac.uk/download/pdf/62633074.pdf）では、「ゼウスから課せられた彼女の任務は、法を守り、保護し、維持すること」であり、「ディケは自ら権力を行使せず」、「法が無視された場合、ゼウスが罰し、復讐し、報復する」ことになると説明している。だが、「後世の神話では、ディケの神性的な暗黒面が次第に強調され、それまで峻別されていたテミスとディケの間に徐々に融合がみられるようになる」結果、ディケ自らが成敗するというイメージも生まれたようだ。これが、左手に天秤、右手に剣をもった女神像というイメージにつながっているのかもしれない。

　ローマの女神ユスティティアは、マアト、テミス、ディケとは異なり、主要な神々のなかには含まれていない。「ローマ時代のユスティティアの像は残っておらず、彫刻に言及されているものは、ディケやネメシスと何らかの対応を示しており、ローマというよりむしろギリシャのものであるように思われる」と、ヴィルは指摘している。ユスティティアはキリスト教の美徳のひとつとなり、悪徳と戦うようになる。それが正義と天秤、さらに剣との関連をもったイメージを醸成する。

　他方で、12世紀頃から、キリストの隣に立つ大天使ミカエルが人間の魂の重さを量る役割を担うようになる。13世紀頃からは、ミカエルが死者を善と悪に分け、罰を与えるというイメージも見られるようになる。「16世紀頃になると、大天使ミカエルは正義と裁きの天使として単独で描かれ、最後の審判と関連して剣と秤をもつようになる」と、ヴィルは書いている。興味深いのは、ユスティティアのもつ剣が教会に対する国家の独立した管轄権を確立しようとする世俗権力の象徴となり、「剣と秤を持つ（世俗的な）ユスティティアは、剣と秤を持つ（霊的な）大天使ミカエルと対峙するようになった」点である。

　ユスティティアの目隠しがはじめて登場するのは、1494年にアルブレヒト・デューラーによって描かれた木版画だ（下図を参照）。目隠しが真実を隠蔽したり、正義の実現を妨げたりすることはないことを示すことを目的としているらしい。

　いずれにしても、正義を天秤に見立て、目隠しをした人物が手のなかで秤を均等に動かしているという強力なメタファーの背後には、負の互酬性に基づく秩序の必要性を当然視する信念のようなものが育つ。被った損失に匹敵する賠償はもちろん、その犯罪者への報復という罰が肯定されるようになる。私たちが道徳的秩序に違反したこと（「罪」）によって乱された全体性を回復するものとしてキリストの死をみる視線は、「罪というものを贖う（罪滅ぼしをする）ことではじめて神の報復を避けられるとする信念」につながり、暴力的犠牲（violent sacrifice）という「暴力」を伴ってなされる「暴力への暴力による贖い」が刑罰の制度化として具体化する。それは、復讐の刑罰への転化のようにみえながら、本当は集団的「無意識」のなかで復讐心は燃えつづける。

図 8-1　デューラーによって描かれた木版画

（出所）Jacques de Ville , Mythology and the Images of Justice , Law and Literature, 23(3):324-364 , 2011, p. 351, https://core.ac.uk/download/pdf/62633074.pdf

天秤のイメージを捨てよ

　こう考えると、どうやらこの天秤のイメージ自体に問題があるように思えてくる。本書で何度も引用したクリステンセンは、個人による復讐であれ、「代理」「間接」代理人としての集合体による復讐であれ、復讐

は道徳的に間違っている、という立場にたっている[8]。

　私的復讐については、復讐は道徳的に必須でもなければ、道徳的に赦されるものでもないというのが彼の主張だ。不当な被害に対する反応として復讐よりも道徳的に優れた選択が常に存在し、復讐心（あるいは執念）は美徳ではなく悪徳であると結論づける根拠があるからだ、とクリステンセンは考えている。さらに、復讐は集団にとっては決して赦されるものではないという。すでに紹介したように、復讐の欲求は常に個人的なものであるから、集団という人そのものではない組織が復讐自体を行うことはないのである。ただ、集団構成員が復讐心に燃えて戦争を戦うことはありうる。それは、いわば集団的「無意識」のようなものに導かれて、集団全体が復讐に傾く事態を意味している。

　クリステンセンは、意図的な暴力としての報復的暴力を、①攻撃的な暴力から身を守り、さらなる攻撃を防ぐための暴力、②規範違反の行為者を罰するための暴力、③復讐のための暴力——という三つのタイプに区別している。ここでいう復讐とは、復讐者あるいはその代理人が自分自身をより良く感じることができるように、意図的に誰かに報復的な害を与えること、「つまり、復讐的な行動は、不当な被害を受けたと思われる人自身やその擁護者の側が、被害者やその関係者に苦痛を与えることによって、見返りに満足感を得ることを目的としている」ということになる。この前提にたってクリステンセンは、「意図的な暴力の活動としての復讐の道徳性について、私たちは何を結論づけることができるだろうか」と問う。

　その答えは、第一に、不当な被害への対処を公認の司法当局に任せるという選択肢がある状況では、たとえその権限を与えられた当局の誤りや、その被害者が下された法的判断に満足しない可能性を考慮しても、復讐はいかなる代理人にとっても道徳的に必須とはなりえないというものだ。第二に、損害を受けた側に、補償（たとえば、財産損失の場合）または自己価値の回復（たとえば、身体的暴行や心理的苦痛の場合）とともに継続的弱者の恐怖を緩和することによる個人的救済を適切に達成する別の道が開かれている場合には、復讐行為は道徳的に間違っている。さらに、「一般論として、他者への意図的な暴力は十分な理由がない限り道徳的に間違っていると同意するならば、復讐に十分な理由は決してなく、したがって行動の選択として常に間違っていると言えるだろう」と指摘

している。暴力的な自己防衛や報復が許される正当な理由があるとして
も、復讐は本質的にそのどちらでもないから、それらの正当化の可能性
は単に適用されないだけであるとしている。

　私は、クリステンセンの主張に異を挟もうとは思わない。ただ、こ
こでは、米国の神学者、ヘースティングス・ラシュドール著『キ
リスト教神学における贖罪の思想』（https://macsphere.mcmaster.ca/
bitstream/11375/14785/1/fulltext.pdf）における「罰の起源は、間違いなく
復讐の本能である」（422頁）という的確な指摘を紹介しておきたい。「道
徳の進歩に伴い、この本能は合理的な原理によって制御されるべきであ
ると認識されるようになる」が、「正義の支配者は、真の悪事に対して
処罰する権威と権限を与えられても、原始人が怒りに任せて処罰したよ
うに、復讐や処罰がそれ自体、目的であるかのように処罰すべきである
とする考えが残っている」というのだ。ゆえに、「因果応報論は原始的
な思考様式の生き残りである」と彼はのべている。ただし、"Punishment
undoubtedly originated in the instinct of revenge." というのは正確な
表現ではない。本書で指摘したように、復讐（revenge）と復讐心（desire
for revenge）は違う。後者は本能かもしれないが、復讐という行為は本
能ではない。だからこそ、フロイトが言うように、文明の第一の必要条
件たる正義を保証するために文明が本能の放棄の上に成り立っているこ
と、文明がまさに強力な本能の（抑制、抑圧、その他の手段による）不満
をどれほど前提としているかを見過ごすことはできないのであって、復
讐心まで抑圧しようとしている文明そのものに問題があることに気づか
なければならないのだ。

復讐と赦し

　この現実にどう向き合うべきかが問題なのである。それは、再び復讐
と赦しの問題を提起する。この問題については、第2章第2節でマーサ・
ミノウ著『復讐と赦しの間で』を紹介した。そこで、ミノウの主張をも
う少し丁寧に説明してみたい。

　彼女は、集団的暴力について考察しており、「大量殺戮は、過去に受
けた被害に対する復讐の結実である」とのべている。こうした暴力の拡
大を避ける方法として、「責任と罰の分配の責任を被害者から法の支配
に従って行動する公的機関に移すこと」があげられている。いわば、被

害者以外のだれかの介入によって、比例原則と個人の権利の原則によって抑制される復讐（vengeance）と理解することができる報復（retribution）によって個人的な敵意を排除すべく試みるのである。「これは試みであり、必ずしも復讐心を排除するものではない」が、復讐心を飼いならし、バランスをとり、公的な罰の報復的側面として再鋳造するのである」と、ミノウは指摘している。

　しかし、集団的暴力、大量虐殺、残虐行為といった事態に対して、復讐の本能を抑え込むことはできるのか。おそらく復讐心の芽生えは本能であり、それを抑制することはできないだろう。だが、復讐は行為であり、こちらは、本当は制御可能なのだ。しかしこれまでは、大量殺戮が復讐の反復として繰り返されてきたと認めなければならない。

　この暴力の連鎖を断ち切るには、赦しが必要なのではないかと、ミノウは主張する。「被害者は復讐して新たな被害者になるのではなく、加害者を赦し、犯罪の連鎖を断ち切るべきだ」というのだ。赦すことによって、恨みを捨て、痛みや恨み、犠牲者意識をもちつづけることによる自己破壊的な影響を避けることができるし、悲しみを癒し、新しい建設的な同盟関係を築き、暴力の連鎖を断ち切ることができるというのだ。

　さまざまなケースがあるので、一般論は展開しにくい。それを確認したうえで、まず、指摘できるのは、自分や自分の大切な人を傷つけた他人を赦すことができる個人は、この難しい判断を称賛すべきだということだろう。そのとき、赦しとは、被害者がもつ力であり、主張される権利ではないことに留意しなければならない。根本的に、赦しは命令することができないのだ。友人も聖職者も役人も、加害者に赦しを与えることを他者に強制することはできない。赦すことを考える被害者は、思いやり、博愛、愛、あるいは被害者と加害者を問わず、すべての人間に共通する欠陥についての深い感覚を呼び起こさなければならないのである。ゆえに、政府のような機関が犯罪者に対して寛容な態度をとる、すなわち免責や恩赦というかたちをとって起訴や処罰を先送りすることは被害者に忘却を強制するような暴挙となりうる。処罰を免除することを意味する政府の赦しは、復讐、そして実際に正義が要求する共同体の反応、つまり加害の認知を封じ込めることになる。

　トラウマとなった過去を意識的な記憶から切り離そうとすると、精神の奥底に大きな葛藤が生じてしまう。痛みに固執する心は、痛みに囚わ

れてしまう危険性があるのだ。あまりにも恐ろしくて思い出せない、あまりにも恐ろしくて忘れられない。どちらの道を選んでも、心の闇は深まるばかりとなる。だからこそ、「たとえ起訴や処罰の厳しさを追求しないとしても、ほかの何らかのかたちで公に認めさせ、共同体の否定を克服することが、被害者の尊厳を回復するためにできる最低限のことなのである」、とミノウは記している。

　それでは、どうすればいいのか。集団的暴力に対する潜在的対応としてミノウがあげているは、①起訴や恩赦だけでなく、事実関係を調査する委員会、②秘密警察のファイルへのアクセスを開放すること、③過去の政治家や軍人、公務員の役職や公的給付名簿からの削除、④加害者の名前と被害者の名前を公表すること、⑤被害者への賠償と謝罪を確保すること、⑥恐怖の影響を受けた人々のために適切な治療サービスを考案し利用できるようにすること――などである。さらに、何が起こったかを示し、被害者を称え、「二度と繰り返さない」という願いを伝えるための芸術と記念館の考案、何が起こったかを伝え、参加型民主主義と人権を強化するための公的教育プログラムの推進なども例示している。

「社会化の主流プロセス」

　本書の執筆に際して参考にしたゴリンジは、「過去2世紀にわたり、刑罰が犯罪者を抑止するという考え方が幻想であり、統計的な根拠がないことが否応なく明らかにされてきた」とのべたうえで、「2世紀にわたる刑罰の実験の結果、犯罪者の更生には「社会化の主流プロセス」以外には何の役にも立たない」と指摘している。

　たしかに、復讐の刑罰への転化というメカニズムを構築してきても、その効果は大いに疑問である。ゴリンジが『神の正義の復讐』を出版した1996年において、「現在、英国では男性犯罪者の70％近くが4年以内に再犯している」と書いている。復讐を個人レベルにとどめ、集団レベルにおいては、復讐を報復や制裁に代替させることに成功したかにみえても集団的「無意識」のレベルでは、復讐心は生き残っている。おそらく、復讐自体が個人のレベルでも集団のレベルでも間違っていることを人類は肝に銘じなければならないのだろう。そのうえで、一貫して定期的に適切な行動を促す仕組みとして、「社会化の主流プロセス」（mainstream processes of socialization）が必要だと彼は言うのである。こ

れが意味しているのは、内発的道徳と義務感、服従の非公式の動機と報酬、相互期待・相互依存の実用・文化的ネットワークなどであるという。

　といっても、これらが具体的に何を意味しているのかは判然としない。ただ、ゴリンジはジョン・ブレイスウエイト著『犯罪、恥、再調査』（http://johnbraithwaite.com/wp-content/uploads/2016/06/Crime-Shame-and-Reintegration.pdf）を紹介しており、「ブレイスウエイトは、「社会化の主流プロセス」のなかで、恥の役割を考えている」と書いている。どうやら、ゴリンジは、「恥は主に私たちの良心を教育する」というブレイスウエイトの主張に賛同しているようにみえる。

　ブレイスウエイトは「シェイミング」（辱められた人に後悔の念を呼び起こす意図もしくは効果をもつような非難を表現するあらゆる社会的過程）には「再統合型」（reintegrative）と「崩壊型」（disintegrative）という二つの形態があると定義する。再統合型である社会復帰的なシェイミングでは、逸脱行為や犯罪行為を償った後、社会復帰させる。一方、崩壊的なシェイミングが行われる場合は、その逆である。この場合、犯罪者は社会の主流から永久に敬遠されることになるという。

　彼は、シェイミングが社会的統制の強力な武器であり、善にも悪にも使用されうることを指摘したうえで、シェイミングが自由を踏みにじるためではなく、自由を保証するために使われるかどうかを決定するシェイミングの最も重要な特徴が、シェイミングが再統合的であるかどうかであるとした。良い社会は、人々が逸脱する自由を侵害することに対して、恥を使うことができるし実際に使っているとして、再統合型のシェイミングに配慮して設計された刑事司法制度を主張している。これは、犯罪や紛争によって社会に生じた「害」を、修復したり回復したりするための「司法」を意味する、いわゆる「修復的司法」（Restorative Justice）の一つに数えられている。

　しかし、「取締りの面では、日本人は、地域社会に対する親密な知識を重視し、非行問題の解決に家族、学校、雇用主、その他の親しい人々を巻き込み、成長期の問題を解決するために早急に正式な処罰に頼ることを避け、取締りスタイルに罪の意識の導入と再統合を強調しているので、おそらく最も良い例を示している」といったブレイスウエイトの記述には鼻白んでしまう。しかも、集団暴行や集団殺戮といった事態に対する対策として、再統合型のシェイミングを主張しているのであれば、

それはまったく現実的ではないだろう。

国際法の揺らぎ

　長々とさまざまな問題を論じてきた。罪に対する復讐感情（ルサンチマン）をキリスト教神学によって手なずけるという西洋文明のやり方については、すでに説明した。罪というものを贖う（罪滅ぼしをする）ことではじめて神の報復を避けられるとする信念が形成され、それが、犯罪を処罰するという世俗国家の刑罰にまで適用されることが当然とみなされるようになり、こうして、復讐の刑罰への転化という近代メカニズム自体のなかに、キリスト教神学でいう贖罪の考え方が挿入された。

　国際法のレベルで、戦争犯罪という罪にどう向き合うべきかという課題に対する対応策としてその変容を余儀なくされてきたと言える。

　「神学的＝教会的な思考体系」から「法律的＝国家的な思考体系」への移行によって、ヨーロッパ公法が生まれ、戦争自体を犯罪とはみなさず、主として交戦国の軍隊の構成員によって敵対行為中に行われる犯罪だけを戦争犯罪とするヨーロッパ公法のもとでは、キリスト教神学の伝統に基づく贖罪意識を基礎とする復讐の刑罰への転化というメカニズムが機能する。だが、戦争自体を犯罪とするグローバルな国際法の時代に突入すると、戦争犯罪かどうかを決める判断基準として米国が主導する正義がまるでキリスト教神学の想定する「神の正義」に近いものとして登場する。このとき、米国の刑罰制度は、復讐を含む報復を制度化したものであり、それが報復や制裁という曖昧な概念によって国際法のレベルでも適用されているというのがいまの実態なのだ。

　米国にとっての正義は濫用されている。米バイデン政権は2022年10月1日、キプロスへの禁輸措置を正式に解除し、キプロスはアメリカの武器を購入できるようにした。この措置は、ウクライナ軍が使い慣れているソ連・ロシア式の兵器で、キプロスが保有している、少なくとも10基の防空システム（Tor）とミサイルシステム（Buk）をウクライナに供与してもらい、その代替として米国製兵器をキプロスに渡すことを可能にするための措置だ。米国政府はこれまでキプロスの北キプロスとの軍事衝突を避けるためにキプロスへの武器輸出を禁止してきたが、ウクライナ軍支援のためには、キプロス情勢の緊張悪化も顧みない姿勢を明確にしたことになる。米国はロシアへの復讐・報復のためにあらゆる手

段を使おうとしているのだ。そこに、地球全体にとっての正義があるとは思えない。

政治と経済の分離

この国際法のたどってきた揺らぎのなかで、本書で説明していない論点として、政治と経済の分離という問題があることを説明しておこう。

神の正義から、ヨーロッパの主権国家の正義、さらに米国の正義へと正義が移ろうなかで、罪に対する罰の関係もまた変化してきた。国際的な秩序を維持するための国際法上の戦争の位置づけもまた変容を迫られてきた。

西洋文明が閉じ込めたはずの復讐がいま、制裁という名のもとに何でもありの報復というかたちでロシアに向けられている。本書は復讐という視角から、西洋文明なるものが隠蔽してきたものの一つを摘出した。だが、この問題はさらなる隠蔽に気づかせてくれる。それは、政治と経済の分離という神話にかかわっている。

ここで紹介したグローバルな国際法は、政治と経済の分離を旗印にして、世俗権力たる各主権国家政府による政治と、それらの内部を構成する民間企業との分離を前提に、さまざまな国際的な取り決めを導入している。「普遍的な「正義」」を装いながら、その実、普遍的でも何でもない米国の正義、すなわち自由主義的民主主義を根幹に据えた資本主義が正義であるかのように偉そうにしている。その前提には、政治と経済の分離があるとの見解が主流を占めている。だが、本当だろうか。私はここに「嘘」が隠蔽されていると考えている。その嘘が米国という覇権国の横暴を許してしまっているのではないかと思う。

米国隆盛の背景

再びシュミットの『大地のノモス』に戻ろう。1950 年にドイツ語で出版された同書の英訳（2006 年）をみると、つぎのような興味深い指摘がある（255 〜 56 頁）。

「今日まで、政治と経済の分離は、多くの仏・英・米の理論家たちによって、人類の進歩の最後の言葉であり、近代国家と文明の基準であると考えられてきた。しかし、実際には、経済的動機の優位性から、大地の空

間的秩序という未解決の問題に起因する無秩序を激化させただけであった。」

　大切なのは、この後に登場する、「cujus regio, ejus religio」という格言が16世紀と17世紀に国際法に対してもっていた意義が「cujus regia, ejus economia」になったことが明らかにされたという記述である。前者は、whose region, his/her religionと英訳可能で、領民はその領主の宗教を受け入れなければならないという意味合いをもつ。いわば「信仰属地主義」を標榜したもので、16世紀の宗教改革においてもこの立場が確認された。政治も宗教も経済も主権国家のもとで規定されるという属地主義が優位に立つのである。すでに説明したように、この属地主義は居住地主義、主権国家主義へと変容し、ヨーロッパ公法の空間秩序維持の基礎となる。

　これに対して、後者はwhose kingship, his/her economyといった意味をもつ。つまり、血族関係が経済を規定することを受け入れるようになるというのだ。これは属人主義への傾きを示している。18世紀以降、ヨーロッパの複数の主権国家において産業革命が勃興し、産業化が急速に広がると、国家を超えたヒト・モノ・カネの移動もまた急増する。英国より遅れて産業化した国々では、国家主導の産業化政策が模索されたから、政治と経済との関係は深まるばかりであった。それにもかかわらず、主権国家間の国際法であるヨーロッパ公法を生み出した欧州では、政治優位の伝統のもとで、経済は政治に従属していた。

　ただし、英国だけは違っていたことはすでに説明したとおりである。英国はヨーロッパのどの国家でも、私的で国家のない部分と直接関係を築くことができ、大英帝国の海の自由に基づく自由貿易・自由経済を前提とする国際法への道を拓くことが可能だった。この英国の手法を米国も受け継ぐ。それを可能にしたのが海上という空間であり、それは、海上貿易や海戦手法などを通じてヨーロッパ公法自体のあり方を毀損した。

　とくに、米国はモンロー・ドクトリンによってヨーロッパ諸国の政治的干渉を遮断しつつ西半球で自国の政治・経済的支配を着実に広げることに成功する。同時に、欧州との貿易は継続したから、ますます国力を強化することができたのである。

歴史的にながめてくると、ヨーロッパ公法にも、いまのグローバルな国際法にも何の普遍性もないことがわかるだろう。[9]にもかかわらず、帰結主義重視の立場から、ロシアだけに復讐心を込めた制裁を科している欧米諸国に日本政府が同調しているのはどうにも歯がゆい。非帰結主義の立場から、これまでの西洋文明そのもののあり方を根本から批判する立場になぜ立てないのだろうか。

ニーチェの言葉を贈る

　最後の最後にニーチェに立ち戻ろう。ブリアン・ローズベリーは、「私的復讐と刑罰へのその関係」のなかで、「ニーチェやフロイトのように、法的な刑罰の行使には復讐心が残っているだけでなく、抑圧されたサディズムのはけ口にもなっていると見抜いた者もいる」と的確に指摘している。[10]国際法上の戦争犯罪に対する武力行使や刑罰にも復讐心は埋火のように燃えている。

　最近の人々は、「私的なものであれ、集団的なものであれ、復讐はそれ自体正当化されないし、刑罰の正当化はそれを復讐と区別するポイントを明確にしなければならない」ということを当然視しているようにみえる。ただ、デヴィッド・ハーシェノフが「正当な返還（Restitution）と復讐」（https://www.pdcnet.org/jphil/content/jphil_1999_0096_0002_0079_0094）のなかで、「人は執念深い感情をもっているので、それらを生産的で文明的な方法で押し流すことにこそ分別がある」と指摘するように、復讐を刑罰への転化で代替するメカニズムにおける「文明的方法」に疑念を差し挟む見方は存在する。復讐心自体への理解を重視するハーシェノフは刑罰モデルとして、正当な返還（restitution）が懲罰主義（retribution）にとって代わるべきだと主張している。[11]

　ここで、本書で何度も引用したゴリンジによる興味深い指摘を紹介したい。「ニーチェは、現代社会は、たとえ国家を通じて代理的に管理されるとしても、残酷な仕打ちを享受しつづけ、刑罰制度が私たちのために敷く残酷の祭典は、宗教によって正当化されていると論じている」というのがそれである。にもかかわらず、ヨーロッパ・キリスト教神学によって構築されたこの仕組みは、復讐、報復、制裁の混同のなかでいまの刑罰制度やグローバルな国際法においても継続している。

　この西洋文明のかかえている「咎」について改めて気づかせるくれる

契機となったのがウクライナ戦争だったのだ。そこで、もう一度、ニーチェの言葉を書き留めることで、この問題について真正面から取り組む必要性を強調したいと思う。

　紹介したいのは、有名なつぎの言葉である。ニーチェの『ツァラトゥストラ』のなかで、ニーチェが、「タランチュラについて」というエピソードでツァラトゥストラに言わせた言葉だ。

Denn dass der Mensch erlöst werde von der Rache: das ist mir die Brücke zur höchsten Hoffnung und ein Regenbogen nach langen Unwettern（For that humankind be delivered from revenge: that is for me the bridge to the highest hope and a rainbow after protracted storms）
「人類が復讐から解放されるために：それは私にとって最高の希望への橋であり長引く嵐の後の虹である」

［第8章　注］

(1) Leo Zaibert, Punishment and Revenge, Law and Philosophy, 2006, p. 82.

(2) Douglas Hay, Property, Authority and the Criminal Law, in Douglas Hay, Peter Linebaugh, John G Rule etc., Albion's Fatal Tree: Crime and Society in Eighteenth-century England, Allen Lane the Penguin press, 1975, http://www.law.harvard.edu/faculty/cdonahue/courses/ELH/mats/Mats9F.pdf.

(3) なお、18世紀イングランドの重大犯罪に対する刑事手続きの特徴が下層階級に対する「支配階級の陰謀」として理解されなければならないとヘイが主張しているとして、これを「致命的な欠陥」であるとする論文（https://law.yale.edu/sites/default/files/documents/pdf/Faculty/Langbein_Albions_Fatal_Flaws.pdf）もあるが、そこでは宗教に関連した批判は展開されていない。

(4) 拙著『ウクライナ・ゲート』の注（234頁）において、ゲルハルト・エストライヒ著『近代権力国家の理論家としてのユストゥス・リプシウス』（邦訳『近代国家の覚醒』）のなかにある、「近代的権力国家の担い手としての君主政、官僚制、軍隊は、とりわけローマ・ストア的な徳・義務論の精神を受け入れ、それらが戦う教会（ecclesia militans）を形成したのである」との記述を紹介し

たことがある。この「戦う教会」は隠喩にすぎないが、こうした面が近代化の過程に随伴していたことは事実だ。ただ、その事実について、多くの人々はいつの間にか忘却してしまったのである。

(5) Sigmund Freud, Civilization and Its Discontents, First published in 1930, Translated from the German by James Strachey, https://www.stephenhicks.org/wp-content/uploads/2015/10/FreudS-CIVILIZATION-AND-ITS-DISCONTENTS-text-final.pdf.

(6) ここでいう罪悪感は、第5章第1節で取り上げた四つの罪に通じている。

(7) Freud, 1930 には頁数の表示がない。

(8) クリステンセンはその著書のなかで、「道徳的判断は、その性質上、普遍化され、原則的に公平である（偏見や偏愛の影響を受けないということではない）ので、単に慎重で自己中心的な判断とは異なる」とのべている。その意味で、彼のいう道徳は普遍的なものとして想定されいるのかもしれない。しかし、アーレントが『責任と判断』で指摘するように、ラテン語の語源（モーレース）に由来する道徳性（morality）という言葉と、ギリシャ語の語源（エートス）に由来する倫理（ethics）という語はともに慣例や習慣を意味しているにすぎない。そのため、道徳は決して普遍的なものではない。

(9) プーチン自身が問題視しているのは、ドネツク民主共和国（DNR）とルハンスク民主共和国（LNR）の独立問題だ。コソヴォ独立が認められたのだから、この二つの共和国の独立が認められるのは当然という理屈だ（プーチンはウクライナ戦争勃発直前に2国の独立を正式承認済みだが、9月20日、DNRおよびLNRと、ウクライナのヘルソン、ザポリージャ両州の首脳は9月23日から27日まで住民投票を実施することを決めた。ウクライナの一部をロシアが併合することは、たとえ国際社会が認めていなくても、ロシアが核弾頭を保有する可能性も含め、ロシア領であるかのように防衛する用意があるというシグナルを世界に送ることになる）。だが、そもそもコソヴォ独立そのものの正当性が疑わしいからこそ、こうした問題が生じていることに気づかなければならない。コソヴォ独立をゴリ押ししたのはビル・クリントン大統領（当時）であり、それを2010年7月22日に出された勧告的意見において、国際司法裁判所が「2008年2月17日に採択されたコソヴォの独立宣言は国際法に違反していない」と結論づけたのは事実だが、その見解は米国政府の強い影響下で出されたものであり、普遍性があるとは思えない。もちろん、ウクライナ4州の住民投票は「茶番劇」にすぎない。ただ、こうした茶番劇が最初、クリントン政権

下で行われたことを銘記すべきだろう。

(10) Brian Rosebury, Private Revenge and its Relation to Punishment, Utilitas, Vol. 21 (1), 2009, p. 10, https://www.researchgate.net/profile/Brian-Rosebury/publication/23990638_Private_Revenge_and_Its_Relation_to_Punishment/links/53eb34c90cf2fb1b9b6afe26/Private-Revenge-and-Its-Relation-to-Punishment.pdf.

(11) https://www.google.com/url?sa=t&rct=j&q=&esrc=s&source=web&cd=&cad=rja&uact=8&ved=2ahUKEwjQw9Lnz9n5AhWSKqYKHfYkBJ0QFnoECAYQAQ&url=https%3A%2F%2Fwww.acsu.buffalo.edu%2F~dh25%2Farticles%2FRestitutionandReconciliation.pdf&usg=AOvVaw1vjHYKTGkngYmFHG4ZTBmj

あとがき

　本当は、まだまだ書きたいことがある。だが、それを、論理的に説得力をもったかたちで文字にするには、なお時間がいる。このため、第8章のつづきは今後の課題ということにしておきたい。

　ここで、「復讐」という視点に注目することを教えてくれた本について書いておこう。それは、宮崎正弘・渡辺惣樹著『戦後支配の正体1945－2020』（2020年）である。この本のなかで、渡辺は興味深い話（183～84頁）をしている。少し長い引用になるが、紹介しよう。

「私は忠臣蔵じゃないけど、やはり復讐権は存在する、という立場を取りたいのです。そうでないと殺人をした犯罪者が精神鑑定だとか少年法だとかいろんなファクターを持ち出して、すぐに更生の時間を与えよという議論になる。しかし復讐権が存在するという立場をとると、被害者の復讐権はあるけれども、それを国家が取り上げている。だから国家は復讐の代行行為としての量刑を定める。犯罪者の更生作業に入るのは、恨み解消のあと、つまり復讐の気持ちを抑えることができる程度の量刑を加害者が済ませたあとです。この順番が大事です。

　なんでこんな話をしたかというと、原爆の問題にもつながるからです。アメリカが絶対に日本に原爆を持たせるわけがない、と私が考えるのは、アメリカは復讐権が存在すると思っている国だからです。もちろん法律では復讐は許されていませんが、国民の心には復讐権は国家に取り上げられたと思っている。したがって、アメリカに原爆投下できる復讐権をもっている日本には絶対核を持たせるはずがない、と私は考えます。だから日本の核保有論は復讐権のファクターを考慮しながら戦略を立てなければ実現性はない。私も日本が核保有をしたほうがいいとは思いますが、復讐権の存在を認めるかどうかで日米には隔たりがある。そうなると最終的には核シェアリングくらいしか落としどころがないのではないのか。」

　実は、この本を読んだのは2年ほど前だ（私の運営している「21世紀龍馬会」のサイト [https://www.21cryomakai.com/%E9%9B%91%E6%84%9F/1002/] を参

照)が、この指摘はずっと気になっていた。だからこそ、本書の「復讐」という視角につながったと考えている。そして、この本を読むように勧めてくれた友人、佐藤聖にお礼を言いたい。

　ついでに、2022年9月30日、プーチンがウクライナ4州のロシア加盟に関する条約に署名するとした際の演説について書いておこう。同演説のなかで、「米国は日本の広島と長崎を破壊し、二度核兵器を使用した世界で唯一の国である」とのべたうえで、そればかりでなく前例があるとして、「第二次世界大戦中、米国は英国ともに、ドレスデン、ハンブルク、ケルン、その他多くのドイツの都市を、軍事的な必要性もなく廃墟に変えてしまったことを思い出してほしい」と語ったのである。そのうえで、「目的はただ一つ、日本への原爆投下と同じように、我が国と全世界を威嚇することであった」とした。日本人やドイツ人の復讐心を焚きつけようとしているのかもしれないが、発言の真意はわからない。

　復讐劇はウクライナ戦争が終結してもつづくだろう。敗れて帰還する兵士、勝利して帰還する兵士のいずれにとっても、殺人などの重犯罪をなしたという現実にどう向き合うかという課題がつきつけられる。その行き場のない気持ちが他者への復讐となって発現する可能性がある。エーリヒ・マリア・レマルクが第一次大戦後に描いた『還り行く道』（Der Weg zurück）は一読する価値があるかもしれない。戦争は勝者なき悲惨であり、勝者にも敗者にも行き場のない心の動揺をもたらすのである。

心配なのは、米国での2024年以降の復讐の連鎖

　この復讐という視角の重要性はいまでもまったく変わっていない。私が注目しているのは、2024年の米大統領選でドナルド・トランプないし共和党候補が勝利した場合の復讐についてだ。本書で問題にした復讐戦は、何もウクライナ戦争でだけ問題になっているわけではない。米国では、連邦捜査局（FBI）が2020年の大統領選において、民主党候補、すなわちジョー・バイデンを支援するためにさまざまな圧力をかけてきたことが改めて問題化している。他方で、トランプ出馬を妨害するために、FBIは政治的とも言えるトランプへの捜査を行っている。刑法の執行権が政治と結びつくと、そこに政治家による「合法的暴力装置」の利用がなされ、政権が代わるたびに復讐が繰り返されるようになるのだ。

　2022年8月、メタの最高経営責任者マーク・ザッカーバーグは、ジョー・

ローガンのポッドキャストでインタビューに応じ、フェイスブックが2020年の選挙中にバイデンの息子（ハンター）に関する記事を制限したのは、FBIの「誤報警告」に基づくものだったと語った。この報道とは、2020年10月14日に公表された「ニューヨーク・ポスト」の特ダネ（https://nypost.com/2020/10/14/email-reveals-how-hunter-biden-introduced-ukrainian-biz-man-to-dad/）である。同紙が入手した電子メールによると、「長老バイデンがウクライナの政府高官に圧力をかけ、同社を調査していた検察官を解雇させる1年も前に、ハンター・バイデンが父親で当時の副大統領ジョー・バイデンをウクライナのエネルギー会社の幹部に紹介したことが明らかになった」というのである。これは、「息子と海外取引について話したことはない」というジョー・バイデンの主張とは真逆のもので、ハンターの修理に出されたノートパソコンから回収された膨大なデータのなかに含まれていたものであった。

　もしこの「事実」が大々的に報道されていれば、バイデンの当選はなかったとも言われる、いわくつきの問題に再びスポットがあてられていることになる（詳しくは拙稿「トランプ弾劾審議の源流はバイデン父子の腐敗問題　ウクライナ危機下のバイデン父子の動きを追うと見えてくる不都合な事実」[https://webronza.asahi.com/politics/articles/2019092700005.html]を参照）。

　公正を期すため、2022年8月26日付のBBC（https://www.bbc.com/news/world-us-canada-62688532）によると、問題のハードディスクは、トランプ自身の弁護士であるルディ・ジュリアーニからニューヨーク・ポスト紙に提供されたものだった。記事が掲載されてから1年以上経ってから、ワシントン・ポストは独自の分析を行い、ノートパソコンと一部の電子メールは本物である可能性が高いが、大半のデータは「データのずさんな扱い」のために検証できなかったと結論づけたという。ニューヨーク・タイムズなど、かつて懐疑的だった他の報道機関も、少なくとも一部の電子メールは本物であると認めている。

　つまり、バイデンが真っ赤な嘘をついていた可能性がきわめて高いのだ。ゆえに、ザッカーバーグはローガンとのインタビューで、ニューヨーク・ポストの報道を抑えたことを後悔していることを認め、「ああ、そうだね。つまり、最悪だ」とのべたのであった。

　実は、ザッカーバーグ自身は、2020年10月28日、上院の委員会に出廷し、FBIが選挙前にフェイスブックに対して、「厳重な警戒と感受

性を持つべき … もし文書の束が現れたら、それは外国の工作の一環かもしれないという疑いをもってみるべき」と伝えていたと発言していた。この発言とは別に、フェイスブックは司法委員会に詳細な回答を送り、ハンター・バイデンの記事の前の文脈を概説している。そこには、10月14日のニューヨーク・ポスト紙の記事が掲載される数カ月前から、米国の情報機関が米国の民主的プロセスに対する外国からの干渉について公開の警告を発していたことが指摘されている。「彼らの公的な警告とともに、また2016年の選挙後にテック企業が政府パートナーと築いた継続的な協力関係の一環として、FBIはテック企業に対して、11月3日までの数週間に外国のアクターによって行われるハッキングとリークの作戦の可能性に厳重な警戒をするよう内々に警告した」と回答していたのである。

しかし、今回、ザッカーバーグが語った内容、すなわち、「この国の合法的な機関であり、非常にプロフェッショナルな法執行機関であるFBIが、私たちのところにやってきて、何かに対して警戒する必要があると言うのなら、私はそれを真剣に受け止めたいと思った」という発言は、FBIによる圧力があったと認めた、と言えなくもない。とくに、FBIがトランプへの捜査というかたちで、露骨な政治弾圧と受け取られかねない行動に出ているために、改めてFBIが「民主党寄り」であったことが問題化しているのだ。

すでに、2022年5月5日、ミズーリ州とルイジアナ州の司法長官は、ルイジアナ州西部地区の連邦地方裁判所に、バイデン大統領、ホワイトハウスのジェン・サキ報道官、アンソニー・ファウチ博士、その他の政権高官が、ビッグテックのソーシャルメディア企業と圧力・共謀により、ハンター・バイデンのノートパソコンの話、COVID-19の起源、パンデミックの際の郵便投票の安全性に関する情報を検閲し弾圧したとして、訴えを起こした。

こうした事態は復讐心をますます駆り立てるのではないか。マスメディアと共謀しながら、息子と自身によるウクライナでの不正（少なくとも道徳的不正）を隠蔽したバイデンに対する、トランプおよび共和党支持者の憤怒は復讐でもしなければ収まりがつかないところまで燃え上がっている。すでに、9月末時点で、共和党はバイデン大統領に対して九つの弾劾訴追を申し立てたが、そのなかには、ここで紹介した息子ハ

ンターのウクライナでのビジネスに関連するものもある。中間選挙後、バイデンに対する弾劾訴追が本格化することも十分にありうるのだ。復讐の連鎖によって、ますます米国における内部分裂、分断が深まることは間違いない情勢と言える。

　だからこそ、復讐について冷静な議論がまさにいま、必要なのだと強調しておきたい。

復讐の連鎖を止めよ

　ダリア・ドゥーギナ暗殺、ケルチ橋爆破、そして、ダーティボム騒動（第2章注(10)「ウクライナ戦争に関連するロシアの国内状況」[https://www.21cryomakai.com/%e5%ad%a6%e8%a1%93%e9%96%a2%e9%80%a3/1455/] を参照）。これらはみなゼレンスキー本人、ないし、その取り巻きが仕組んだ対ロ戦争激化策なのではないか。そんな疑いが生まれている。もっとも最近の例は、10月29日、ウクライナ軍がクリミアにあるセヴァストポリ軍港を無人機で攻撃した問題に対して、10月31日、ロシア側はウクライナ全土の重要なインフラやその他の標的に数十発の巡航ミサイルを発射した。こうした事件が起きるたびに、ロシア側は復讐心から、ウクライナへの報復を繰り返しているのである。その結果、ウクライナ戦争の終結はますます困難になる。そして、それはゼレンスキー政権の延命につながっている。

　こんな復讐の連鎖をいつまでつづける気なのか。こうした疑いの目をもって、いまのウクライナ戦争を直視しなければならない。そうすれば、ともかくも即時停戦および和平交渉着手の重要性がより多くの人々に理解されるようになるのではないか。

　最後の最後に、読者にとって、本書が新たな視角をもつきっかけになれば幸甚であると書いておきたい。

（なお、本書には、参考文献はつけていないが、主な海外文献については私の運営するサイト [https://www.21cryomakai.com/%e9%9b%91%e6%84%9f/1436/] にアクセスしてみてほしい）

2022年10月25日

　　　　　　　　　　　　　　　　　　　　　　　　塩原　俊彦

◯著者紹介

塩原　俊彦　（しおばら　としひこ）

評論家。陸海空およびサイバー空間にかかわる地政学・地経学を研究。元高知大学大学院准教授。

著書：ウクライナについては、『ウクライナ 3.0：米国・NATO の代理戦争の裏側』（社会評論社、2022)、『ウクライナ 2.0：地政学・通貨・ロビイスト』（同、2015)、『ウクライナ・ゲート：「ネオコン」の情報操作と野望』（同、2014)、ロシアについては、『プーチン 3.0　殺戮と破壊への衝動：ウクライナ戦争はなぜ勃発したか』（同、2022)、『プーチン露大統領とその仲間たち：私が「KGB」に拉致された背景』（同、2016)、『プーチン 2.0：岐路に立つ権力と腐敗』（東洋書店、2012)、『「軍事大国」ロシアの虚実』（岩波書店、2009)、『ネオ KGB 帝国：ロシアの闇に迫る』（東洋書店、2008)、『ロシア経済の真実』（東洋経済新報社、2005)、『現代ロシアの経済構造』（慶應義塾大学出版会、2004)、『ロシアの軍需産業』（岩波新書、2003) などがある。エネルギーに関連して、『核なき世界論』（東洋書店、2010)、『パイプラインの政治経済学』（法政大学出版局、2007) がある。権力分析として、『なぜ「官僚」は腐敗するのか』（潮出版社、2018)、『官僚の世界史：腐敗の構造』（社会評論社、2016)、『民意と政治の断絶はなぜ起きた：官僚支配の民主主義』（ポプラ社、2016) などがある。サイバー空間の分析として、『サイバー空間における覇権争奪：個人・国家・産業・法規制のゆくえ』（社会評論社、2019) がある。

復讐としてのウクライナ戦争
戦争の政治哲学：それぞれの正義と復讐・報復・制裁

2022 年 11 月 28 日　初版第 1 刷発行

著　者：塩原俊彦
発行人：松田健二
発行所：株式会社 社会評論社
　　　　東京都文京区本郷 2-3-10
　　　　電話：03-3814-3861 Fax：03-3818-2808
　　　　https://www.shahyo.com
装幀組版：株式会社カテナ
印刷・製本：倉敷印刷株式会社

プーチン 3.0 殺戮と破壊への衝動

ウクライナ戦争はなぜ勃発したか

塩原俊彦 / 著

<u>揺らぐ世界秩序。侵攻へと駆り立てたものの本質に迫る。</u>

第一章　ウクライナ危機の主要因は西側（欧米）にある
ミアシャイマーの主張／2014年のウクライナ危機／NATOの東方拡大／ネオコンの怖さ／プーチンだけが悪人ではない

第二章　プーチンを解剖する
殺し屋プーチン／プーチンの権力構造／プーチンは神になれるか

第三章　核抑止論という詭弁
核兵器が変えた戦争／核抑止論とは／「核の同等性」（nuclear parity）

第四章　地経学からみた制裁
覇権国の傲慢／制裁の歴史／今回の対ロ制裁／制裁は「もろ刃の剣」／「キャンセル文化」の浅はかさ

第五章　経済はごまかせない
カネの行方／反危機措置パッケージ／暗号通貨の限界／供給不足という脅威／スタグフレーションの到来

第六章　中国との関係
中ロ関係の変遷／中ロ貿易の現状／軍事と北極圏の協力関係／ユーラシア経済連合の分断：中央アジアはどうなるか／アジアの安全保障体制と台湾問題

第七章　修正迫られる近代制度
主権国家を前提とする近代制度／民主主義の虚妄／ブレトンウッズⅢ／地球が泣いている／新しいグローバル・ガバナンスに向け

定価＝本体 2600 円＋税　　A5 判並製 304 頁

ウクライナ 3.0

米国・ＮＡＴＯの代理戦争の裏側
塩原俊彦 / 著

ウクライナ戦争はなぜ引き起こされたのか—。

定価＝本体 1800 円＋税　A5 判並製 160 頁

脱資本主義

S. ジジェクのヘーゲル解釈を手掛かりに

高橋一行 / 著

日本人によるジジェク論の先駆け

定価＝本体2500円＋税　　A5判並製272頁

トロツキーと戦前の日本

ミカドの国の預言者
森田成也 / 著

知られざる戦前日本のトロツキー

定価＝本体2700円＋税　A5判並製312頁